21世纪高等院校网络教育示范教材

项目投资与评估

主　编　李兴稼

副主编　李　嘉

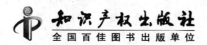

知识产权出版社

全国百佳图书出版单位

内容提要

　　本书共十五章，阐述了项目投资与评估的基本理论与方法。在此基础上，对国民经济中工业、农业、商业、房地产开发、技术改造以及科学研究等行业的项目评估分章进行讲授。教材根据实践需要，设置内容提要、学习目标、本章小结，并辅以案例教学方法，在章节后配有大量的复习思考题，有利于学生全面、深入掌握项目投资与评估的理论和实务操作技巧。本书可供成人高等教育相关专业教学使用，也可作为普通高等院校相关专业的教材使用。

责任编辑：龚　卫　　　　**责任校对：**韩秀天
文字编辑：倪江云　　　　**责任出版：**卢运霞
装帧设计：张小力

图书在版编目（CIP）数据

　　项目投资与评估 / 李兴稼主编 . —北京：知识产权出版社，2013.1（2016.9重印）

　　ISBN 978-7-5130-1550-9

　　Ⅰ. ①项…　Ⅱ. ①李…　Ⅲ. ①投资项目 – 项目评价

　　Ⅳ. ①F830. 59

　　中国版本图书馆 CIP 数据核字（2012）第 234038 号

21 世纪高等院校网络教育示范教材

项目投资与评估

Xiangmu Touzi Yu Pinggu

李兴稼　主　编

李　嘉　副主编

出版发行：知识产权出版社

社　　址：北京市海淀区马甸南村 1 号	邮　　编：100088
网　　址：http：//www. ipph. cn	邮　　箱：bjb@ cnipr. com
发行电话：010-82000860 转 8101/8102	传　　真：010-82005070/82000893
责编电话：010-82000860 转 8120	责编邮箱：gongwei@ cnipr. com
印　　刷：北京雁林吉兆印刷有限公司	经　　销：新华书店及相关销售网点
开　　本：720mm×960mm　1/16	印　　张：17.25
版　　次：2013 年 1 月第 1 版	印　　次：2016 年 9 月第 2 次印刷
字　　数：319 千字	定　　价：42.00 元

ISBN 978-7-5130-1550-9/F・560（4413）

前　言

伴随我国市场经济体制的建立与完善，微观经济层面的发展越来越多地采用项目投资的方式进行，因此，掌握必要的项目投资管理与项目评估的知识成为对管理者的基本要求。本书根据目前国内外项目投资管理的通行模式，紧密结合项目评估工作的实践，全面地阐释了现代项目评估的基本理论和基本方法。为适应教学需要，书名仍定为"项目投资与评估"。全书共分 15 章，每章前面有内容提要、学习目标和学习提示，每章最后附有本章小结及复习思考题。

项目投资与评估总体来看既是一门管理学科，也是一门交叉学科。之所以说它是一门管理学科，是因为从它所研究的对象和研究方法来看，属于管理学的范畴，而又由于它涉及经济学、社会学、法学、技术科学等多门类学科，因此，又属于交叉学科。

由于国民经济各领域都有投资的需求，因而，投资项目的种类繁多，本书在编写过程中只能取其共性，舍弃个性，侧重从投资项目评估的基本理论和基本方法来阐述。为了使学习者更好地掌握这些理论和方法，本书列举了一些案例，同时，在一般项目评估的理论与方法之后，增加了一章不同行业的项目评估，列举了工业、农业、房地产开发、商业、贷款项目，技术改造项目和科学研究项目的评估。

本书由李兴稼教授主编，参加编写的作者还有李嘉（第十三章、第十四章、第十五章）、戴晓娟（第七章）。本书写作和出版得到了中国农业大学网络教育学院的帮助，特别感谢郑丽老师的辛勤工作以及知识产权出版社的支持。在此表示诚挚的谢意。

由于作者水平所限，书中的疏漏与错误之处敬请读者指出，以便在再版时进行修改。

李兴稼

2012 年 5 月于北京

目　　录

第一章 项目投资与评估概述

内容提要

项目应当是具有明确的完成时间、质量目标和预算约束的一次性任务。项目投资是一种投资活动，具有投资行为的一般特征。投资项目可以从不同的角度分为不同的类别。项目投资周期可以划分为三个时期、四个阶段，包括项目投资前时期、项目投资实施时期和项目完成交付使用时期，每一阶段均有重点工作。项目评估就是指在项目投资决策阶段，从项目全局的角度出发，用系统的观点，在项目可行性研究的基础上对项目进行全面审查。项目评估在项目的决策过程中有着重要的作用。

学习目标

本章学习目标是掌握有关投资项目的基本概念，了解投资项目的分类以及项目投资周期的划分，掌握项目投资周期各阶段的重点工作。掌握有关项目评估的基本概念和评估工作的主要内容和工作程序。

学习提示

阅读有关项目评估的教材，着重了解项目投资周期各阶段的重点工作，最好能够寻找一两个投资项目实例，对照教材进行分析。

第一节 项目投资的概念、分类和特点

一、项目与项目投资

（一）项目的概念

项目是我们在经济建设和日常工作中经常听到的一个名词。究竟什么是项目呢？目前有很多不同但是近似的定义。

（1）美国项目管理协会（PMI）在其《项目管理知识体系》中称"项目是可以按照明确的起点和目标进行的任务，现实中多数项目目标的完成都有明确的资源约束"。

（2）美国专家约翰·宾（John Ben）指出："项目是要在一定的时间里，在预算规定的范围内需要达到预定质量水平的一项一次性任务。"

（3）世界银行对项目的界定是：

项目是单次性的投资方案或规划方案；

项目是实现计划（规划、战略）的一种手段；

项目是一种规范化、系统化的管理方法；

项目有明确的界定，有明确的起点和终点；

项目有明确的目标；

项目是主观界定的一个管理对象，应服从于主体的管理和控制。

从以上对于项目的定义来看，所谓项目应当是具有明确的完成时间、质量目标和预算约束的一次性任务。这一定义是一个非常宽泛的概念，包括所有具有项目特征的任务，既包括工程类项目，也包括非工程类项目。

（二）项目投资的概念

项目投资是一种投资活动，具有投资行为的一般特征。

投资是将一定的资金或资源投入某项事业，以便未来获得所期望的收益或效益的经济活动。投资的经济主体是法人或自然人。广义的投资有生产性投资和金融投资之分。生产性投资即直接投资，亦称实业投资，指通过购置生产资料增加生产能力，实现经济增长的投资活动。金融投资一般是指投资购买有价证券或者金融类商品，以期获得预期效益。

项目投资是指投资主体在特定的时间和空间范围内，将一定的资金或资源投入特定的项目，以取得预期综合效益的全部投资活动。现代经济建设任务绝大部分是以投资项目的形式实现的。

二、项目投资的分类和特点

(一)投资项目的分类

尽管项目的概念非常宽泛,但是具有明确投资主体和预期投资效益的投资项目还是具有一定范围的。通常把投资项目按照下述角度分类:

1. 按照项目投资使用方向和投资主体的活动范围分类

(1)竞争性项目。竞争性项目主要指市场竞争比较充分,相对投资效益较高的行业或部门的项目。如工业、建筑业、商业、房地产业、服务业、金融业等。一般来说,这类项目的市场竞争比较激烈,投资风险比较大,但是预期效益也比较高。

(2)垄断性项目。尽管在市场经济体制下,垄断是遭到社会反对和法律限制的。但是由于某些集团追求特殊利益,或者是政府出于政治、经济和社会安全的需要,在一些行业和部门,垄断始终存在。垄断性项目一般由实力强大的经济集团或者政府投资建设,具有投资风险小、垄断利润高的特点。如能源、交通、通讯、重要的原材料生产、军工等。由于各国政治经济体制的差别,垄断性项目的范围表现也不一样,例如有的国家或地区就把一些竞争性项目或者公共工程也列入垄断性项目。

(3)公益性项目。公益性项目是指那些非营利性和具有社会效益的项目,主要包括:文化、教育、卫生、体育、农林水利设施、环境保护设施、政府机关设施、国防设施等。公益性项目大部分不形成经济效益,投资是无偿性的,因而其投资主要靠政府财政资金的投入。

2. 按照项目投资的管理形式分类

(1)政府投资项目。主要指使用政府财政性资金的建设项目。政府财政性资金包括:财政预算资金、政府担保的从国外借入的资金、国债及政府管理的专项建设资金等。政府可以使用直接投资、资本金参股或控股、贴息贷款、财政补助等多种方式进行投资,对于投资项目则根据国家产业政策、宏观调控需要、经济开发和社会发展战略进行管理。

(2)企业投资项目。主要指由企业筹集资金进行投资并进行管理的项目。企业筹集的资金可以是股东投资,也可以是借入资金。企业投资项目要根据企业的发展战略和投资人要求来管理。

3. 按照投资项目规模分类

(1)大型项目。主要指投资规模较大,建设期较长,对于国家或者地方社会经济发展具有重要影响的项目。

（2）中型项目。指投资规模中等，虽然对一个地区的社会经济影响不甚大，但是却有重要的意义，对于投资主体的期望目标有着重要作用的项目。

（3）小型项目。一般指投资规模较小，建设期较短，社会影响也比较小的项目。这一类项目常常是处于创业时期的企业或者实力不足的中小企业选择的项目。

4. 按照投资形成项目资产的性质分类

（1）新建项目。指过去没有建设基础，从最初的原点开始建设的项目。这一类项目常常需要经过包括筹集资金、进行项目规划、组建管理机构、招聘员工、正式生产、投入市场等一系列过程。

（2）改、扩建项目。改、扩建项目是指已经具有一定的生产运营基础，透过吸收新的投资扩大原有的项目规模，或者局部改变原有的生产经营内容，或者进行技术改革的项目。

5. 按照投资项目所属产业分类

（1）第一产业项目。主要指农、林、牧、渔业和矿产采掘业项目，这类项目对于自然资源有较大的依赖，其中部分产品具有较强的地域性。

（2）第二产业项目。主要指加工工业和建筑业项目，这类项目使用的原材料和能源主要来自第一产业。

（3）第三产业项目。第三产业是一个非常庞大的产业群，主要指为第一、第二产业提供产前和产后服务，为居民提供生活保障，为政府机构提供运行条件等的产业，包括商业、运输业、通讯业、金融业、媒体传播业、租赁业、咨询服务业等行业。有的国家把一些政府职能部门也划入第三产业。

（二）项目投资的特点

尽管不同类型的投资项目具有不同的特点，但是，还是可以从各种不同类型项目中归纳出一些项目投资的共同特点。

1. 项目投资具有严格的规定性

项目投资在时间上具有明确的起点和终点，在空间上具有确切的地域范围，在计划安排上必须有步骤和进度控制，在使用资源上有严格的约束，是必须在规定的条件下完成的一次性任务。

2. 项目投资具有系统性和目标性

投资项目是由各个部分组成的整体，虽然在项目建设过程中，项目是一部分一部分地完成的，但是，项目的规划设计必须从系统整体的立场出发，各组成部分要有机地结合，而且要考虑系统整体与项目未来运行环境的关系。投资项目具有明确的总目标，项目的局部、阶段性的目标要服从总目标的要求。

3. 项目投资效益具有综合性

绝大部分投资项目都有获得预期经济效益的要求，但是，同时也要考虑项目的社会效益和生态效益。项目的预期经济效益不仅要有微观目标，而且要考虑项目对于国民经济的影响，即要达到宏观经济目标。项目投资不仅有直接效益，还有间接效益。因而，项目投资效益具有综合性。

4. 项目投资具有风险性

任何项目投资都有一定的风险。所谓风险就是指项目投资结果的不确定性。由于项目运行环境是动态变化的，项目投资完成之后，在项目寿命期内有可能达不到项目规划预期的效果，甚至给投资人造成损失，这种风险要在项目投资前予以充分考虑。

5. 项目投资活动具有阶段性

从项目是一次性任务这种定义考虑，任何项目都有起始、中间实施、终结的过程。这一过程可以分为三个阶段，构成完整的项目运行周期。第一阶段是项目前期阶段，一般包括项目规划、策划，即要明确项目的任务、基本要求、所需投入的要素、目标及成本效益分析等；第二阶段是项目实施阶段，即具体组织项目的实施以实现项目的目标；第三阶段是项目的终结阶段，包括项目的完成、总结验收、清理等工作。

第二节 项目投资周期

一、项目周期阶段的划分

项目运行的周期性决定了项目活动是有始有终的一个完整过程，通常称为项目投资周期。以工程类项目为例，项目投资周期可以划分为三个时期、四个阶段。

1. 项目投资前时期

这一时期为项目投资的第一个阶段，主要任务是完成项目的可行性研究和评估工作，对项目的总体规划、建设方案、技术措施、组织方法、预期效益进行全面的分析论证，以确认项目投资的可行性，作为投资人决策的依据。

2. 项目投资实施时期

这一时期又可以分为两个阶段。

（1）项目实施前期阶段：主要任务是根据项目投资可行性研究报告和评估论证的结果，对项目的实施方案进一步的细化，包括施工设计、施工现场准备、招标采购、订立合同等。

（2）项目实施阶段：指项目的实际建设工作，包括完成土建主体工程、配套工程、设备安装、调试，人员培训等工作。

3. 项目完成交付使用时期

这一时期是项目投资的第四个阶段。主要任务是向项目投资方交付项目，按照合同对项目建设内容、质量进行验收。项目施工方与投资方根据合同进行决算。整理项目技术档案，并且在项目运行一段时间后进行项目投资的后评价。

二、项目投资周期各阶段的重点工作

项目投资周期各阶段都有一系列任务要完成，但是，应当突出重点工作，通过抓重点，带动全面工作的进行。各阶段重点工作如表 1-1 所示。

表 1-1　项目投资周期各阶段的重点工作

第一阶段	第二阶段	第三阶段	第四阶段
投资机会选择 项目立项 项目可行性研究 项目评估与决策	投资选址 设计 建设准备	施工工程 设备安装 生产试运行	竣工验收 交付使用 后评价
项目投资前时期	项目投资实施时期		项目完成交付使用时期

1. 第一阶段的重点工作

项目投资第一阶段的重点工作包括：

（1）投资机会选择：即对项目投资方向提出原则设想，判断是否具有投资的可能性。机会选择是对项目内容的的粗略描述和概括，目的是要找准投资方向和领域。机会选择中特别要注意那些对于项目投资和实施具有重大影响的因素，如政府政策因素、社会反映因素、资源限制因素等。

（2）项目立项：确认项目投资机会以后，就要以项目建议书的形式进行立项。项目立项是项目一切工作的依据，通过项目立项申报，获得政府部门或者投资人的认可，在项目立项申报中要概括地列出项目的建设理由、市场需求、生产建设条件、投资概算、预期经济效益等。

（3）项目可行性研究：对项目进行全面的、详细的经济和技术分析论证，以确认项目投资建设的必要性、技术的先进性和经济的合理性，并提出项目可行性研究报告。项目可行性研究报告是投资项目评估的对象，也是项目投资的主要依据。

（4）项目评估与决策：项目评估是对项目可行性报告进行评价，以确认可行性研究的结论是否正确。通过项目评估，就可以作出对该项目是否投资的决策。

2. 第二阶段的重点工作

项目投资第二阶段的重点工作包括：

（1）投资项目选址：从宏观上看，投资项目选址首先要考虑国家或地方的生产力布局和发展规划；同时注意与相关产业的联系，城乡建设和环境保护的要求，劳动力就业等问题。从微观上看，则要考虑项目所在地的地理位置，自然资源和原材料条件，能源供应、运输条件、水资源和污染治理等问题。尽量选择项目的支持条件好、限制条件少的地方进行建设。

（2）设计：主要包括初步设计和施工图。初步设计是项目可行性研究的继续和深化，是对项目各项技术经济指标进行全面规划的重要环节。一般包括：设计概论、建设规模与产品方案、总体布局、工艺流程及设备选型、主要设备清单和材料、主要建筑设施、辅助设施、占地面积和征地数量、建设工期和投资概算等。

施工图是在初步设计的基础上，用图纸把投资项目加以形象化描述，具体指导施工建设。施工图一般包括：施工总平面图、房屋建筑总平面图、安装施工图、其他工程施工图、非标准设备加工详图，以及设备名称和各类材料明细表。施工图要详细、准确、形象，以保证施工的顺利实施。

（3）建设准备：主要指项目建设现场准备和生产准备，项目建设现场要根据设计和施工图要求做好征地、拆迁工作，做到"四通两有一平"，即通电、通水、通讯、通路；有职工生活设施，有材料和机械存放场所；地面平整。生产准备是做好劳动定员、岗前培训、编制生产计划和生产作业计划，设备安装调试，生产材料准备等工作。

3. 第三阶段的重点工作

项目投资第三阶段的重点工作包括：

（1）施工工程：指按照设计和施工图进行施工。施工阶段要特别注意过程控制，重点是控制项目范围，不得随意更改项目内容，以及控制项目进度、质量和建设成本。

（2）设备安装：根据项目的技术要求安装生产设备。要求设备选型符合项目未来生产经营的需要，设备安放地点合适，充分考虑生产操作现场物流顺畅，通常应当由专业技术人员安装和调试。

（3）生产试运行：生产试运行是在设备正式投入生产运行之前的试验性生产活动，目的在于检验设备的可靠性和安全性。测定有关的技术经济指标，为正式投产运营做好准备。

4. 第四阶段的重点工作

项目投资第四阶段的重点工作包括：

（1）竣工验收：竣工验收的目的是要按照设计要求全面检查项目完成的内容和施工质量，对发现的问题予以解决，以保证投资项目建成后能够达到设计要求。项目竣工验收可以先从单项工程进行，最后进行总体工程的验收。验收过程中必须严格依据国家规定的建设标准进行，对没有国家标准的内容可根据事先签订的建设合同或者设计标准进行验收。

（2）交付使用：通过竣工验收的设备和工程就可以交付使用。投资方要与承建方进行项目交接，办理固定资产登记和转账手续。

（3）后评价：项目后评价是指项目交付使用后，由项目投资人在项目运行一段时间后进行的再评价。后评价要对项目的立项决策、设计施工、竣工验收、生产营运的全过程进行系统评价，计算项目有关的主要技术经济指标，并与可行性研究中的预测指标进行对比。通过后评价，对项目投资总结经验、研究问题、吸取教训，以提高项目科学决策水平。

第三节　项目评估的概念和内容

一、项目评估的概念

（一）项目评估的概念

项目评估是项目投资决策的一种科学方法，其早期含义就是银行对于投资项目的评审和估价。现在，项目评估已经成为项目投资决策的必要程序。项目评估的主体也不局限在银行，可以是政府、金融机构、企业，甚至个人投资者。所谓"项目评估"是指在项目投资决策阶段，从项目全局的角度出发，用系统的观点，在项目可行性研究的基础上，对于项目的全面审查，以确认项目在建设上的必要性、技术上的可行性和经济上的合理性，从而为项目的投资决策提供最关键的依据。

（二）项目评估与可行性研究的关系

项目评估工作是依据项目可行性研究报告来进行的。因而，项目可行性研究与项目评估有着密切的联系。

1. 项目评估与项目可行性研究的共同点

（1）两者同处于项目投资前时期。项目可行性研究是在项目正式投资之前对项目进行全面的、详细的经济、技术分析论证，以确认项目投资建设的必要性、技术的先进性和经济的合理性，并提出项目可行性研究报告。项目评估是对可行性研究报告的内容、方法及其所选建设方案进行评审、估价和作出决策性建议。两者都是项目投资前时期的重要工作。

（2）两者的出发点是一致的。项目评估与可行性研究都要从市场研究出发，把资源条件同产业政策与行业规划结合起来进行研究。

（3）两者研究和评估的内容与方法是相通的。项目评估与可行性研究应当运用同一尺度，即运用规范化的评价方法和统一的技术标准、经济参数及经济技术指标，对项目方案进行计算、考核、比较，从而形成投资建议。在内容上，两者都要根据市场需求和宏观经济发展规划，判断项目建设的必要性；根据工艺技术方案，技术成熟度和先进水平，判断项目技术的可行性；根据财务指标和经济效益指标，判断项目经济上的合理性。

（4）两者的目的和要求是相同的。项目评估与可行性研究一样，目的是要提高项目投资前的技术经济分析水平，为实现项目决策科学化、规范化服务，提高项目投资的最终效果。因此，对二者的基本要求都是要做到客观公正、方法科学、结论准确。

2. 项目评估与项目可行性研究的区别

（1）承担两项工作的主体不同。一般来说，项目可行性研究是由项目业主（项目投资人）主持进行。项目投资人可以是企业法人，也可以是其他主管部门或者独立投资机构。可行性研究工作可以由业主委托给专业的投资咨询机构或者工程设计单位来完成。被委托单位与机构只对项目业主负责。项目评估是由项目决策机构或者为项目提供贷款的金融机构主持，决策机构可以自行组织评估专家对项目进行评估，也可以委托专业投资咨询机构进行，被委托单位与机构则对决策机构或者提供贷款的金融机构负责。

（2）对项目评价的视角和着重点不同。可行性研究主要是从企业角度估量项目的营利能力，决定项目的弃取，因此，比较重视项目的微观经济效益。而决策机构对项目进行的评估，必须把项目的微观经济效益和宏观经济效益结合起来考察，同时，还要特别注意评价项目业主的财务状况和偿还贷款的能力。

（3）为项目决策服务的具体任务和目的不同。可行性研究是一项较为复杂的技术经济论证工作，要进行详细调查，规划不同的方案，选择最佳方案，需要组织较多的专业技术人员和经过较长的时间才能完成。项目评估主要根据可行性研究的成果进行系统的审查和核实，并提出评价结论和建议。因此，二者的具体任务和目的不同。

（4）在项目决策过程中所处的时序和地位不同。可行性研究是项目评估的前提，为项目决策提供基础材料，但不是决策的最终依据。项目评估利用可行性研究的成果，对项目的研究结果进行全面的审查和评价，并且提出项目是否可行的意见。因此，项目评估要排在项目可行性研究之后，是对项目决策具有权威性的意见。

二、项目评估的内容和作用

（一）项目评估的内容

由于项目决策单位的不同性质，以及投资目的的不同，对于项目评估往往会提出不同的内容要求。但就一般情况来说，项目评估的主要内容包括：

1. 项目建设必要性的评估

项目建设必要性评估是从宏观经济的角度考察建设项目在国民经济发展中的作用，以及项目对国民经济和地方经济的影响。主要从两个方面进行分析：一是分析项目建设是否符合产业发展和产业支持政策，是否符合宏观经济布局；二是分析项目产品的国内外市场供求情况以及市场发展趋势，以确认项目是否与市场需求一致。

2. 项目建设条件评估

主要评估拟建项目是否具备基本建设条件和生产条件。包括：厂址选择，原材料供应，能源、动力和交通运输条件，基础设施建设和技术保证，生态环境保护等。

3. 项目技术评估

对于拟建项目所采用工艺技术方案的评估。包括：工艺、技术、设备是否先进、经济合理，是否符合国家技术发展政策，产品方案和资源综合利用是否科学合理。

4. 项目建设单位财务状况和基础财务数据的评估

项目建设单位的财务状况对于项目未来的建设和运行有重要影响。特别是项目建设单位的资信状况常常是投资人决策的重要考虑因素。收集建设单位有关基础财务数据，测算相关经济技术指标不仅可以判断建设单位的实际运行能力，也可以为测算有关项目的技术经济评价指标提供依据。

5. 项目财务评估

项目财务评估是根据国家现行的财税制度，从财务角度分析计算项目的效益和费用，依据预测的数据分析计算项目的财务评价指标，以考察项目的营利能力、偿债能力和营运能力，确认项目的财务可行性。

6. 项目的组织管理评估

项目的组织管理是搞好项目建设的重要保证，直接关系到项目的成败。对项目组织管理的评估应当成为项目评估的重要内容。包括：项目的管理机构、领导班子、经营战略和策略、规章制度及人力资源管理等多方面的内容。

7. 项目国民经济评估和社会评估

主要是从国民经济和社会发展的整体角度来看待项目所带来的效益和费用，判断项目对国民经济的影响及对社会发展的影响。例如，项目对产业链的带动作用，对劳动力就业和居民收入的增加等。

8. 项目的风险评估

由于项目在未来建设时期和运营时期的各种影响因素的变化，给项目的预期结果带来一定的不确定性，因而投资项目都具有一定的风险。对未来风险的估计是投资决策必须充分考虑的内容。通过风险分析，判断项目的风险承担能力，制定风险的应对措施，提高项目的可靠性。

9. 项目的总评估

总评估就是对项目的综合评估。在以上各方面评估的基础上，对项目建设的必要性、技术可行性、经济合理性作出综合判断，提出对项目可行性研究的建议和结论性的意见，作为投资决策的最终依据。

（二）项目评估的作用

项目评估的根本作用是为项目投资决策提供依据，因为项目投资的一次性、系统性和风险性等特点，仅凭经验或者决策者个人判断容易出现投资失误，故需要一套科学的决策评估程序。项目评估在项目的决策过程中有着重要的作用。

1. 项目评估是项目投资正确决策的保证

开展项目评估工作，要根据项目决策机构的要求，在可行性研究的基础上，对项目进行一系列的调查研究，掌握可靠的资料和数据，运用科学的方法进行系统分析和严格审查。评估工作是对项目前期可行性研究的一次详细检验和科学论证，从而为项目投资决策提供更为可靠的依据，促使项目投资的正确决策。

2. 项目评估是项目取得建设资金的前提条件

项目的建设资金无论是股东投资，还是借入资金，都必须给投资者提交详细的、科学的论证资料，明确回答投资者所关心的问题，达到投资者的预期目的。否则，投资者是不会轻易投资的。目前，各级政府和金融机构对项目投资都有一系列严格、规范性的要求，其中通过规定的项目评估程序就是最重要的环节。建设单位要想取得项目建设资金，就必须认真做好项目评估工作。

3. 项目评估是把微观效益和宏观效益结合起来的手段

在决策和实施项目的过程中，项目的利益相关方往往站在特定的角度认识项目，难免具有局限性。从局部和个别利益出发，作出的项目可行性研究考虑综合效益不够，测算的数据不够准确真实，结论出现偏差。而作为国家宏观经济决策机构或者政策性金融机构，则要从国家经济社会发展需要和产业政策出发对项目作出更加客观、全面、科学的评估结论，既要考虑微观效益，又要考虑宏观效益。

4. 项目评估是实施项目管理，促进提高投资效果的基础

通过项目评估，投资者可以掌握项目的建设内容与规划进度、投资数额和筹资方式、项目的经济效益，以及回收投资和偿还借款的能力等方面的情况，从而加强对项目投资使用的监督和管理。另外，项目评估也为项目的设计、施工、生产运营提供了基本意见，对于加强项目的管理有重要作用。

第四节　项目评估的程序和原则

一、项目评估的程序

（一）组建评估小组

对投资项目的评估，要根据项目的特点，组织评估人员，成立项目评估小组。一般来说，对于技术难度不大，内容也比较简单的项目，可以组织少量人员，进行一次性的评估。对于内容复杂，专业技术性较强，影响面比较大的项目，要组织较多的专业技术人员和有经验的管理人员参加，评估的时间也较长，甚至可能进行反复的研究分析，才能得出评估结论。评估小组的人员组成要包括财务分析专家和相关技术领域的工程技术专家。

（二）制定评估计划

项目评估工作计划，是项目评估各项工作的事前规划，是保证项目评估工作有条不紊地进行的指导性文件。其内容一般应当包括：

1. 明确评估的目的

即根据项目的性质、特点，明确项目评估的原因、背景，需要解决的问题和要达到的目标。

2. 明确评估内容

要根据不同项目不同决策者的要求，结合本项目的目的、性质、特点，确定进行分析评估的具体内容。

3. 确定评估方法

即为了达到评估的目的，确定评估所需的资料和数据，以及评估中应用的主要方法。

4. 确定评估进度

即根据调查、评估和审查分析的内容，范围、时间要求，确定评估工作的时间进度。

（三）收集评估资料

对于项目评估所需的资料，包括市场、财务、工程技术、法律法规等方面的数据，一般可以通过两个途径获得：通过可行性研究报告取得或者通过调查研究获得。对于可行性研究中的相关数据要根据有关技术经济的标准数据进行核实、对比和审查，例如根据国家技术监督标准与行业标准进行评审。对于可行性研究报告中存有疑问的技术经济数据，可以组织相关专家考察评审。对于不完整的数据资料，可以要求项目建设单位补充完整后再进行评估。

（四）审查评价

在收集资料的基础上，按照评估计划的安排，根据组织评估的决策部门的要求，由评估人员进行项目的审查评价。其重点内容内容包括：

1. 对项目建设单位财务状况和资信情况的审查和评价

一般根据项目建设单位连续两年的资产负债表和损益表进行分析，确认项目业主的资产规模、经营方向、主营业务收入、营利情况、负债情况以及银行对项目业主的资信评价。

2. 对项目建设基本条件的审查和评价

一般根据项目可行性研究报告提出的建设方案，重点审查项目占用土地情况，是否具备完整合法的土地占用手续；审查项目的环境保护情况，是否取得环境保护部门的批准；审查项目的工艺技术，是否取得生产许可证书；审查项目的筹资方案，是否具有股东出资证明或者银行贷款承诺书等。

3. 对项目预期经济效益的审查和评价

重点审查项目可行性研究报告中的现金流量表、成本估算表、主要设备购置表，测算根据这些财务报表计算的主要技术经济指标，对主要技术经济指标进行核实、审查、对比和分析，确认项目预期经济效益的真实性和可靠性。

4. 对项目技术方案的审查和评价

重点审查项目技术来源的可靠性，是否具备技术支持能力，所使用的技术是否属于该领域的先进技术，技术方案是否合理，是否充分考虑了资源的综合利用以及技术方案的成本等。

5. 对项目风险的审查和评价

一般要根据项目可行性研究报告，对该项目的市场风险和财务风险进行分析，可以应用不确定分析方法，计算项目的盈亏平衡状况，进行敏感度分析。

重大工程项目还应进行生态系统影响评价，以及未来可能性灾害风险评估。

6. 对项目特定要求的审查和评价

项目决策单位如果对投资项目有特定的要求，就需要对项目满足特定要求的情况进行审查和评价。如有的项目决策部门要求项目建成后必须起到带动地方某一产业发展的作用，有的要求能够促进当地居民增加收入，有的要求能够较多的安排劳动力就业，有的要求对改善环境有积极影响等。

（五）编写项目评估报告

项目评估报告是向有关决策部门报告项目情况和评估结论的书面文件，是项目评估工作成果的体现。项目评估报告要按照规定的格式要求完整、准确地编写，评估意见要清楚明确，不得模棱两可。对于评估结论为不可行的项目一定要写出充分的理由；对于可行的项目，如果需要进一步修改完善，也需要详细注明意见。项目评估报告完成后，要有项目评估人员的签字，按照规定程序报送各级评审管理机构。

二、项目评估的原则

（一）客观公正性原则

客观公正性就是指在项目评估中要遵守客观规律，不带主观随意性，讲求科学性。

科学性的最主要表现是真实性，绝不允许数据、资料造假，评估人员对于故意造假的可行性研究报告要坚持原则，一票否决，不再进行评估。另外，在项目评估过程中，有可能出现来自各个方面的干扰，使得项目评估人员不能实事求是地作出评估结论。因此，组织项目评估的决策单位必须从客观公正的立场出发，制定一些措施，以保证项目评估的真实有效。

（二）系统分析原则

任何投资项目，不论大小，都是一个系统。系统是由相互关联的因素组成的有机整体，并且是与外部环境紧密联系的技术经济实体。投资项目的各组成部分彼此相互制约，相互影响。如一个工业项目的设备选型、生产工艺、生产规模、质量水平，成本费用就是相互影响的因素；项目的市场环境、销售策略、价格、销售收入与利润也是相互影响的因素。因此，对于任何一个项目，都必须全面地分析各因素的影响，衡量利弊得失，才能得出正确的结论。

（三）定量和定性分析相结合的原则

项目评估需要使用调查统计资料进行定量计算和分析，有关技术经济指标必须有明确的数据。定量分析是项目评估的最基本的方法。特别是现金流量表的编制需要有关经营成本、销售收入等方面的预测数据。定量分析的准确与否对于项目的评估结果有重要的影响。但是，项目评估中的有些因素难以进行直接的定量计算，例如有关项目的社会经济评价、生态影响评价等，因其复杂性，只能进行定性的分析。

（四）动态分析和静态分析相结合的原则

项目评估中动态和静态分析的区别是在指标计算中是否考虑时间因素。考虑时间因素的就是动态分析，不考虑时间因素的就是静态分析。一般来说，动态分析着眼于项目的长期发展，静态分析着眼于项目的某一时期平均状况。静态分析由于方法比较简单、直观，适用于规模较小、投资期较短的项目评估；而动态分析计算比较复杂，适用于项目投资周期较长、规模较大的项目评估。但大多数项目评估指标都是以动态分析为主。

（五）微观分析与宏观分析相结合的原则

微观分析是指从项目的角度出发，或者说是从项目企业的角度出发对项目进行的评估，侧重于项目本身的投资效益，例如项目的投资利润率、投资回收期、项目的市场占有率和寿命周期等；而宏观分析是从国民经济的角度对项目进行的评估，不仅要预测项目本身的营利能力，而且要考虑项目建成投产后对于国民经济的影响，如对产业的带动作用、对外贸易的带动作用、对财政收入和居民收入的影响等。项目评估不能仅仅考虑微观经济效益，还要考虑宏观经济效益才能得到社会和政府的支持。

本章小结

项目投资与评估在经济建设中有着特别重要的地位和作用。本章对于项目和项目投资的基本概念进行了阐释，概括介绍了项目投资的特点和作用，以及项目评估的内容和原则，对于全面了解本学科的内容有重要意义。本章中有关项目分类、项目投资周期和项目评估程序及原则等部分内容，均根据最新的项目评估研究和评估工作实践进行了总结。

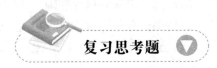

复习思考题

1. 项目的基本概念是什么？

2. 按照项目投资使用方向可将投资项目分为哪三类？

3. 项目投资的特点是什么？

4. 项目投资活动可分为哪几个时期和阶段？

5. 项目投资前时期的工作重点是什么？

6. 什么是项目评估？

7. 项目评估的主要内容是什么？

8. 项目评估对于项目决策有哪些重要作用？

9. 项目评估中应当重点审查评价哪些内容？

10. 项目评估的原则是什么？

第二章 项目投资的可行性研究

内容提要

可行性研究（Feasibility Study）是在投资决策之前，对拟建项目进行全面的技术经济分析和论证，从而作出项目是否可行的判断的一种科学方法。其基本任务是通过广泛的调查研究，综合论证一个工程项目在技术上是否先进、实用和可靠，在经济上是否合理，在财务上是否营利，为投资决策提供科学的依据。项目可行性研究工作可以分为四个主要阶段，每一阶段均有其重点工作。项目可行性研究的主要内容包括11个方面。项目可行性研究报告要按照规范的格式书写。报告要讲求客观性、规范性，应提出项目是否可行的明确结论。

学习目标

学习本章要求掌握项目可行性研究的基本概念，可行性研究的四个工作阶段及其主要工作。了解可行性研究的主要内容和编写可行性研究报告的规范性要求。

学习提示

学习本章除掌握教材内容以外，可以结合本职工作，选择一两个可行性研究的案例进行阅读分析。如果能够参加或者单独进行一次某个项目的可行性研究过程，则对学习本章大有裨益。

第一节 项目可行性研究的内涵和作用

一、项目可行性研究的含义与阶段划分

（一）可行性研究的含义

可行性研究（Feasibility Study）是在投资决策之前，对拟建项目进行全面的技术经济分析和论证，从而作出项目是否可行的判断的一种科学方法。它是运用多种科学手段（包括技术科学、社会学、经济学等）对一项建设工程进行技术经济论证的综合科学，其基本任务是通过广泛的调查研究，综合论证一个工程项目在技术上是否先进、实用和可靠，在经济上是否合理，在财务上是否营利，为投资决策提供科学的依据。

项目的可行性研究在20世纪初诞生，自20世纪30年代美国开发田纳西河流域时开始采用以后，到现在经历了三个发展阶段，已逐步形成一套较为完整的理论、程序和方法。

第一阶段是从20世纪初到20世纪50年代前期。这一阶段，项目的可行性研究主要采用财务分析方法，即从企业角度出发，通过对项目的收入与支出的比较来判断项目的优劣。

第二阶段是从20世纪50年代初到20世纪60年代末期。这一阶段，可行性研究从侧重于财务分析发展到同时从微观和宏观角度评价项目的经济效益。费用—效益分析法作为一种项目选择的方法被普遍接受。1958年，荷兰计量经济学家丁伯根（J. Tinbergen）首次提出了在经济分析中使用影子价格的主张。之后，世界银行和联合国工业发展组织都在贷款项目的评价中同时采用了财务分析和经济分析两种方法。

第三阶段从20世纪60年代末到现在。这一阶段，可行性研究中出现了社会分析方法，即增长目标和公平目标结合在一起作为选择项目的标准。1978年联合国工业发展组织编制了《工业可行性研究编制手册》。1980年，该组织与阿拉伯国家工业发展中心共同编辑《工业项目评价手册》。我国从1982年开始将可行性研究列为基本建设中的一项重要程序，并逐渐推广应用于各个经济建设领域，作为项目投资的重要程序。

（二）可行性研究的阶段划分

可行性研究一般分为四个阶段。

1. 投资机会研究阶段

投资机会研究阶段又称为立项阶段，这一阶段主要是判明投资方向，对投资活动作战略上的研究。其目的是通过对于一个地区政治、经济发展环境的分析，产业政策和资源条件的分析，市场趋势和营利可能性的分析，寻找可能的投资项目。对投资机会作出明确判断。

通过投资机会研究，要形成项目建议书，作为项目立项和进一步开展可行性研究的依据。由于投资机会研究目的在于明确投资方向，故在研究深度上不需太深入，方案设计上也比较粗略，能够初步反映投资建设的效果即可。在投资估算上允许误差在 ±30%，对于大中型项目，机会研究的时间 2~3 个月，费用占投资额的 0.1% ~1%。

2. 初步可行性研究阶段

对于某些项目，特别是大型项目，因其投资大，做可行性研究的时间较长，项目实施后对国民经济的影响也较大，往往需要在正式开展可行性研究之前，需要做初步可行性研究。以便确认项目可行性研究的必要性。初步可行性研究的重点工作是：

（1）分析机会研究的结论，明确是否具有投资的可能。

（2）对于影响项目建设和实施的一些关键性问题进行专题研究，如某些重要资源的供应保证问题，市场准入问题，运输问题，被征用土地的居民安置问题，生态环境影响问题等。

（3）项目实施方案的初选和审定。

初步可行性研究的进行主要是因为大型项目的可行性研究需要耗费较多的人力和资金，如果通过初步可行性研究否定了拟建项目，则可不用再开展可行性研究工作，避免人力和时间的浪费。若肯定了项目，则可以开展详细的可行性研究。通常，中小型项目可以不做初步可行性研究。初步可行性研究是介于机会研究和详细可行性研究之间的工作，在投资估算上允许误差在 ±20%，研究的时间 4~6 个月，费用占投资额的 0.25% ~1.25%，研究结果要形成初步可行性研究报告。

3. 详细可行性研究阶段

这一阶段又称可行性研究阶段，它是投资前时期的关键阶段，这一阶段的主要工作是对项目进行深入的技术经济分析。从项目的技术上、财务上和社会经济上对于项目建设的必要性、可能性和经济合理性进行详细的分析，对拟建项目提出结论性的意见，并最终形成可行性研究报告。

通过详细可行性研究，得出的结论一般是"可行"或者"不可行"。即使是可行的项目也可以提出需要修改的意见。详细可行性研究在投资估算上允许

误差在 ±10% 以内，研究的时间 8 ~ 12 个月，大型项目研究费用占投资额的 1% ~ 3%，小型项目占投资额的 0.2% ~ 1%。

4. 评估和决策阶段

严格地说，对于拟建项目的评估和决策属于可行性研究的后续阶段，这一阶段主要是在详细可行性研究的基础上，由决策机构对项目组织评审，通过评估的可行性研究报告就可以作为投资的依据和项目进一步设计、施工、生产的依据（如表 2 - 1 所示）。

表 2 - 1　项目可行性研究的阶段划分

工作阶段	机会研究	初步可行性研究	详细可行性研究	评估和决策
工作性质	项目设想	项目初选	项目方案拟订	项目评估
工作内容	鉴别项目投资方向，寻找投资机会，提出项目投资建议	对项目的关键问题进行专题研究，筛选方案，确定项目的初步可行性	对项目进行深入细致的技术经济论证，作多方案比较，提出结论性建议，确定项目投资的可行性	对项目的可行性研究作出评审和分析，综合判断项目研究报告的真实性和可行性，作出投资决策
工作成果	项目立项建议	初步可行性研究报告	可行性研究报告	项目评估报告

二、项目可行性研究的作用

可行性研究是建设项目决策前具有决定性意义的工作，对投资项目具有重要作用。

（一）作为确定建设项目和保证投资效益的依据

可行性研究是确定项目建设计划的重要前提。一般来说，通过可行性研究项目才能正式立项。项目立项后才能进一步开展投资评估及后续工作。任何项目的投资效益都是决定项目是否投资的条件，通过可行性研究，可以估算出项目的预期效益，避免盲目投资和资源浪费，确保项目的成功。

（二）作为编制设计文件的依据

可行性研究对项目的实施方案进行了筛选，因而，设计工作就有了技术依据。例如工业项目中的工艺设计、房地产开发项目中的房屋设计、运输项目中的道路设计等，都需要事先明确建设方案，才能进行设计工作。

（三）作为项目建设筹集资金的依据

项目建设资金有两种主要的筹资渠道，向金融机构贷款或者由投资人出资。不管使用哪种渠道的资金，都需要向投资人提供可行性研究报告。投资人通过对项目可行性研究报告的评估，充分估计项目投资的收益和风险，确有把握之后才能进行投资。

（四）作为拟建项目与有关协作单位签订合同或协议的依据

拟建项目不仅在建设过程中需要与承建方签订有关施工建设的合同或协议，而且需要与项目建成后的原材料供应商及商品销售商签订供销合同或协议，以保证项目建成投产后的正常运行。而可行性研究报告正是签订这些合同与协议的依据。

（五）作为环保部门审查项目对环境影响的依据，同时作为向当地政府部门或规划部门申请建设执照的依据

项目对环境影响的评价是项目可行性研究中的重要内容，而环保部门的评审意见主要是根据项目可行性研究中提供的方案和数据作出的。另外项目可能涉及的土地占用、道路占用、安全设施等都需要有关政府部门或规划部门的审批，其依据也是可行性研究报告。

（六）作为施工组织、工程进度安排及竣工验收的依据

项目的施工组织、工程进度安排及竣工验收也要依据可行性研究报告进行。

（七）作为项目后评价的依据

项目后评价是指项目交付使用后，由项目投资人在项目运行一段时间后进行的再评价。后评价要对项目的立项决策、设计施工、竣工验收、生产营运的全过程进行系统评价，计算项目有关的主要技术经济指标，并与可行性研究中的预测指标进行对比。

第二节　项目可行性研究的内容和程序

一、项目可行性研究的内容

由于项目的种类繁多，项目业主的要求也千差万别，故其内容有诸多不同。但是，从项目投资的特点来看，不同项目还是具有一些共同的研究内容，具有一个基本的研究框架。主要包括：

（一）总论

主要包括项目提出的背景和历史情况，研究工作的范围和依据，阐述项目投资的必要性和意义，存在的问题和建议等，对项目作出综合概述。

（二）市场需求预测和拟建规模

主要是对国内外市场需求情况的分析和预测，包括项目产品的市场容量、竞争状况、项目的产品方案和生产规模等。

（三）项目所需主要资源、原材料供应情况

主要分析项目生产所需要的主要资源和原材料来源、可供数量等。该项分析要和拟建生产规模结合起来考虑。

（四）基础设施条件

包括项目建设和运行过程中所需交通运输条件、能源供应条件、水资源供应条件、占用土地条件等内容。

（五）项目选址方案

主要根据项目的性质，或详或略地概述项目建设地址的地理位置、水文、气象、地质、地形、与原有项目的关系等内容，概述项目未来所在地的社会经济情况，说明项目选址的理由。

（六）技术方案

主要包括项目的范围、技术来源和生产方法、主要工艺过程、设备选型、引进设备的供应商和技术水平、项目平面布置方案和土建工程量估算等。

（七）环境保护

项目建成后对于环境的影响，有无"三废"排放，分析排放物的种类、数量、成分和对环境的影响程度，治理污染的措施和综合利用情况。

（八）项目投资筹措

估算项目所需的资金数量，资金来源和资金使用结构，筹资方案和借贷资金偿还计划，所需资金的落实情况。

（九）项目财务分析和国民经济分析

估算项目的主要财务指标，包括：生产成本、销售收入、利润情况，编制项目的现金流量表，计算项目投资收益率、投资回收期、净现值和内部收益率等指标。从企业角度和国民经济角度对项目的预期经济效益作出分析。

（十）项目的投资风险分析

对项目作出不确定性研究，分析项目的主要风险因素及对项目的影响程度，涉及防范风险的方案。

（十一）项目实施计划和组织管理

包括项目实施的进度安排，作出施工流程图。项目设计和施工单位的资质、施工组织情况。项目的管理机构、劳动定员和人员培训计划等。

（十二）结论

结论部分要运用各种指标数据，从技术、经济和财务、建设条件、预期目标的实现程度等多方面进行概述，作出项目可行性研究的结论。

二、项目可行性研究的工作程序

国际上可行性研究的工作程序通常分为六个步骤。我国现行的《关于建设项目进行可行性研究的试行管理办法》对工程项目建设程序规定了规范的工作程序和研究步骤。

（一）开始阶段

要讨论研究的范围，明确研究的目的和约束条件，与委托研究单位达成研究协议，授予一定的研究权限。

（二）进行实地调查和技术经济分析阶段

委托研究单位要在业主的配合下，对于项目可行性研究所涉及的内容进行必要的实地考察，如对建设地址、厂房设备、企业管理等方面的实地考察。另外，常常还需要对于项目所采用的工艺技术进行必要的实验，或者取得实验数据，对于原材料供应、产品运输等也常常需要做实际调研。在调研取得数据的基础上，开展技术经济分析。

（三）选优阶段

根据项目的主要研究内容，设计若干不同的可供选择的方案，例如，市场销售方案、项目筹集资金方案、生产方案等。对于可供选择的方案计算其技术经济指标，进行综合评价和选优。选优的标准一定要注意多种因素，最后确定的方案不一定是某项指标最优的，但一定是最适合的。

（四）对于确定的方案进行详细论证阶段

本阶段要对确定的方案进行详细的分析论证。复查和核定各项分析资料，明确建设项目的范围、投资、经营管理和费用收入等数据，并为建设项目的经济和财务情况作出评价，同时要对项目作出不确定性分析。通过详细论证得出项目建设可行性的结论。

（五）编制可行性研究报告阶段

按照规定的内容和格式编写可行性研究报告。审查可行性研究报告是否符合投资机构的要求，审查报告附件是否齐备。

（六）编制资金筹措计划阶段

项目的资金筹措方案在选优阶段已经进行抉择。本阶段要讨论具体的筹资计划，包括各类资金的筹资方法，归还借贷资金及股东筹资的具体技术细节，筹资和偿还资金的时间安排等。

项目可行性研究的基本程序见图2-1：

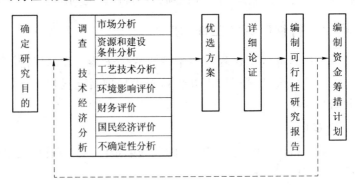

图2-1 可行性研究工作程序

第三节 项目可行性研究报告的编写

一、编写可行性研究报告的要求

由于可行性研究工作是项目投资前时期的重要工作，对于项目未来建设是否能够顺利进行以及项目投资是否能够达到预期目标具有决定性的作用，因此，可行性研究报告必须严格按照规范的程序进行，遵循科学、客观的原则进行。对于项目可行性研究报告提出下列要求：

（一）客观公正性

项目可行性研究应当在充分收集有关基础资料的基础上，进行客观公正的分析，分析过程和结论要符合客观规律，实事求是。可行性研究报告的结论要有充分的根据，经得起推敲。对于不可行的项目也要给出明确的意见，不能模棱两可。

（二）内容与格式规范

项目可行性研究报告的内容深度一定要达到国家规定的标准，基本内容要完整。调查资料要完全，重要数据要有出处，不可主观猜测。报告格式符合可行性研究的规范。

（三）报告编制单位要求具有基本资质

项目可行性研究工作一般应当委托具备一定资质的设计单位进行。研究报告应附有设计单位的资质证明。

二、项目可行性研究报告的编写规范

可行性研究报告的编写规范，以工业项目的可行性研究报告为例，一般包括以下 11 个部分。❶

第一部分　总论

一、项目名称

（一）项目名称

（二）项目的主办单位

（三）项目的主管部门

（四）项目拟建设地点

（五）项目研究工作依据

（六）项目可行性研究承担单位

二、可行性研究结论

（一）市场预测和项目规模

（二）原材料、燃料和动力供应

（三）厂址

（四）项目建设工程技术方案

（五）环境保护

（六）项目管理组织

（七）项目建设进度

（八）投资估算和资金筹措

（九）项目财务和经济评价

（十）项目综合评价结论

三、主要技术经济指标表

四、存在问题及建议

第二部分　项目背景和发展概况

一、项目提出的背景

（一）国家或行业发展规划

（二）项目发起人及发起理由

二、项目发展概况

（一）已进行的调查研究项目及其成果

---

❶ 参见：刘荔娟. 现代项目管理［M］. 上海：上海财经大学出版社，2007：71－79.

（二）试验试制工作情况

（三）厂址初勘及初步测量情况

（四）项目建议书的编制、提出及审批情况

第三部分　市场分析与建设规模

一、市场调查

（一）拟建项目产出物用途调查

（二）产品现有生产能力调查

（三）产品产量及销售量调查

（四）替代产品调查

（五）产品价格调查

（六）国外市场调查

二、市场预测

（一）国内市场需求预测

1. 本产品目标市场

2. 本产品消费条件

3. 本产品更新周期

4. 本产品使用中可能出现的新功能

（二）产品出口或进口替代分析

1. 替代出口分析

2. 出口可行性分析

（三）价格预测

三、市场推销战略

（一）推销方式

1. 投资者分成

2. 企业自销

3. 国家部分收购

4. 经销人代销及代销人情况分析

（二）推销措施

（三）促销价格制度

（四）产品销售费用预测

四、产品方案和建设规模

（一）产品方案

1. 列出产品名称

2. 产品规格标准

（二）建设规模

五、产品销售收入预测

第四部分　建设条件与厂址选择

一、资源和原材料

（一）资源详述

（二）原材料及主要辅助材料供应

1. 原材料、主要辅助材料需要量及供应

2. 燃料动力及其他公用设施的供应

3. 主要原材料、燃料动力费用估算

（三）需要做生产试验的材料

二、建设地区的选择

（一）自然条件

（二）基础设施

（三）社会经济条件

（四）其他应考虑的因素

三、厂址选择

（一）厂址多方案比较

1. 地形、地貌和地质条件的比较

2. 占用土地情况比较

3. 拆迁情况比较

4. 各项费用的比较

（二）厂址推荐方案

1. 绘制推荐厂址的位置图

2. 叙述推荐厂址的优缺点和推荐理由

3. 环境条件分析

4. 占用土地种类分析

5. 推荐厂址的主要技术经济指标

第五部分　工厂技术方案

一、项目组成

二、生产技术方案

（一）产品标准

（二）生产方法

（三）技术参数和工艺流程

（四）主要工艺设备选择

（五）主要原材料、燃料、动力消耗指标

（六）主要生产车间布置方案

三、总平面布置和运输

（一）总平面布置原则

（二）厂内外运输方案

（三）仓储方案

（四）占地面积分析

四、土建工程

（一）主要建筑物的结构设计

（二）特殊基础工程的设计

（三）建筑材料

（四）土建工程造价估算

五、其他工程

（一）给排水工程

（二）动力及公用工程

（三）地震设防

（四）生活福利设施

第六部分　环境保护与劳动安全

一、建设地区的环境现状

二、项目主要污染源和污染物

（一）主要污染源

（二）主要污染物

三、项目拟采用的环境保护标准

四、治理环境的方案

五、环境监测制度的建议

六、环境保护投资估算

七、环境影响评价结论

八、劳动保护与安全卫生

（一）生产过程中职业危害因素的分析

（二）职业安全卫生主要设施

（三）劳动安全与职业卫生机构

（四）消防措施和设施方案建议

第七部分　企业组织和劳动定员

一、企业组织

（一）企业组织形式

（二）企业工作制度

二、劳动定员和人员培训

（一）劳动定员

（二）年总工资和职工年平均工资估算

（三）人员培训及费用估算

第八部分　项目实施进度安排

一、项目实施的各阶段

（一）建立项目实施管理机构

（二）资金筹集安排

（三）技术获得与转让

（四）勘察设计和设备订货

（五）施工准备

（六）生产准备

（七）竣工验收

二、项目实施进度表

（一）甘特图

（二）网络图

三、项目实施费用

（一）建设单位管理费

（二）生产筹备费

（三）生产职工培训费

（四）办公和生活家具购置费

（五）勘察设计费

（六）其他应支出的费用

第九部分　投资估算与资金筹措

一、项目总投资估算

（一）固定资产总额

（二）流动资金估算

二、资金筹措

（一）资金来源

（二）项目筹资方案

三、投资使用计划

（一）投资使用计划

（二）借款偿还计划

第十部分 财务效益、社会经济效益评价

一、生产成本和销售收入估算

（一）生产总成本

（二）单位成本

（三）销售收入估算

二、财务评价

三、国民经济评价

四、不确定性分析

五、社会效益和社会影响分析

第十一部分 可行性研究的结论与建议

一、结论与建议

（一）对推荐的拟建方案建设条件、产品方案、工艺技术、经济效益、社会效益、环境影响的结论性意见

（二）对主要对比方案进行说明

（三）对可行性研究中尚未解决的主要问题提出解决办法和建议

（四）对应修改的主要问题进行说明，提出修改意见

（五）对不可行的项目，提出不可行的主要问题及处理意见

（六）可行性研究中主要争议问题的结论

二、附件

1. 项目建议书（初步可行性报告）

2. 项目立项批文

3. 资源勘探报告

4. 土地占用批准文件

5. 提供项目贷款的承诺书

6. 环境影响评价报告

7. 其他

三、附图

1. 厂址地形和位置图

2. 总平面布置方案图

3. 工艺流程图

4. 其他

本章小结 ▼

　　项目评估是以项目可行性研究完成为前提的。因此，做好项目可行性研究是评估前的最重要的基础工作。要求掌握本章中关于项目可行性研究的四个工作阶段，以及每个阶段的主要工作。了解项目可行性研究的主要内容和工作程序，以及编写可行性研究报告的规范格式。

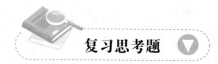

复习思考题 ▼

1. 什么是项目可行性研究？
2. 项目可行性研究的四个工作阶段是什么？
3. 项目可行性研究的作用是什么？
4. 项目可行性研究的主要内容是什么？
5. 编写项目可行性研究报告的要求是什么？

第三章 项目概况的评估

内容提要

本章将有关项目概况的评估内容汇集在一起。主要包括项目建设必要性评估、建设规模评估和社会影响评估。项目建设只有在确认其必要时才可以考虑投资建设，必要性主要从国家产业政策、区域经济发展、市场需求、企业发展、社会经济效益和投资者要求等方面考虑，其中区域社会经济环境的分析是重点内容。项目建设规模由市场因素、技术因素和环境因素决定。确定项目建设规模的方法有盈亏平衡分析法、生产能力平衡法等方法。项目的社会影响评估是近年来刚刚开始在项目评估中使用，主要根据项目主管部门的意见进行评估，大体上可以从社会公平性、社会效率及可持续发展等方面进行评估。

学习目标

本章学习目标是：掌握有关项目必要性评估的基本内容，结合本地区区域经济特点了解有关区域经济对于项目建设的要求。掌握盈亏平衡分析法确定项目建设规模的方法。了解项目社会影响评估的作用和内容。

学习提示

阅读教材，可以根据一个具体项目进行社会影响的调查。并且从产业政策、市场需求、企业发展等方面进行建设必要性的分析。

第一节　项目建设必要性评估

项目建设必要性评估是对可行性研究报告中提出的项目建设的理由进行重新审查、分析和评估。通过项目建设必要性评估，判断一个投资项目的建设理由是否充分，从而避免盲目投资和重复建设。从宏观上看，有利于控制投资规模，从微观上看，有利于提高投资效果。

一、项目建设必要性分析

项目建设必要性是由许多因素决定的，主要内容包括以下几个方面：

（一）项目建设是否符合国家的产业政策

项目有无必要建设，首先看其是否符合一定时期国家的产业政策。产业政策集中反映了政府希望通过调整投资结构来实现经济发展目标的愿望。产业政策确定了整个国民经济中需要优先发展的产业和需要抑制发展的产业。因此，产业政策对于投资方向具有重要的指导作用。投资者只有把资金投入国家鼓励发展的产业，才能得到政策的有力支持；反之，则会因为政策的限制，难以发展，甚至导致投资的失败。所以，要将投资项目与产业政策进行比较，分析项目建设的必要性。

（二）项目建设是否符合区域经济的需要

我国是个幅员辽阔的国家，各个地区具有不同的资源优势和社会经济条件。国家的产业政策是从全国范围，从全局角度出发制定的，各地区还要根据本地区的特点和经济发展阶段制定本地区的发展规划。在某一地区，也会形成相对具有发展优势的产业或产业集群。建设项目总是在某一具体地区实施的，因此，不能不受区域经济发展的制约。通过对项目与区域经济发展需要的对比，可以分析项目建设的必要性和可行性。

（三）项目产品是否符合市场的需要

投资项目所生产的产品是否为社会所需要，从根本上决定了投资项目能否取得良好的经济效益，也决定了投资项目是否有必要建设。一般来说，市场越是短缺的产品，投资建设必要性就越强。市场饱和度高，竞争激烈的产品，投资风险越大。所以，通过对项目产品与市场需求的对比，可以判断项目是否需要建设。

（四）项目建设是否符合企业发展的要求

一个企业的发展有各种途径，包括改变产品结构，扩大生产能力，拓宽经营范围等。无论选择哪种途径，一般都离不开投资。对拟建项目进行评估，评估人员要首先了解企业的发展规划和要求。把企业的发展规划与国家的发展规划和地区或部门的发展规划结合起来进行分析。判断企业的发展是否与大环境相吻合。然后将项目投资与企业的发展规划和要求结合起来进行分析，看其是否符合企业的发展规划和要求。

（五）项目建设能否取得较好的经济效益、社会效益和环境效益

取得预期效益是项目投资的根本目的。对于项目效益的分析，包括经济效益、社会效益和环境效益的统一。项目效益在可行性研究中占有重要位置。在概况分析中，可以直接使用项目可行性研究报告中的技术经济指标进行对比分析。当然，如果这些指标数据存在不真实、不准确的问题，就需要在修正数据后再进行对比分析。

（六）项目建设是否符合投资者的要求

项目的投资者包括政府、银行、投资公司、企业和个人。由于投资者站在不同的立场，往往对项目投资会提出不同的要求。例如，政府部门强调项目投资对于国民经济的影响；银行强调项目贷款的偿还能力；投资公司和个人往往强调项目的收益性；而企业比较重视项目对企业发展的作用。项目评估中需要根据投资者的要求分析其是否达到投资者的目标，从而得出投资必要性的判断。

二、项目区域社会经济环境分析

项目建设总是在一定的空间进行的。项目所在的区域经济环境对项目能否顺利建成投产并取得预期效益有重要影响。特别是在国外投资的项目，不仅受到所投资国家和地区经济发展水平的制约，而且受到国际关系和政府经济政策的制约。项目区域经济环境分析重点是分析下列因素：

（一）区域经济发展水平

投资项目评估中的区域主要指的是行政区域。区域经济发展水平则是指某一区域经济发展的总体状况。包括：该区域的国民生产总值，人均收入水平，就业率，电力、通讯和交通运输等基础设施情况，产业结构和重点产业发展水平等。通过对于区域经济发展水平的研究，可以了解到拟建项目所在地区的经济状况，明确该项目对区域经济发展所起的作用，以及区域经济对于该项目可能给予的支持。

（二）区域地理位置和自然资源状况

区域地理位置对于项目实施有一定的影响，处于沿海和内陆的不同地区的

企业运营的成本不同。区域资源状况主要是指该区域所具有的，并可供项目利用的各种自然资源，包括：水资源、土地资源、矿产资源、能源、可供项目利用的原材料资源等。资源是项目未来运行的保障，既包括现有的资源，也包括可开采利用的资源。

（三）区域社会文化状况

区域社会文化状况对项目的实施也有一定的影响。特别是在民族文化差异很大的地区投资建设项目，不能不充分考虑该地区的文化习俗、价值观念以及人们的受教育水平等因素。

（四）区域市场情况

区域市场情况主要指项目产品的市场供需状况。包括：产品的顾客群、需求数量和需求结构，产品生产者的数量和供给数量，供需平衡状况，市场竞争情况等。

（五）区域政治状况和投资政策

区域政治状况也是投资项目必须考虑的重要因素。特别是在国外的投资有可能受政治变化的影响而不能按计划实施。另外，该区域政府制定的投资政策也是必须认真研究的问题。选择政治稳定、政策有利的区域进行项目投资建设，成功的可能性就比较大；反之，就有可能招致失败。

三、区域发展前景分析

区域发展前景分析主要是围绕项目实施后若干年内，该区域社会经济环境的可能变化进行预测。因为社会经济环境是不断发展变化的，项目投资需要持续一个较长的时间，未来区域的社会经济发展有可能给项目带来有利的影响，也有可能带来不利的影响。所以必须在对区域未来发展前景分析的基础上充分估计项目的风险。

区域发展前景分析重点分析下列问题：

（一）区域产业结构的变化

产业结构是各产业在国民经济中的比例。由于社会经济环境的变化，经过一段时间以后，就可能需要对产业结构进行调整。而产业政策往往是配合产业结构调整提出的。所以要充分估计区域未来产业结构的调整方向，判断项目未来可能遇到的机遇或者风险。

（二）区域经济发展水平的变化

主要指区域国民经济发展水平，包括人均国民生产总值、人均收入、基础设施发展状况、就业状况等，这些因素对于项目未来的经济支持力度有很大的影响。

（三）区域市场供需情况的变化

市场供需状况对于项目能否持续发展具有重要影响。未来区域市场供需情况会发生何种变化必须充分估计。在估计市场供需变化时要注意不能仅仅估计本地区的生产和消费状况，还要顾及外地企业进入本地市场的可能性以及项目产品输出外地的可能性。

（四）区域社会发展水平的变化

区域社会发展水平变化包括社会保障水平的提高程度，教育发展程度，文化卫生事业发展水平，生活习俗的变化等。这些因素的变化会改变人们的消费理念和消费结构，从而导致市场供需的变化。

第二节 项目建设规模评估

一、项目建设规模的确定依据

项目建设规模也称项目生产规模，是指项目设定的正常生产运营年份可能达到的生产能力或者使用效益。通常，项目建设规模是指建设项目的设计文件中规定的全部设计生产能力。如果建设项目由若干单项工程组成，其建设规模则是各单项工程设计文件规定的设计生产能力或效益之和，也可能是各工序中设计规定的最小生产能力所对应的产品生产能力。建设规模的确定，就是要合理选择拟建项目的生产规模，解决"生产多少"的问题。每一个建设项目都存在着一个合理规模的选择问题。生产规模过小，使得资源得不到有效配置，单位产品成本较高，经济效益低下；生产规模过大，超过了项目产品市场的需求量，则会导致开工不足、产品积压或降价销售，致使项目经济效益也会低下。因此，项目规模的合理选择关系着项目的成败，决定着项目投资合理与否。

合理经济规模是在一定技术条件下，项目投入产出比处于较优状态，资源和资金可以得到充分利用，并可获得较优经济效益的规模。因此，在确定项目规模时，不仅要考虑项目内部各因素之间的数量匹配、能力协调，还要使所有生产力因素共同形成的经济实体在规模上大小适应。这样可以合理确定和有效控制工程造价，提高项目的经济效益。但同时需注意，规模扩大所产生效益不是无限的，它受到技术进步、管理水平、项目经济技术环境等多种因素的制约。超过一定限度，规模效益将不再出现，甚至可能出现单位成本递增和收益递减的现象。

一般来说，项目建设规模要依据下列因素确定。

（一）市场因素

市场因素是项目规模确定中需考虑的首要因素。

1. 项目产品的市场需求状况

项目产品的市场需求状况是确定项目生产规模的前提。通过市场分析与预测，确定市场需求量、了解竞争对手情况，最终确定项目建成时的最佳生产规模，使所建项目在未来能够保持合理的营利水平和持续发展的能力。

2. 资源供应状况

项目所需要的原材料、资金和劳动力的供应情况对项目规模的选择起着程度不同的制约作用。如项目规模过大可能导致材料供应紧张和价格上涨，造成项目所需投资资金的筹集困难和资金成本上升等。

3. 市场风险

市场风险也是确定建设规模的重要依据。在可行性研究中，市场风险分析是在产品供需和价格走势常规分析达到一定深度要求的情况下，对未来某些重大不确定因素发生的可能性及其对项目造成的损失程度进行的分析。市场风险主要包括技术进步加快，新产品和新替代产品的出现，导致部分用户转向购买新产品和新替代产品，减少了对项目产品的需求，影响项目产品的预期效益；新竞争对手加入，市场趋于饱和，导致项目产品市场占有份额少；市场竞争加剧，出现产出品市场买方垄断，项目产出品的价格急剧下降；或者出现投入品市场卖方垄断，项目所需的投入品价格大幅上涨等情况。上述情况的出现，均影响项目的预期效益，制约项目规模合理化的制定。

（二）技术因素

先进适用的生产技术及技术装备是项目规模效益赖以存在的基础，而相应的管理水平则是实现规模效益的保证。若与经济规模生产相适应的先进技术及其装备的来源没有保障，或获取技术的成本过高，或管理水平跟不上，则不仅预期的规模效益难以实现，还会给项目的生存和发展带来危机，导致项目投资效益低下，建设投资支出浪费严重。

（三）环境因素

项目的建设、生产和经营都是在特定的社会经济环境下进行的，项目规模确定中需要考虑的主要因素有：政策因素，燃料动力供应，协作及土地条件，运输及通信条件。其中，政策因素包括产业政策，投资政策，技术经济政策，国家、地区及行业经济发展规划等。特别是为了取得较好的规模效益，国家对部分行业的新建项目规模作了下限规定，选择项目规模时应遵照执行。

不同行业、不同类型项目确定建设规模还应分别考虑以下因素：

（1）对于煤炭、金属与非金属矿山、石油、天然气等矿资源开发项目，应根据资源合理开发利用要求和资源可采储量、赋存条件等确定建设规模。

（2）对于水利水电项目，应根据水的资源量、可开发利用量、地质条件、建设条件、库区生态影响、占用土地以及移民安置等确定建设规模。

（3）对于铁路、公路项目，应根据建设项目影响区域内一定时期运输的需求预测，以及该项目在综合运输系统和本系统中的作用确定线路等级、线路长短和运输能力。

（4）对于技术改造项目，应充分研究建设项目生产规模与企业现有生产规模的关系；新建生产规模属于外延型还是外延内涵复合型，以及利用现有场地、公用工程和辅助设施的可能性等因素，确定项目建设规模。

二、项目建设规模的确定方法

（一）盈亏平衡分析法

通过项目产量与项目费用和收入的变化关系，分析项目的盈亏平衡点，以探求项目合理建设规模。当产量提高到一定程度，如果继续扩大规模，项目就出现亏损，此点称为项目的最大规模盈亏平衡点。当规模处于这两点之间时，项目营利，所以这两点是合理建设规模的下限和上限，可作为确定合理经济规模的依据之一。如图 3 - 1 所示，在销售收入与总成本曲线之间有两个交点，分别对应产量 Q_1、Q_2，则为项目生产规模的下限和上限。合理的生产规模应在上下限之间。

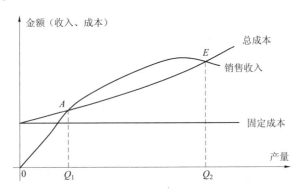

图 3 - 1 项目建设规模盈亏平衡分析

在上述图形中，要想得到生产规模的准确数值，还要进行定量分析。

（1）首先确定总收入函数和总成本函数：

总成本函数： $C = a_1 + a_2 Q + a_3 Q^2$

总收入函数： $S = b_1 Q + b_2 Q^2$

（2）确定利润函数（R）：

$$R = S - C$$
$$= (b_1 - a_3) Q^2 + (b_1 - a_2) Q - a_1$$

（3）计算起始规模和最大生产规模：

令 $R = 0$

$$(b_2 - a_3) Q^2 + (b_1 - a_2) Q - a_1 = 0$$

$$Q_{min} = \frac{(a_2 - b_1) - \sqrt{(b_1 - a_2)^2 + 4a_1(b_2 - a_3)}}{2(b_2 - a_3)}$$

$$Q_{max} = \frac{(a_2 - b_1) + \sqrt{(b_1 - a_2)^2 + 4a_1(b_2 - a_3)}}{2(b_2 - a_3)}$$

图 3 – 1 中的两点为 A 和 E 对应的生产规模。

实例：假设生产某产品的设备成本为 1.4 万元，单位产品的可变成本 $V = (0.01Q + 5)$ 元/件，单位产品的销售价格为 $P = (-0.04Q + 85)$ 元/件。试求该企业的盈亏平衡规模最小产量和最优经济规模时的产量。

解：由已知条件先确定销售收入函数和总成本函数，对利润函数求导。

$$R = S - C = (-0.04Q^2 + 85Q) - 0.01Q^2 - 5Q - 14\,000$$
$$C = F + QV = 14\,000 + (0.01Q + 5)Q = 14\,000 + 0.01Q^2 + 5Q$$
$$S = PQ = (-0.04Q + 85)Q = -0.04Q^2 + 85Q$$
$$Q_{min} = 200 \text{ 件} \quad Q_{max} = 1\,400 \text{ 件}$$
$$R = -0.05Q^2 + 80Q - 14\,000 = 0$$
$$\frac{dR}{dQ} = -0.1Q + 80 = 0$$

经以上计算可知，当该设备的产量最小为 200 件，最大为 1 400 件时，才不致亏损。最优经济规模为 800 件时，可获得最大收益。❶

（二）平均成本法

最低成本和最大利润属"对偶现象"。成本最低，利润最大；成本最大，利润最低。因此，也有以争取项目达到最低平均成本为手段，来确定项目的合理建设规模。

---

❶ 参见：李源生 . 投资项目评估基础 ［M］. 北京：清华大学出版社，2002：55 – 58.

（三）生产能力平衡法

在技改项目中，可采用生产能力平衡法来确定合理生产规模。最大工序生产能力法是以现有最大生产能力的工序为标准，合理确定各工序配合，使之满足最大生产能力的设备要求。最小公倍数法是以项目各工序生产能力或现有标准设备的生产能力为基础，并以各工序生产能力的最小公倍数为准，合理确定各工序配合，形成最佳的生产规模。

（四）政府或行业规定

为了防止投资项目效率低下和浪费资源，国家对某些行业的建设项目规定了规模界限。投资项目的规模，必须满足这些规定。

（五）建设规模方案比选

在对项目建设的各项影响因素进行充分考核以后，应确定相应的产品方案和项目建设规模。生产规模的变动会引起收益的变动。规模经济是指通过合理安排经济实体内各生产力要素的比例，寻求适当的经营规模而取得经济效益。可行性研究报告应根据经济合理性、市场容量、环境容量以及资金、原材料和主要外部协作条件等方面的研究对项目建设规模进行充分论证，必要时进行多方案技术经济比较。大型、复杂项目的建设规模论证应研究合理、优化的工程分期，明确初期规模和远景规模。不同行业、不同类型项目在研究确定其建设规模时还应充分考虑其自身特点。

第三节　项目社会影响评估

一、项目社会影响评估的意义和作用

项目社会影响评估是一项非常重要的项目评估内容。任何项目都生存在一定的社会环境中，都与社会生活各个领域有着千丝万缕的联系，一个项目的开展必然会对所处的社会产生一定的影响，同时社会环境也为项目的生存和发展提供了基础。在目前人均资源短缺、生态环境脆弱、社会矛盾突出的历史阶段，开展投资建设项目社会影响评估，有利于协调建设项目与社会发展的关系，促进社会进步及经济、社会协调发展，是规避投资项目社会风险的重要手段，对确保投资建设项目的可持续性具有重要作用。

（一）项目社会影响评估有利于加强投资项目的宏观指导与调控

建立和健全社会影响评估机制，从全社会的宏观角度考察投资建设项目对社会带来的贡献与影响，分析项目所占用或耗费的社会资源，分析项目对利益相关者的直接和间接、短期和远期、有形和无形、正面和负面影响，使其成为项目层次贯彻可持续发展战略的有效工具，成为政府对社会投资活动的管理和宏观调控的有效工具。

（二）项目社会影响评估有利于保证投资项目与社会环境的互适性

由于投资建设项目涉及面广、影响人数众多、需要社会调查研究分析的工作量大，因此应明确社会影响评估应由具有专业知识和理论应用研究能力的第三方进行调研并出具独立的社会影响分析评估报告，与可行性研究报告、环评报告、勘察设计报告一样，都是重大项目投资建设决策的重要组成部分，以增强投资建设项目与所在地区社会环境的相互适应性，为项目与社会环境的协调发展，为项目各方面目标的实现提供有力保证。

（三）项目社会影响评估有利于实现社会发展目标

在计划经济时代，人们对项目的关注主要侧重于工程技术方面，关心工程技术方案的评估；市场经济体制建立后，人们关注项目的投资回报，强调财务评估的重要性。但随着经济的发展和社会的进步，人们开始强调资源的优化配置，强调利用费用效益分析的方法进行经济分析；随着发展战略的转变，人们开始考虑投资项目的各种社会目标能否实现，认识到对项目全面进行评价对促进社会发展目标顺利实现的重要性，因此，通过项目社会影响评估有利于促进国家社会发展目标的实现。

（四）开展项目社会影响评估有利于降低社会风险

由于对项目的社会风险估计不足，往往造成事后弥补时花费极大的社会成本代价，因此，明确将投资项目建设中可能发生的社会问题纳入工程建设项目的研究范围，避免因决策失误或决策不当引发社会矛盾，对降低社会风险起到重要的作用。

二、项目社会影响评估的内容❶

尽管人们对于项目社会影响评估越来越重视，但是由于项目社会影响评估的宏观性和复杂性使得目前的项目社会影响评估存在很多问题。目前，对于项目社会影响的评估概括起来主要有四种：其一是包含在项目国民经济评估中的项目社会效益分析，其二是项目经济评估中加入项目收入分配分析，其三是项目的国家宏观经济分析中包含了项目社会效益分析，其四是引入社会学家参与

---

❶　参见：戚安邦. 项目评估学［M］. 天津：南开大学出版社，2006：213 - 225.

评估的项目社会分析或社会影响评估。总体来看，现有的项目社会影响评估主要是从社会经济效益的角度来评估项目对于社会环境产生的影响，并未脱离项目经济分析的范畴。

一般来说，项目社会影响评估应当根据一个国家社会发展目标来进行。国际上一个国家或地区的社会发展目标主要包括有：社会效率目标（主要是经济增长和劳动生产率提高方面的目标）、社会公平目标（主要是社会财富分配的合理化和代际群体之间的公平）和可持续发展目标（主要是人类社会的可持续发展）等几个方面，那么项目的社会影响评估也应该体现这几个方面的内容。

（一）项目社会影响评估中的项目社会公平评估

社会公平是一个涉及政治、经济和分配等诸多方面的问题，其主要内涵是指人们参与经济、社会活动从而获取经济收入和社会利益的权利、机会、规则、分配上的公正、平等，诸如财富分配、教育与发展机会、就业机会、生存安全等都是社会公平讨论的问题。由于项目对社会的经济影响主要是考虑项目对于全社会的贡献方面，即项目能为社会增加多少社会福利或者说社会财富，所以缺乏在项目社会影响评估时所需评估的项目新增社会财富分配的公平问题。对于项目社会影响评估来讲，这种项目收益的分配公平问题体现了全社会财富分配的合理性和平等性，是人们评判一个项目能否有助于社会公平的主要依据和结论。例如，按照世界银行的社会影响评估，对于一条市内道路建设项目而言，如果拓宽汽车道是为有汽车一族谋求更多的便利和福利，而可能对于无车族则是不公平的，所以世界银行在许多城市道路建设项目贷款的审查过程中就会更注重项目对于无车族或相对贫困人口的交通改善问题的贡献情况的评估。

通常，一个项目最终可能带来的社会影响会有三种情况：第一种是项目所生成的新增财富或福利使得全社会财富出现正增长，并且这些财富或福利能够公平地在全社会的群体之间进行分享（社会分配公平）；第二种是项目所生成的财富或福利使得全社会新增社会财富出现正增长，但是项目财富或福利在全社会的群体中的分配不公平，项目所带来的新增财富或福利未能够公平地在全社会群体之间进行分配（社会分配中存在相对的不公平）；第三种是项目所生成的新增财富为零或负值，并且项目活动使得一部分社会群体的利益或福利被转移给了另一部分社会群体，项目活动的结果使得部分社会群体通过损害另一部分社会群体的现有利益而获益（社会分配中存在绝对的不公平或有掠夺现象出现）。

很显然，一个好的项目的社会影响首先应该实现项目新增社会财富或福利在全社会群体中公平分享，所以在项目社会影响评估中应该努力按照第一种情况做好项目的社会公平评估。然而，在任何社会中绝对的公平都是不存在的。所以上述第二种情况是人类社会中开展项目新增财富与福利分配的常态，人们只能设法通过某些改进或妥协去努力追求上述第一种情况的出现。但是对于第三种情况，在项目社会影响评估中必须开展认真的项目公平分析和评价，然后根据评价结果作出项目取舍的决策。

（二）项目社会影响评估中的项目社会效率评估

所谓"效率"是指人们用较少社会资源而能够获得较多的社会财富，或者是用定量的社会资源而获得最多的社会财富。而项目社会效率则是指在项目所耗资源一定的情况下，人们通过项目所能创造的社会财富或福利的多少。我们目前所做的项目社会影响评估中对项目效率的关注是比较多的。项目公平和项目效率同样存在着"公平与效率"的"最佳替代"问题，所以在项目社会影响评估中必须同时考虑这两个方面的评估，而在项目决策中必须权衡和安排好二者的"最佳替代"问题。实际上，项目社会效率评估是一种努力使项目价值实现最大化的问题，而项目公平评估是一个努力使项目价值分配合理化的问题。对于具体项目来讲，如果项目给社会带来的价值即使能够在全社会各群体间公平分配，但是由于项目的价值（或新增财富与福利）很小，那么项目公平目标即使能够实现也没有很大的意义，因为这种项目公平使社会各群体的受益太少。因此，项目社会影响评估应该充分考虑如何优化社会资源的配置和追求更高的项目效率，从而使项目价值得以增加或最大化。

因此，项目社会影响评估中的项目效率评估也是十分重要的，虽然这种项目效率评估与项目公平评估相比是出于一种相对次要的地位。因为这种项目效率评估的主要目的是在确保项目新增财富能够相对公平分配前提下，评估如何才能通过一定的利益倾斜手段去激励项目某些相关利益主体而借此使项目效率得以提高。另外，如果项目评估过度强调项目的公平就会造成某些部分的群体（特别是项目的直接相关利益主体）会产生惰性，结果会导致项目效率的降低而使全社会财富增长受到损害。

实际上，任何一个国家和地区都无法实现"公平与效率"的"最佳替代"，因此也就没有办法在项目决策中实现项目公平与项目效率的"最佳替代"。但是这种项目社会影响评估中通过项目公平评估与项目效率评估去寻找二者"最佳替代"的工作是必须要做的，因为项目公平与效率的"最佳替代"是项目评估努力追求的最高境界。实际上任何社会公平都是一种动态的相对公平，所以项目所创造的财富不可能完全公平地在全社会所有群体间分享。同时，如果过度追求项目公平就可能导致项目效率的低下，这样反而会导致全社会财富的下降。所以在项目社会影响评估中需要兼顾项目公平和效率目标，从而使项目在能够实现社会财富或福利增长的基础上进一步实现相对公平分配的目标。

在项目社会影响评估中，人们必须根据项目所处的社会状况来对项目公平和项目效率进行综合评估，根据当时社会的政治和经济发展需要去安排好项目公平和项目效率的最佳组合。

（三）项目社会影响评估中的可持续发展评估

在项目社会影响评估中，除了上述项目公平与项目效率的评估以外，项目的可持续发展评估也是一个十分重要的部分。人类社会在取得巨大进步与发展的同时，却造成自然资源的迅速枯竭。因此，如何确保自然资源有效而持续的供给，成为人类社会进步的重要约束条件。自然资源可持续利用就是自然资源开发利用不仅要考虑满足当代人发展的需要，也要考虑满足后代人发展需要；不仅要考虑满足本国本地区的人民发展的需要，也要考虑满足其他国家和地区人民发展的需要的全新发展观。目前，比较受到认可的可持续发展定义是："综合调控经济—社会—自然三维结构的复合系统，以期实现世世代代的经济繁荣、社会公平和生态安全。"

社会发展通常以一定时期的社会利益作为是非的评价标准，而近期利益与远期利益不一致时可持续就成为问题。一个具体的项目有可能创造较好的社会福利并能公平地在社会各群体之间分享，但同时有可能对人类社会的永续发展产生消极的影响。从人类社会发展的角度来看，社会的可持续性发展甚至比短期的公平和效率更为重要，因此在项目社会影响评估中必须要有项目可持续发展的评估。

实际上，项目社会影响评估中的可持续发展评估是项目公平评估的一种补充性和辅助性的内容，这种项目可持续发展评估的内涵主要涉及当代与后代公平的评估以及社会特殊群体可持续发展的评估。这种评估的主要目的是在确保项目能高效和公平的前提下，更多地关注项目对于社会的可持续性发展环境所造成的正面或反面效果。例如，我们现在过度开发国土或消耗耕地甚至破坏生态环境，虽然我们这一代能够有所受益，但这会使我们的子孙后代失去他们日后赖以生存的自然环境和生态环境。实际上有许多项目对于国家或地区的社会发展贡献或损害在很多时候并不只对一代人有影响（像农业项目和林业项目以及基础设施建设项目等），这些项目的后果会给很多代人们的生产和生活造成持久的影响，所以在项目社会影响评估中不但必须考虑当代社会群体之间的公平问题，还必须考虑当代社会群体与后代社会群体之间的公平问题，这也是一种从长远发展角度去评价项目活动对于社会公平影响的问题。

需要注意的是，项目社会影响评估中的可持续发展评估同项目环境影响评估的内涵是有所不同的，项目社会影响评估中的可持续发展评估主要是就项目对于人类社会本身的可持续发展贡献或损害的全面评估。例如，围绕自然资源的可持续利用评估，开展水资源的可持续利用，土地资源的可持续利用，森林资源的可持续利用，矿产资源的可持续利用，能源资源的可持续利用等方面的评估。

三、项目社会影响评估的方法

（一）定性分析法

1. 对社会环境的影响

包括项目对社会政治、安全、人口、文化教育等方面的影响。涉及对当地人口的影响，对当地文化教育的影响，对人民卫生保健的影响，对社会安全的影响，对社会稳定的影响，对民族关系的影响，对妇女地位的影响，对国防的影响，对社区人民宗教信仰的影响，以及对社区人民生活质量的影响等。

2. 对自然资源的影响

包括项目对自然资源的合理利用、综合利用、节约使用等政策目标的效用。如节约土地（耕地）、能源、水资源、海洋资源、生物资源、矿产资源等，自然资源的综合利用效益等。

（二）定量分析法

1. 能源效益评估

能源效益评估的能源主要是指煤、油、电、汽，能源是工业生产不可缺少的先决物资条件。能源效益评估的目的在于考察拟建项目对能源的利用是否合理，判明拟建项目是耗能高的项目还是节能项目。能源消耗指标分单项消耗指标和综合消耗指标，评估时主要计算综合消耗指标，折成标准煤计算，折算标准按照国家有关规定。

（1）国民收入（净产值，它是项目在整个经济寿命期内的总销售收入扣除生产补偿基金后的盈余）综合能耗。

国民收入综合能耗 = 能源消耗量 ÷ 年国民收入(吨标煤/万元)

（2）单位产量综合能耗。

单位产量综合能耗 = 能源消耗量 ÷ 年产量(吨标煤/吨或米或立方米等)

2. 就业效果评估

就业效果即单位投资创造的新就业机会。项目的就业效果分直接就业效果、间接就业效果和总就业效果。

（1）直接就业效果＝新增就业人数÷项目直接总投资。

（2）间接就业效果＝相关项目新增就业人数÷相关项目总投资。

（3）总就业效果＝新增就业总人数÷（直接总投资＋间接总投资）。

3. 分配效果评估

分配效果指项目所获得的净效益在中央、地方、企业之间的分配比重，一般以项目在正常年份所获得的净效益来计算。

（1）中央分配效果＝上缴中央财政的收入÷年利税总额×100%。

（2）地方分配效果＝地方财政收入÷年利税总额×100%。

（3）企业分配效果＝企业收益÷年利税总额×100%。

本章小结

一个项目只有在确认必要时才可能进行投资建设。对于项目建设必要性的评估要从六个方面认识。其中特别要研究项目与区域社会经济发展的关系。要根据市场因素、技术因素和环境因素确定项目建设规模。要着重从项目对于社会公平性、效率性和可持续发展三个方面进行项目社会影响评估。

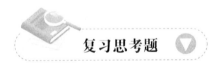

复习思考题

1. 决定项目建设必要性的因素有哪些？

2. 为什么说区域经济环境对于项目建设有重要影响？

3. 项目建设规模依据哪些因素确定？

4. 如何使用盈亏平衡法确定项目建设规模的界限？

5. 项目社会影响评估有何意义和作用？

6. 项目社会影响评估的主要内容是什么？

7. 自然资源可持续利用主要评估哪些方面的内容？

8. 设某生产项目设计年产量为 4 万吨，每吨售价为 5 500 元，该项目投产后总固定成本为 6 500 万元，单位产品可变费用为 1 500 元。试计算该项目最小生产规模。

9. 某地区 2011 年新增就业人数为 12 万人，新增直接投资额为 5 000 万元，间接投资额为 2 500 万元，试计算就业效果。

10. 某工业项目投产后年产量为 10 万吨，年消耗能源折合标准煤 1.5 万吨，试计算单位产量综合能耗。

第四章 项目市场需求评估

内容提要

本章主要阐述项目的市场需求调查方法、市场需求预测和市场竞争环境评估。在项目评估工作中，市场需求评估是十分重要的内容，必须应用科学的方法和详细的资料进行市场需求定性和定量的研究。市场调查方法可以根据选择调查对象、使用调查工具和处理调查资料的方法不同分类。市场需求预测主要有平均趋势预测法、专家调查法、弹性系数法和回归预测法。这些方法都要求在一定的调查数据基础上使用。对于市场预测的结果要根据预测者的经验和实际情况进行综合判断。市场竞争环境评估主要根据波特模型概述了五种竞争力量的分析，并对四种具体的竞争策略进行了概述。

学习目标

学习本章内容要求掌握市场需求调查方法的分类，熟悉市场需求预测的各种方法，对于可行性研究报告中的市场调查部分能够进行定量分析。掌握市场预测结果的正确判断方法和判断原则。了解市场竞争环境评估的基本内容。

学习提示

本章学习要求掌握市场需求预测的几种方法，能够判断项目可研究报告中市场预测部分的正确性；能够根据具体项目分析其市场竞争环境状况。

第一节　项目产品的市场需求调查

项目产品的市场需求调查是项目可行性研究中的最重要的工作之一，因为项目的投资人只有确认未来项目产品能够获得市场认可，才有可能考虑对项目进行投资。在项目评估中项目产品未来的市场需求也是要考虑的重要因素。项目产品的市场需求受到多种因素的影响，所以，对于项目产品的市场需求调查也要从多个角度进行。

一、市场需求调查的内容

市场商品需求是指消费者在一定的时期、一定的市场范围内有货币支付能力的购买商品的总数量。需求调查主要包括以下几个方面：

（一）市场商品需求量调查

市场商品需求量调查就是要摸清各类消费者在一定的市场范围内，有货币支付能力购买某种商品的总数量。它包括国内和国外的两个市场的需求量。调查项目主要产品的市场需求数量，包括现实的和潜在的需求，即市场容量。影响市场容量大小的主要因素一是人口，二是货币支付能力。

因此，要调查市场需求量，就必须调查一定时期内社会用于购买商品的货币总额，调查国民生产总值、工农业生产总值、国民收入、家庭收入和人均收入等。

（二）市场商品品种需求调查

消费者对于商品的需求是十分具体的，不仅要求商品的基本功能，而且对于商品的品种也有要求。因此，对商品市场需求的调查还要涉及商品的规格、型号、式样、花色、品牌等多方面的内容。通过对某一类商品的具体品种的调查，为项目产品设计提供依据。

（三）市场商品质量需求调查

商品质量是由商品的核心层、有形层和延伸层质量构成的一个整体，消费者对于商品质量的需求就包括这三个层次的质量需求。

（1）核心层的质量需求。产品质量的核心层是指产品的基本功能、寿命、经济性、安全性和可靠性等内在的质量水平。

（2）有形层的质量要求。产品的有形层质量是指消费者可以直接感受到的包装、颜色、式样、广告、品牌等内容。

（3）延伸层的质量要求。产品的延伸层质量是指产品的售后服务、技术指导等内容。

（四）市场商品价格需求调查

商品价格是商品价值的货币表现。消费者不仅关心商品的质量，也非常关注商品的价格。购买物美价廉的商品是消费者的普遍追求。而且价格也是决定一个项目经济效益的重要参数。价格调查不仅要调查现实的市场价格，而且要对未来的价格走势进行分析，从而为项目未来的收益作出判断。

二、市场需求调查方法的分类和选择

（一）市场需求调查方法的分类

1. 按照选择对象的方法划分

（1）全面调查：是指对与市场调查内容有关的应调查对象无一例外地普遍地进行调查。

（2）典型调查：是以某些典型单位或典型消费者为对象进行调查。

（3）抽样调查：是从调查对象的总体中抽取部分对象进行调查。根据抽样方法的不同又分为随机抽样、等距抽样、非随机抽样等方法。

随机抽样是从总体中按随机的原则抽取样本的方法。可以分为简单随机抽样、分层随机抽样等方法。等距抽样是先把被调查总体中的个体按一定顺序排列，然后按相等的距离或间隔抽取样本。非随机抽样是根据调查人员分析、判断和需要来进行抽样，有意地选取具有一定代表性的对象作为样本，用以估计总体性质。

2. 按照使用的调查工具划分

（1）实地调查法：是指在调查现场进行实地询问、观察、试验等调查方法。

（2）网络调查法：是利用互联网进行用户调查。

（3）电话调查法：即使用电话对产品用户的调查。

（4）问卷调查法：调查之前要根据调查目的设计问卷，然后使用邮寄或者当面询问等方法填写问卷，根据问卷统计调查结果的方法。

（5）文案调查法：是利用二手资料，如报纸、杂志、文件等信息进行调查。

3. 按照调查资料处理方式划分

（1）定性调查法：即对于调查获得的结果进行定性分析，判断所调查事务的性质、基本态势、发展趋势等。定性调查得出市场供求情况的基本态势即可，不要求准确的数据。

（2）定量调查法：即对于调查对象不仅要进行定性的描述，而且要有数量的计算。比如市场容量究竟是多少，本企业占有率究竟是多高，价格可能会提高或降低百分之几等，都需要有明确的数据说明。

（二）市场调查方法的选择

选择市场需求调查方法要根据调查的目的和调查工作的难易程度。一般可以选择问卷调查或者抽样调查，或者将两种调查方法结合使用。如果调查工作中人力物力条件允许，则可以采用全面调查方法，以求得到更多的信息。

第二节　项目产品市场需求预测

预测是对未来某种不确定的事或未知的事情进行事先的调查研究和分析，作出符合事物发展趋势的推断，以指导实际行动。市场预测是项目评估的重要工作，市场调查的根本目的就是为了进行市场预测。因此，市场预测就是在市场调查的基础上，运用一定的方法和数学模型，对未来一定时期内市场发展的状况和发展趋势作出正确的估计和判断。

市场预测的结果是判断项目建设有无必要的重要依据，它是对拟建项目产品的供应与需求的发展趋势以及相互联系的各种因素的变化，进行调查、分析、判断和预测，从而可以避免项目的重复建设和盲目建设。它是实现社会供需平衡、提高项目的投资效益、促进国民经济协调发展的重要保证，也是项目投资效益分析指标正确与否的重要保证

一、市场需求预测方法

目前，用于市场预测的方法很多，经常使用的有平均趋势预测法、专家调查法（德尔菲法）、弹性系数法和回归预测法。

（一）平均趋势预测法

市场发展趋势预测是对某种产品在以后若干时期内需求量的预测。由于项目的寿命期一般都比较长（多于 5 年甚至更长，项目评估时一般定为 15 年），所以在对项目进行市场的发展趋势预测时，都要进行长期预测。

1. 时间序列预测法

时间序列预测法是市场发展趋势预测中常用的一种方法。时间序列就是以月、季、年等按时间顺序排列的时间数列。随着时间的推移，市场供求也在不断地发生着变化。市场供求的变化一般受两类因素的影响：一类是对市场供求起主导作用的规律性因素；另一类是对市场供求起辅助性和临时性作用的偶然

性因素。

时间序列预测法假定市场供求只受规律性因素的支配，因而与时间序列密切相关。通过对过去市场供求变化与时间变化之间关系的分析，对未来的市场供求作出预测。由于时间序列预测法存在着上述假设，因此它的应用也有一定的前提：首先，假定影响未来市场供求的各种因素，与过去的影响因素大体相似；其次，市场供求的发展过程是渐进的变化过程，而不是跳跃式的变化过程。

从这两个前提的要求来看，时间序列预测法最适用于短期预测，在一定条件下也可用于中期预测，而不适合于作较长期的预测。时间序列预测法用于市场预测时，有多种方法，如简单平均数法、移动平均数法、加权移动平均数法、趋势预测法、指数平滑法等。

（1）简单平均数法。

简单平均法以各期实际值之和除以期数。计算公式如下：

$$\bar{x} = \frac{x_1 + x_2 + \cdots + x_n}{n} = \sum_{i=1}^{n} x_i / n$$

（2）移动平均数法。

① 简单移动平均法。这种方法是采取滚动引进数据而不断地改变平均值（又称为简单移动平均值），并据此进行预测的一种方法。移动平均值的反应速度，由调整移动平均中所包括的周期数和周期数值的变化来决定。

② 加权移动平均数法。简单移动平均数法计算较为简便，但缺点是预测值总是落后于实际值，有较为明显的偏差。原因是离预测期越近的数据，对预测期的影响越大，反之亦然。因此，加权移动平均法正是考虑了这种影响因素，对预测期内的数据以不同的权数来加以调整。计算公式如下：

$$\bar{x} = \frac{x_1 w_1 + x_2 w_2 + \cdots + x_n w_n}{w_1 + w_2 + \cdots + w_n} = \frac{\sum_{i=1}^{n} x_i w_i}{\sum_{i=1}^{n} w_i}$$

加权移动平均法与简单移动平均法相比，能较准确地反映实际发展趋势，可用在中期的市场预测中。但是，要确定各期比较合理的权数却有一定的难度。尤其是如果最后几期所取的权数越大，风险也就越大，也就越易受偶然因素影响。

2. 指数平滑法

指数平滑法是利用历史资料进行预测的方法。它的应用最普遍，能消除利用加权移动平均法计算的缺点。其预测公式为：

$$F_{t+1} = F_t + \alpha(M_t - F_t)$$

式中　α——平滑系数（在 0 ~ 1）；

M_t——上期的实际值；

F_t——上期预测值；

F_{t+1}——本期预测值。

这个公式的含义是：在本期预测数上加上一部分用平滑系数 α 调整过的本期实际数与本期预测数之间的差，就可求出下期预测数。用指数平滑法计算出的预测数一般介于本期实际数与本期预测数之间。而平滑系数 α 的大小可根据过去的预测数与实际数的比较而定。

如果二者之间的差额大，则 α 的值应取大一些；反之，则 α 的值应取小一些。α 的值越大，则表示近期的倾向性变动影响越大；反之，α 的值越小，也就越平滑。

用指数平滑法进行预测比较简便易行，只需具备本期实际数、本期预测数、平滑系数 α 即可。例如，某种产品的本期实际数与预测数分别为 20 万件和 19.8 万件，平滑系数 α 为 0.9，则下期预测数 = 19.8 + 0.9 × (20 − 19.8) = 19.98（万件）。

（二）专家调查法（德尔菲法）

专家调查法是根据市场预测的目的和要求，向专家提供一定的背景资料，请专家就市场未来的发展趋势作出判断的一种直观判断预测法。在项目评估中，特别是对一些市场资料缺乏的新建项目进行市场分析时更为适用。这种方法因具有匿名性、反馈性的特点，因此准确性比较高。其大致步骤如下：

（1）明确预测任务。以专家问答表的形式，将需要预测的问题列在表格上，以便寄给专家填写。调查表中拟定的问题，要提得清楚明白，用词要确切，不能含糊其辞，同时也要尽量简化，并要集中而有针对性，以便得到准确的回答。

（2）选择专家。专家选择的好坏是专家意见调查法成败的关键。要选择学有专长、富有实践经验，并且知识面广的专家作为调查对象。一般要求专家在该领域从事过 10 ~ 15 年或更长时间的专业工作，人数以 15 ~ 20 人为宜，可在本部门选择或外单位聘请的办法选择专家。

（3）收集专家意见。就是将制定好的调查表寄给专家，要求他们根据所提供的资料，提出自己的初步预测意见、预测的论据和进行进一步研究所需要的资料。将专家寄回的意见归纳综合后，再以书面的形式寄给各专家，请他们比较自己与别人的不同意见。一般经过 3 ~ 4 次修改，意见便可趋于一致。

（4）提出预测报告。为了得到预测报告，需要对专家的意见进行分析和处理。有的预测只要求得到定性的结论，有的预测则要求得到定量的结论。对后者则要用统计方法对专家意见进行量化处理。定量处理专家意见的方法有平均数法、中位数法和记分法。

（三）弹性系数法

对某种商品需求量的大小取决于人们的收入水平与该商品的价格水平。也就是说，一定时期的消费水平与一定时期的居民收入水平和价格水平有着密切的联系。

1. 需求的收入弹性

需求的收入弹性是指由收入变化引起的需求变化程度。一定时期消费者的消费水平取决于其收入水平的高低，即收入水平是消费水平的主要决定因素，也是进行消费水平预测的一个重要指标。

需求的收入弹性是用收入弹性系数来表示的。产品需求的收入弹性系数为需求量的相对变化与收入的相对变化之比。计算公式如下：

$$E_i = \frac{Q_t - Q_0}{Q_0} \times \frac{I_0}{I_t - I_0}$$

式中　E_i——产品需求的收入弹性系数；

　　　Q_t——观察年产品的需求量；

　　　Q_0——基期年产品的需求量；

　　　I_t——观察年的收入水平；

　　　I_0——基期年的收入水平。

预测公式为：

产品年需求量 = 基期年产品需求量 ×（1 + 产品需求的收入弹性 ×

预测年较基期收入的增长率）

2. 需求的价格弹性

它是指商品的需求量对价格变动的敏感程度。一般来说，商品价格水平的高低与消费需求的多少有密切关系。价格越高，需求量越少；价格越低，需求量越多。需求的价格弹性，常用价格弹性系数，即需求量的相对变化与价格相对变化之比来表示。计算公式如下：

$$E_p = \frac{Q_t - Q_0}{Q_0} \div \frac{P_t - P_0}{P_0}$$

式中　E_p——产品需求的价格弹性；

　　　Q_t——在新价格下的需求量；

Q_0——现行价格下的需求量；

P_t——新价格；

P_0——现行价格。

若需求的价格弹性系数小于 1，说明弹性小，即市场价格变动对商品需求量的影响程度不大；若需求的价格弹性系数大于 1，说明弹性大，即市场价格变动对商品需求量的影响程度大。

产品需求的价格弹性确定以后，在其他条件不变的情况下，可以用来预测未来产品价格的变化对产品需求量的影响。计算公式如下：

预测年产品需求量 = 现价的需求量 × (1 + 产品需求的价格弹性系数 ×
预测年价格较现行价格的变化率)

例如：某商品在 1991 年的单件价格为 100 元时，销售量为 15 000 件，1992 年价格为 95 元时，销售量为 15 800 件，则该商品需求的价格弹性为：

$$E_p = \frac{158\ 00 - 15\ 000}{15\ 000} \div \frac{100 - 95}{100} = 1.067$$

若该产品在 2001 年的单件价格为 92 元，则 2001 年该商品的预测需求量为：$15\ 000 \times (1 + 1.067 \times 8\%) = 16\ 280.4$ （件）。

价格的需求弹性系数的大小可以用需求曲线直观地描述，如图 4 - 1 所示。

3. 需求的交叉弹性

它是指某一商品的价格变化对另一产品需求量的影响程度。即对某一产品的需求，不仅取决于该产品本身的价格，同时也取决于互补产品或代用产品的价格。需求的相互弹性系数用 A 种产品需求量变化的相对值与 B 种产品价格变化的相对值之比来表示。计算公式为：

$$E_{AB} = \frac{Q_{TA} - Q_{OA}}{Q_{OA}} \div \frac{P_{TB} - P_{OB}}{P_{OB}}$$

式中　E_{AB}——A 商品需求量变化幅度对 B 商品价格弹性系数；

P_{TB}，P_{OB}——B 商品的预测期和基期的市场价格；

Q_{TA}，Q_{OA}——A 商品的预测期和基期的需求量。

当确定了预测产品与其他产品的相关关系或替代关系，也就是确定了它们的交叉弹性系数以后，就应该把相关产品和代用产品的预期价格变化的影响在预测产品需求时考虑进去。

例如：某地预测该地到 2012 年空调机需求为 500 万台。但是，如果同时知道该地民用电价将比现在提高 5% ，那么，就要考虑交叉弹性对空调机需求的影响。如果求得空调机对民用电交叉弹性是 - 2.375% ，那么在其他条件（如居民平均收入）不变的情况下，到 2012 年对空调机的需求将降低 5% ×

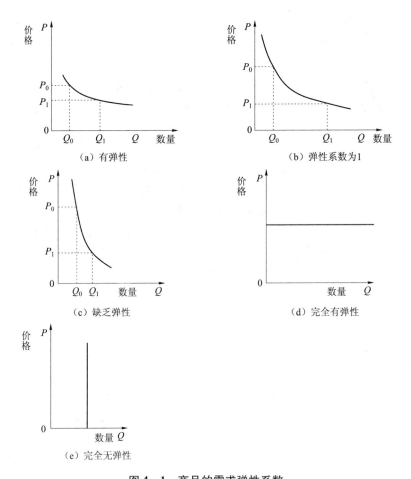

图 4-1　商品的需求弹性系数

2.375% =11.875%，降低的绝对量是 500 × 11.875% = 59.375（万台）。所以，2012 年空调机的需求量应该是 500 - 59.375 = 440.625（万台），而不是 500 万台。

（四）回归预测法

回归预测法是将自变量与因变量之间的相关关系用回归方程的形式表示，并根据自变量的数值变化预测因变量数值变化的方法。用回归方程表示为：

$$y = a + bx$$

式中　y——预测的因变量；

　　　x——自变量；

　　　a——纵轴截距；

b——直线的斜率。

运用最小二乘法和二阶导数可得下列公式,用于计算 a 与 b 的值:

$$\sum y = na + b \sum x$$

$$\sum xy = a \sum x + b \sum x^2$$

则有:

$$a = \frac{\sum y - b \sum x}{n}$$

$$b = \frac{\sum xy - a \sum x}{\sum x^2}$$

回归预测法主要有两种用途。

(1)趋势预测。回归预测用于趋势预测时,其自变量统计资料的时间可以顺序排列,为了简化值的计算,可令:$\sum x = 0$,这时公式可简化为:

$$a = \frac{\sum y}{n} \qquad b = \frac{\sum xy}{\sum x^2}$$

例如:某种产品在 2007 ~ 2011 年的实际销售量如下:2007 年,12 万件;2008 年,12.5 万件;2009 年,13.2 万件;2010 年,13.5 万件;2011 年,14 万件。

运用上述数据就可预测 2012 年该产品的销售量(见表 4 - 1)。

表 4 - 1 产品销售量预测表

年份	销售量(万件)	x	xy	x^2
2007	12	-2	-24	4
2008	12.5	-1	-12.5	1
2009	13.2	0	0	0
2010	13.5	1	13.5	1
2011	14	2	28	4
合计($n = 5$)	65.2	0	5	10

将表 4 - 1 中的有关数字代入公式 即可算出 a、b 的值:

$$a = 65.2 \div 5 = 13.04$$

$$b = 5 \div 10 = 0.5$$

将 a、b 值代入公式,即可求得 2012 年的预测销售量:

$$Y = a + bx = 13.04 + 0.5 \times 3 = 14.54 \text{（万件）}$$

（2）因果分析。当自变量代表某种因素时，预测就属于因果分析。它是利用不同事物之间的因果关系来预测未来的一种方法。

此外，回归预测法根据自变量的多少，可分为一元线性回归预测法和多元线性回归预测法。凡是以一个自变量的变化去预测因变量的方法，称为一元线性回归预测法；凡是以两个或两个以上的自变量去预测因变量的方法，称为多元线性回归预测法。

二、市场需求预测结果的判断

（一）市场预测的综合分析

项目的市场需求研究有时也要求对市场预测进行综合分析，它既包括需求与供应的综合分析，也包括对现在和未来情况的综合分析等。

在综合分析中，常用到的计算公式如下：

国内总需求 = 国内销售量 + 未能满足的需求量

国内总供应量 = 国内现有生产能力 + 国内净增生产能力

国内总供应缺口 = 国内总需求 - 国内总供应量

总供应缺口 = 国内总供应缺口 + 出口量 - 进口量

预测出国内总供应缺口是安排项目生产规模的依据。若根据总供应缺口来安排项目的生产规模，必须综合考虑项目产品的国际市场供应状况，即项目产品的竞争能力及出口的可能性。

（二）市场预测结果的判断

市场预测的结果受到统计资料的质量、预测方法的使用以及预测人员经验和能力的制约，准确程度有很大的不同。由于市场预测结果对于项目是否投资建设，以及项目上马后是否能够取得预期效益至关重要，所以，对于市场预测的结果还要根据多方面的资料和经验进行判断，避免市场研究出现失误。

经常出现的市场判断失误主要有以下几种情况：（1）对未来市场需求做过高的估计；（2）对潜在市场需求估计不足；（3）对市场价格做过高的估计；（4）对竞争对手的价格策略估计不足；（5）对于替代产品需求估计不足。

在对市场预测结果进行判断时，一定要考虑上述五种情况，在排除以上五种情况以后，再对预测数据进行修正，才能得出比较接近实际的预测结果。

第三节　项目市场竞争环境的评估

一、市场竞争环境评估的内容

竞争是市场经济的基本规则，在市场经济条件下，绝大多数项目产品都要面对市场竞争，因此对于市场竞争态势的分析及制定合理的市场营销策略就成为项目评估的重要内容。

市场竞争环境评估主要指项目企业所处产业和地区市场竞争态势的分析。按照哈佛商学院迈克尔·波特（M. E. Porter）的竞争理论，项目企业将面对五种作用力的竞争。即替代品生产者的竞争、客户的竞争、供应商的竞争、新的竞争对手进入的竞争以及现有竞争对手之间的竞争。五种竞争力量如图 4 – 2 所示；

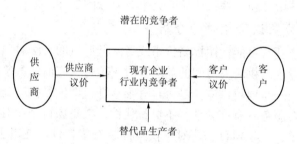

图 4 – 2　项目市场竞争环境示意

（一）现有市场竞争对手之间的竞争分析

主要包括两个方面的内容。一是对现有竞争对手的识别。项目产品竞争环境取决于其所处的产业、参与的市场以及项目产品的各种特性，必须依据这些情况识别与判断项目产品实际存在的竞争对手。二是现有竞争对手的竞争策略的评估。对于项目产品竞争对手之间的价格竞争、促销手段竞争、营销渠道竞争以及产品开发竞争都要进行分析和客观评价。

（二）潜在的竞争者分析

主要包括两个方面的内容。一是对潜在竞争者的识别。项目产品的潜在竞争对手不像现有竞争对手那样明确，一般需要根据上下游企业的发展趋势进行判断。例如，一个生产饲料的企业向下游养殖企业提供饲料，而下游养殖企业可能因为饲料成本的考虑，采取自己加工饲料的供应方式，这就等于给生产饲料的企业增加了一个竞争对手。二是对潜在竞争者进入本行业的可能性进行评估。对于一个企业来说，进入与自己现有经营领域不同的行业都是具有一定的风险和障碍的，当进入壁垒比较高时，潜在的竞争对手就会减少；反之，当进入壁垒比较低时，就有可能吸引更多的竞争对手进入本行业。所以，对于项目产品的壁垒应当进行评估，如果不能形成有效的壁垒，那么就需要制定相应的防范潜在竞争对手的策略。

（三）替代产品的竞争者的分析

所谓替代产品是指与项目产品具有相同功能的产品。当某一行业内竞争比较激烈，或者新加入者进入壁垒较高时，就有可能开发在功能上与现有产品相同或接近，而在价格或者使用方便性上优于现有产品的新产品。替代产品可能有三种情况：一是在产品性能上有一些改进，或者更新换代的产品；二是虽然功能与现有产品相同，但是采用新材料或者新技术生产的产品；三是对现有产品开发出新用途的产品。替代产品出现得越快，对现有产品的威胁就越大。所以，在项目评估中必须对替代产品的竞争有充分的估计。

（四）供应商议价竞争的分析

项目的供应商有可能使用提高价格或者降低质量的方法对项目企业施加压力，形成项目业主与供应商之间的竞争。对于项目供应商的竞争应主要从三个方面进行分析。一是项目供应商是否具有唯一性，即项目供应商对于项目所需要的原材料或者服务具有垄断性、不可替代性；二是项目企业对于项目供应商来说重要性不足；三是项目企业对于供应商具有依赖性。在以上三种情况下，供应商的议价能力往往比较强；反之，则比较弱。项目企业应对供应商的竞争必须从改变与供应商的关系入手。

（五）客户议价竞争的分析

客户议价竞争与供应商议价竞争正好相反。如果项目企业的产品处于不可替代地位，或者客户对于项目企业的产品依赖性较强，则客户的议价竞争能力较弱；反之，则较强。客户议价竞争会造成项目产品营利下降，甚至使项目在经济上变得不可行，因此，对客户可能的议价竞争能力要进行评估。评估的目的是制定有针对性的竞争策略。

二、项目产品竞争策略的评估

项目产品竞争主要是围绕四个方面的内容展开的。

（一）产品竞争策略

产品竞争是项目企业参与市场竞争的基础。产品竞争策略评估要求首先了解市场竞争企业的产品，包括产品品种、型号、色彩、包装、商标、质量、技术水平等，详细列出本企业产品与竞争企业产品的相同点和不同点，明确项目产品的最大竞争优势。

（二）渠道竞争策略

渠道竞争是指产品通过何种销售渠道进入市场。要了解竞争对手的主要销售渠道，以及各种渠道的竞争状态，在企业实力不强时，尽量避免在相同渠道与竞争对手相遇。可选择与竞争对手不同的渠道开展销售活动。如果企业实力雄厚，也可以与竞争对手展开同一销售渠道的竞争。此项评估要求对于产品可能的销售渠道进行全面的分析。

（三）价格竞争策略

价格竞争是市场竞争的最主要的方式。消费者购买商品的普遍要求是物美价廉。因此，产品的性价比是消费者最关心的指标。性价比是产品价值的表现，性价比越高，产品就越容易销售。价格竞争策略的评估不仅要了解本企业的产品价格与竞争对手产品价格的差异，更重要的是比较不同产品的性能价格比。

（四）促销竞争策略

所谓促销竞争策略是指企业采取何种促销手段推销产品。再好的产品没有有力的促销活动，其销售也会受到不利的影响。促销包括使用广告、人力推销和营业推广等方式。促销竞争策略的评估包括详细了解竞争对手的促销方式，促销效果和促销费用，根据本企业的实力来选择合适的促销手段。

本章小结

项目市场需求评估是绝大多数项目评估的基本内容。评估工作主要包括三个方面，即市场调查、市场预测和市场竞争环境分析。市场调查常用的方法是抽样调查法。市场预测主要使用平均趋势法、专家调查法和回归分析法。对于市场竞争环境的研究是项目可行性研究的重要内容，根据波特模型，可以对市场竞争的五种力量进行分析。

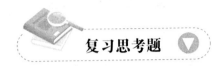

复习思考题

1. 市场需求调查的主要内容是什么?

2. 为什么要进行产品质量的需求调查?

3. 根据选择调查对象方法不同可将市场调查分为哪几类?

4. 判断市场预测结果要注意哪些情况?

5. 市场竞争环境评估主要分析哪五种竞争力量?

6. 市场竞争策略包括哪四个方面的内容?

7. 运用德尔菲法进行市场预测的步骤是什么?

8. 怎样计算需求的交叉弹性系数?

9. 市场需求判断失误常有哪几种情况?

10. 假定某企业的产品售价为每吨 3 000 元时售出 800 万吨,当售价降为每吨 2 800 元时,售出 1 100 吨,计算该商品的需求价格弹性系数。

第五章　项目技术评估

内容提要

　　拟建项目的技术评估对象是物化技术，它的主要内容是对工艺和设备进行比较分析。项目技术评估的基本原则是先进性、适用性、可靠性、经济性、安全性和符合国家有关技术标准。在项目工艺技术方案的评估中要侧重工艺技术流程的分析，并尽量采用先进工艺。项目的设备按照它在生产过程中发挥的作用不同，可以划分为生产工艺设备、辅助生产设备以及服务设备三大类。设备评估的侧重点是与生产能力和工艺要求的适应性、对产品质量的保证以及使用设备的经济性等。

学习目标

　　学习本章内容要掌握项目技术评估的基本原则，了解技术评估的主要内容和评估方法，了解设备评估的侧重点。

学习提示

　　学习本章内容最好能够结合一个工业项目的实例，自己通过调查画出一个项目的工艺流程图，并加以评价。

第一节 项目技术评估的原则

项目技术评估的主要内容是对生产工艺、设备选型和工程设计方案以及环境保护措施等进行分析评价，以保证项目实施过程中所选的技术实用先进、经济合理，并符合环保要求。拟建项目的技术评估对象是物化技术，它的主要内容是对工艺和设备进行比较分析。进行分析时，要在可行性研究报告的基础上对技术部分进行有重点的再审查，以进一步明确项目在技术上的可行性，并为财务效益和经济效益的预测提供比较完整、准确的数据和依据。

由于项目的多种多样，所涉及的技术领域也十分广泛，因此，技术评估必须依据不同学科的基本理论和方法进行。例如，涉及农业投资项目的就需要对农艺技术评估，涉及工程建设项目的就需要对建筑工程技术进行评估。本书不可能详尽所有的技术领域，只以工业项目为代表，阐述项目工艺技术评估的一般原理和方法。

一、工艺技术的先进性原则

一般来讲，拟采用的技术应该比原有的技术更先进，引进的技术应该比国内的技术更先进，国内的项目应该是国内已经成熟的先进技术。对项目而言，讲究技术的先进性就是要求拟建项目尽可能多地采用新技术、新工艺及节能环保设备，以提高项目技术装备水平。具体来说，就是要求项目的设计方案先进、生产工艺先进、设备选型先进、技术基础参数先进。

项目在工艺技术上的先进性主要是通过各种技术指标来体现的，如劳动生产率、单位产品的原材料消耗水平、能源消耗水平、产品的质量指标等。另外，由于不同的行业有不同的特点，各行业评价技术水平的指标也有所不同，所以，项目评估中应该分行业选用最适应的指标，作为衡量工艺技术先进性的标准。

二、工艺技术的适应性原则

工艺技术先进性的项目不一定全部符合我国的国情和国力。适用性是指项目采用的工艺技术应与资源条件、经济发展和管理水平相适应，与项目的建设规模、产品方案相适应，可以很快被掌握、吸收和消化，顺利投产，并取得良好的经济效益。讲求适用性要求实事求是、因地制宜、量力而行和注重实效，适应当时、当地的具体情况，而不能片面地追求先进性。

一般而言，技术的适用性应该符合以下几个条件：

（1）应同项目的生产能力相匹配，不同的建设规模需要选用不同的工艺技术。

（2）应与原材料、辅助材料和燃料相适应，有利于提高能源和原材料的利用率。

（3）应与环境保护要求相适应，尽可能采用清洁生产技术，有利于维护生态平衡和进行有效的环境保护。

（4）应与设备（包括国内和国外供应设备，主要和辅助设备）和当地的技术水平相适应，有利于充分发挥现有技术水平和充分利用现有技术力量。

（5）应与员工素质和管理水平相适应，能取得良好的经济社会效益。

三、工艺技术的经济性原则

设备的经济性是拟建投资项目获取经济效益的基础，因此需在项目评估中特别加以重视。工艺技术经济性是指项目所采用的技术能够在一定的消耗水平下获得最好的经济效益；分析一项技术的经济性，不仅要看它的投资成本，而且要看它的生产成本，进行综合分析。

另外，工艺技术的经济性在现实中往往是与合理性联系在一起的，如设备规模、产品产量的合理性、产品生产工艺流程的合理性、项目配套和协作的合理性等，都是工艺技术经济性的条件。

四、工艺技术的可靠性原则

项目所采用的工艺技术是否可靠和成熟，是项目成败的关键。也就是说，项目所采用的先进技术必须是经过实践证明的可靠和成熟的技术，其硬件和软件的功能已经被证明是有效的。一项为工程项目所采用的技术，必须是在实验中经过多次证明是成熟的，质量是可靠的，同时有详尽的技术分析数据，并经过科学的工业鉴定，才能推广运用。

五、工艺技术的安全性原则

对项目采用的工艺技术及设备的安全性，要有足够的把握。要从社会角度、劳动保护角度等多角度加以考察。

六、符合国家有关技术政策、法规和标准的原则

国家有关的技术政策、法规和标准是对采用技术的一种规范。项目所采用的工艺技术必须符合国家有关技术政策、法规和技术标准，否则视为非法行为。例如，在食品工业中如果不按照国家有关技术规定生产，随意添加某种添

加物，就构成违法生产。另外，在使用引进技术时要确认知识产权。

第二节　项目工艺技术方案评估的程序、内容和方法

一、项目工艺技术方案评估的程序

（一）收集资料

收集资料是项目工艺技术评估的基础，项目工艺技术评估能否顺利进行，在很大程度上取决于收集资料的完整性、实用性和广泛性。项目工艺技术评估要收集的资料有：

1. 与项目有关的多种技术方案

技术方案是指工艺和设备的方案，在现代科技不断发展进步的情况下，投资方案往往可以采用不同的技术方案。就一个具体的项目来说，即使在总体的工艺方案确定的条件下，各阶段的工艺、各种设备也有一定的可比性和选择性，只有经过多方案的比选，才能满足项目的基本要求。

2. 可行性研究报告

这是对项目所做的技术经济论证，是项目评估的出发点，只有全面了解可行性研究报告对技术方面的分析内容，才有可能把工艺技术评估和其他部分的评估有机地衔接起来。

3. 基础技术资料

包括工艺方案、工艺流程、工艺说明书、设备性能说明书等。上述资料可为工艺技术评估提供各种参数，如原材料和能源消耗定额、生产规模、产品质量、设备规格、设备生产能力等。

（二）分析技术发展趋势

建设项目的工艺技术评估是对项目在整个寿命期内所采用技术的可行性的分析评价。当前，科学技术在迅猛发展，新技术、新设备不断出现，其更新换代速度日益加快。在项目评估时，必须注意分析技术发展趋势，预测项目拟采用工艺技术的寿命期。

（三）明确项目工艺技术评估的重点

工艺技术评估所涉及的问题十分广泛，项目评估人员不可能、也没必要对每个技术问题都详细地进行审查分析。为此，在进行项目工艺技术评估时必须突出评估重点。一般来说，应该将对整个国家、地区、行业有影响的技术问题

和项目的主要技术问题作为项目工艺技术评估的重点。

二、项目工艺技术方案评估的内容

(一) 项目工艺技术评估的目的

工艺是指生产工人利用生产工具，对各种原材料、半成品进行加工或处理，最后使之成为产品的过程。生产工艺技术方案则是指项目采用的生产工艺流程或产品的制造办法。对项目生产工艺技术方案的评估是项目工艺技术评估的核心内容，这是因为项目采用的生产工艺技术决定着项目需要的生产设备，影响着项目投资额的大小、建设周期的长短、未来产品质量的好坏、产品的生产数量以及产品投资所获的经济效益。所以，项目的工艺技术评估在项目的技术评估中占有重要的地位。

项目工艺技术评估的目的，就是要确定产品生产全过程技术方法的可行性。工艺流程是指项目生产产品所采用的制造方法及生产过程。在项目评估中，有些行业的工艺流程没有多种方案可供选择，但有些行业却并非如此。因此，有必要在已经收集到的方案和资料的基础上，选择拟建方案应采用的工艺。

(二) 项目工艺技术方案评估的内容

工艺技术方案评估涉及的内容十分广泛，对项目评估人员来说，主要分析以下几个方面。

1. 工艺的可靠性分析

可靠性是指项目设计方案所选择的工艺必须是成熟的，能够达到技术指标的要求，在实践中能发挥预期经济效益的工艺，而不是处于试验阶段的技术。可靠性是选择工艺的前提。

2. 工艺流程的合理性分析

以机械工艺为例，其工艺流程主要是由各道工序组成的。工序是指一个或一组工人在一个工作区间所连续完成一个或几个零件中的某一部分作业。合理的工艺流程应符合下列要求：

(1) 原材料加工和形成产品的过程顺畅、便捷，具有连续性。

(2) 使每一件（或批量）产品都能满足技术方案所规定的要求。

(3) 经济性好，能降低材料和能源消耗，提高劳动生产率。

(4) 适应生产类型的要求。例如单件、小批量的生产，工艺布置和设计应该灵活，大批量生产则要求工艺布置紧凑，自动化程度高。

在项目评估中，对工艺流程合理性的分析，可以通过对不同工艺的流程图和技术、经济指标的对比来进行（如图5-1所示）。

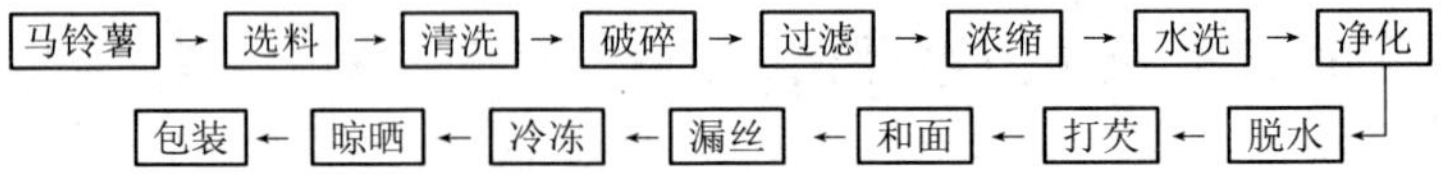

马铃薯 → 选料 → 清洗 → 破碎 → 过滤 → 浓缩 → 水洗 → 净化
包装 ← 晾晒 ← 冷冻 ← 漏丝 ← 和面 ← 打芡 ← 脱水 ←

图5-1　马铃薯加工工艺技术

3. 工艺对产品质量的保证程度分析

产品质量是产品的生命线，它直接关系到项目投产后所生产的产品在市场上的竞争力和销售状况。因此，项目所采用的生产工艺必须保证产品的质量。一般情况下，产品质量也是由项目的生产工艺决定的。

在进行工艺对产品质量保证程序的评估时，一是要通过各种介绍资料观察对比工艺对产品使用价值的影响；二是要查证、核实、对比分析衡量产品质量的各种参数，例如产品的规格，机加工产品的精确度、光洁度、硬度，加工食品的质量参数，以及纺织品的色度、主要纤维成分等。

4. 经济性分析

对生产工艺技术方案进行经济性分析的方法主要是采取对比方法，即对其技术指标或经济指标进行对比，一般采用较多的方法是工艺成本对比法，工艺成本是项目生产成本的重要组成部分。它一般包括原材料消耗费用、能源消耗费用、设备运转维护费用、工人工资、设备及厂房的折旧费，在评估工艺的经济性时，就是将备选的工艺方案的各种费用分别汇总比较，工艺成本最低或者单位产品成本最低的方案即为经济性的工艺方案。

5. 工艺对原材料的适应性分析

由于原材料的不同，在加工某种产品时，可能要对工艺技术方案进行适当的修改。使得工艺技术能够适应原材料，以保证产品的品质和产出效益。

6. 工艺对实施条件的要求分析

在加工工业中，有些工艺对于实施条件有一定的要求，必须满足这些要求。例如，电子工业产品要求生产现场必须除尘、净化；食品工业要求生产现场必须无菌、无污染；纺织工业常常要求生产现场保持一定的温度和湿度。

7. 生产工艺流程的均衡性分析

所谓工艺流程的均衡性是指各工序衔接得科学，按照一定的节拍均衡的组织生产。

8. 工艺技术先进性的分析

尽管在项目评估中，比较侧重的是看工艺技术的适用性，但是，如果能够得到国内外先进技术，还是应当使用先进技术，尽量避免使用落后淘汰的技术。

三、项目工艺技术方案评估的方法

进行项目工艺技术评估可以运用多种方法，归纳起来有以下几种。

（一）功能评价法

功能可以通过各种技术参数来体现，例如额定功率、生产效率、产品精度等，比较工艺和设备的这些参数，就可以从中选择功能优胜者。

（二）费用评价法

工艺和设备在发挥功能的同时，必然发生各种费用，如操作工艺和设备的人工工资、机物料消耗费、运转的能耗费等，这些构成工艺成本。因此只作功能比较还不能决定项目的取舍，要进一步分析它们的各种耗费，才能得出正确的结论。

工艺成本由下列内容构成：

（1）原材料消耗费。先进的工艺，由于采用了先进的工艺方法和相应的设备，往往能大量地节约原材料。

（2）能源消耗费。能源消耗费是衡量工艺是否应该采用的一项重要指标，能源消耗（包括电、油、煤、气）对产品成本有较大影响。某些行业，不同的工艺能耗相差很大。

（3）运转维护费。运转维护费包括修理费、装置设备保养费、工器具费用等。可以根据各台设备和装置的复杂系数求出各台设备的维修费、保养费、工器具费，汇总相加计算此项费用。工艺选择的设备越先进，此类费用越高。

（4）人工工资。指工艺、设备的操作人员和直接管理人员的工资。此项费用取决于工序定额人员和工人技术等级。

（5）工艺装备及厂房折旧费。指全部工艺过程中各种装置、设备与辅助设备和厂房的折旧费。费用评价的过程一般是将各方案的费用汇总相加，以费用消耗最少者为优，然后再结合功能评价法作出结论。

（三）核查计算法

核查计算法是将方案的各种重要参数和指标对照原始资料进行查证、计算，由于各种原因，项目的组织者所提供的一些技术经济指标往住与原始资料不符。技术评估并不完全是为了选择一个最优方案，还有一个很重要的目的，就是为了全面分析和检查可行性研究报告，避免出现各种技术失误。

（四）评分分析法

一个项目的工艺技术，往往有多项技术性能指标，在实际的方案比较中，一般不会出现各种经济指标一边倒的情况。例如，对于不同设备，应采用评分

法分别计算各设备的功能总分，以总分最高者为优。❶

第三节　项目设备的评估

一、项目设备的分类

设备是机器、机械、运输工具以及其他多种生产或非生产设备的通称，设备是工业生产的主要物质技术基础。一般而言，项目的设备按照它在生产过程中发挥的作用不同，可以划分为生产工艺设备、辅助生产设备以及服务设备三大类。在工艺流程确定之后，项目评估时应对所选用的设备进行评估论证。

生产工艺设备是指用于改变劳动对象的形状和性能，使其成为半成品或者成品的那部分设备；辅助设备是指直接保证工艺设备完成工艺目标要求，并不直接参加产品生产过程的各种设备。服务设备是指间接为生产服务的管理、安全、生产、生活设备等。项目设备评估的主要对象是生产工艺设备和辅助生产设备。

二、设备评估的侧重点

设备的选择与工艺技术的选择一样，要遵循项目工艺技术评估总的基本原则，同时，还要综合考虑以下各点。

（一）与生产能力和生产工艺相适应

与生产能力相适应，就是要使设备的实际生产能力与设计生产能力一致，有时可适当超负荷生产，使设备能在满负荷状态下进行工作。

（二）要保证产品的质量

在生产工艺确定后，设备就是决定性的因素，因为设备是实现生产目标的工具和手段。选择的设备一定要能够满足工艺的要求，高质量地完成该道工序的加工任务，以保证生产出合格的产品。这就要求所选择的设备具有较高的可靠程度。

所谓可靠程度，就是要在规定的时间内和规定的使用条件下，无故障地发挥规定功能的概率，它是用来表示设备、装置可靠性程度的重要参数和比选设备的重要依据。

（三）设备的使用寿命与维修的前景

设备的使用寿命是对主要设备而言的。它是考虑设备耐用程度的指标，包

---

❶　参见：张宇. 项目评估实务［M］. 北京：中国金融出版社，2004：72 - 73.

括物质寿命和经济寿命。物质寿命指设备在参与生产过程中的自然损耗，最终不能使用而报废的使用期限，这也就是平常所说的"折旧年限"，不同的设备有不同的折旧年限。

经济寿命是指由于科学技术的迅速发展，新工艺、新技术的不断出现而引起工艺设备提前报废而退出生产领域的时间。在考虑设备的使用寿命时应以经济寿命为依据，力争使设备的经济寿命与项目的经济寿命大体一致。

项目的经济寿命和设备的经济寿命评估时一般不得超过 15 年，可行性研究报告中超过 15 年的，项目评估时一律以 15 年计算（不含项目建设期）。

（四）设备的经济性

设备的经济性是指在满足工艺对设备性能要求的条件下，设备的活劳动和物化劳动的消耗情况，任何设备能否在生产中得到应用，主要是由它的性能和经济性决定的，经济性太差的设备是难以应用的。

设备经济性指标主要包括以下三个方面的内容。

（1）费用指标。如设备的购置费和营运成本。营运成本包括原材料、能源消耗、运转维修费、设备操作人员工资、设备折旧费等。

（2）收益指标。如设备的直接收益和使用费用节约额。

（3）时间指标。如设备的寿命期。设备的性能是其先进程度的具体体现。设备的先进性常常和高速、大型、精密、自动化相联系。一般大型化设备，都具有高效率、低消耗、低成本的特点。

设备的经济评估就是要在设备的性能和其消耗收益之间作一合理的选择，既要考虑项目对工艺技术的基本要求，又要权衡设备的费用支出和收益。通常，在满足技术要求的前提下，尽量采购价廉的设备，并要综合考虑运费和其他费用因素。❶

本章小结 ▼

本章总结了项目技术评估的基本原则，工艺技术方案的评估内容以及项目设备评估的侧重点。在一般项目评估中，技术评估是一个重点内容，项目只有在技术可行的条件下，才能进一步做其他内容的评估分析。一般项目技术评估主要侧重技术的可靠性、先进性和经济性。

---

❶　张宇. 项目评估实务［M］. 北京：中国金融出版社，2004：78 – 79.

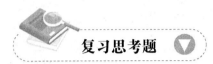

复习思考题

1. 项目技术评估的基本原则是什么？
2. 项目技术评估的程序是什么？
3. 项目工艺技术方案评估的内容是什么？
4. 工艺成本是怎样构成的？
5. 设备评估的侧重点是什么？

第六章　项目资源与建设条件评估

内容提要

　　资源是项目的物质基础。对项目资源条件进行评估，是项目正常生产和获得预期投资收益的重要保证。项目资源一般分为矿产原料资源和农副产品资源两大类。项目基础资源条件主要指土地资源供应条件、原材料供应条件、燃料、动力供应条件、交通通讯供应条件和人力资源供应条件。在上述条件有确切保证的情况下才能进行项目建设。

学习目标

　　学习本章要求掌握项目基础资源条件评估的主要内容，特别是对于土地供应条件的分析，掌握如何计算土地成本。了解项目建设工程设计评估的基本内容以及项目同步性建设的要求。

学习提示

　　学习本章内容最好参考一个具体的在建项目，全面了解项目的资源供应情况和建设规划，看懂施工计划图表。

第一节　项目资源条件评估概述

一、项目资源条件评估的原则

资源是项目的物质基础，它既包括未经开采加工的自然资源，如土地资源、水利资源、海洋资源、生物资源等，又指已经开采加工作为生产投入的原材料、燃料和动力等。资源具有有限性和分布不均衡性两个特点。对项目资源条件进行评估，是项目正常生产和获得预期投资收益的重要保证。

（一）保持生态平衡，保证可持续发展

项目在使用资源时，必须有长远的计划，杜绝对资源的恶性开采，有效利用资源，达到环保要求。

（二）遵循多层次、多目标原则，对资源进行综合利用

不管在什么时候，资源总是稀缺的，要尽可能达到重点利用和综合利用相结合，合理和有效地利用资源。

（三）达到经济开发的目的和要求

注意资源的供应数量、质量、服务年限、开采方式、利用条件等。

（四）保证资源的再生性

对于可再生资源，要求能够使资源连续补偿，并利用先进技术争取资源的最佳利用效果。

（五）保证项目生产的连续性

注意资源与生产能力的匹配，以保证项目生产的连续性。对稀缺资源努力寻找替代产品，并注意开发新资源。

二、项目资源条件评估的内容

在对项目的资源条件进行评估时，要结合项目所在地区的资源特点，最大限度地利用资源，也就是对项目资源的分布、储量、品位、开采利用的可能性和经济性问题，以及资源的最佳利用效果等，实事求是地进行评估论证分析。

（一）以矿产资源为原料的项目资源条件评估

按照我国《矿产资源法》规定，开采矿产资源必须依法申请取得采矿权，勘查报告未经国家矿产储备委员会审查批准不得作为矿山建设规划的依据。

（1）要有国家矿产储备委员会审查批准的资源储量、品位、成分、开采价值和运输条件的报告。

评估分析矿床规模时应包括总储量、工业储量和可采储量。一般情况下，符合工业开采技术要求的储量（可作为矿山企业设计和投资依据的储量）为工业储量，也称设计储量。工业储量中扣除因工程地质、水文地质等因素造成的损失后，乘以回采率，即为设计中的可采储量。

此外，还需根据矿产品的物理、化学及其他性质详细分析矿床类型特征、矿体形态及其大小、矿床埋藏条件、伴生的有用或有害元素、采矿、选矿与冶炼条件以及自然经济地理环境等。

（2）要注意矿产资源的供应数量、供应质量、供应方式、服务年限、成本高低和运输难易程度等，并注意多层次利用矿床的露天开采。露天开采和地下开采在储存、运输和成本上有很大的差别，两者比较，地下开采的难度和投入要大得多。

（二）以农副产品为原料的项目资源条件评估

在进行以农副产品为原料的项目资源条件评估时，主要把握以下几点：

（1）过去（一般指前三年）农副产品的年产量及可供工业生产的用量和剩余量。

（2）农副产品的储藏、保管、运输的条件及费用情况。

（3）以前农副产品的供应情况及今后可能的供应数量预测。

（4）产品可供项目使用的数量、质量、供给的期限及保证条件。

（5）如需要进口，还必须了解进口国的有关情况，可能进口的数量、质量、价格、供给期限及保证条件。

第二节　项目基础资源条件评估

一、土地资源供给条件评估

任何项目的建设都需要一定数量的土地，当然，有些更新改造项目可以在原有的土地上进行，但也有些项目需要新增用地。优质土地是稀缺资源，对建设项目需要增加用地的必须对土地供给条件进行评估。一般来说，申请新增土地使用面积的项目须符合以下标准：

（1）申请建设用地项目必须符合国家土地政策和法规。

（2）投资项目符合国家产业政策、环保要求和能耗标准。

（3）投资项目符合区域经济发展战略。

（4）投资强度和产出水平达到规定要求。

（一）项目评估中有关使用土地资源的原则

凡是涉及新增土地使用面积的项目，在评估中要特别加以分析。一是有没有办理合法取得土地使用手续，例如，各地方政府根据国土管理的有关规定出台一些关于建设用地的办理程序，其内容大致如下：

（1）用地单位提出用地预申请，并填写具体建设项目用地预审申请表。

（2）规划部门提供规划选址红线图和选址意见书。

（3）用地单位提供可行性研究报告以及项目建议书。

（4）国土局根据预审申请书、规划部门、用地单位提供的材料进行审核，并作出预审意见书。

（5）根据预审意见书，计划部门进行项目立项审批。

（6）用地单位委托国土勘测部门勘测定界，确定申请用地面积。

（7）根据勘测定界报告，与被征地单位草签征地补偿安置协议书（如果是农村集体土地，需被征地村 2/3 以上村民代表表决通过，有必要的还应举行听证）。

（8）占用国有河流的须水利部门审批意见，涉及收回国有土地使用权的，原用地单位签署同意收回意见。

（9）用地单位向国土资源局预交农用土地转非农用土地费、征用指标费等有关费用。

（10）国土部门组织农用地转、征用报批手续有关材料，逐级上报至省级政府审批。

（11）省级政府农转用手续批准后，进行"二公告、一登记、一批复"。公告期满后，被征地村村民无异议的，原用地已预审的用地单位正式向国土部门提出具体建设项目用地申请，并填写具体建设项目用地申请表。

（12）规划部门提供建设用地规划许可证、供地红线图、平面布置图等。

（13）用地单位提供相关材料：项目文件，用地申请书，企业营业执照，法人代表身份证复印件，法人代表身份证明书，消防、环保部门意见（外企应增加批准证书、安全部门意见、公司合同章程；房地产开发企业提供资质证明）。

（14）用地单位填写土地登记申请书，并向市级国土资源局提出土地申报登记，市级国土资源局核发国有土地使用临时证明书。

（15）建设用地项目竣工后，用地单位委托市级国土测绘院进行用地竣工验收，合格后向市级国土部门申请变更登记，临时证更换正式的国有土地使用证。

二是土地资源是否集约节约使用。我国人多地少，人地矛盾日益尖锐，针对土地利用中土地结构和布局不合理、建设用地粗放、土地利用率低、后备资源少、土地开发空间不足、耕地数量每年逐渐减少等问题，要充分认识在项目建设中注意集约节约使用土地的重要性。

（二）项目研究中有关土地成本的估价

土地成本是大多数新建项目不得不考虑的重要因素。合理的估价土地成本对于保证项目未来的营利性至关重要。土地开发成本的评估方法主要有市场比较法、协议定价法和成本定价法。

1. 市场比较法

市场比较法是根据同一地区、同类土地的市场价格来估计项目使用土地的成本。市场比较法可以使用于购买土地使用权，也可以用于确定租赁土地的租金。

2. 协议定价法

协议定价就是项目用地一方与拥有土地所有权或使用权的一方协商确定购买土地使用权或者租用土地的价格。一般来说，协商地价也要参考当地当时的土地市场价格。

3. 成本定价法

运用成本定价法评估土地开发成本，土地开发成本各构成部分的累加即为土地开发成本。由于挂牌出让的宗地，其来源有农民集体土地和国有土地，国有土地又有原住宅用地和单位用地，这些宗地的土地开发成本的构成不同，所以土地开发成本可分为农民集体土地的开发成本、住宅用地的开发成本和单位用地的开发成本。

（1）农民集体土地开发成本的计算。

农民集体土地的开发成本主要是征地补偿费，应按国家及地方有关法律、法规规定的征用农民集体土地的费用项目和标准进行计算：

$$集体土地征地补偿费 = 土地补偿费 + 青苗补偿费 + 地上物补偿费 +$$
$$劳动力安置费 + 超转人员安置费 + 菜田基金 + 耕地占用税等$$

（2）住宅用地开发成本的计算。

住宅用地的开发成本主要是居民拆迁补偿费用，应按地方房屋拆迁法规的相关规定进行计算：

$$住宅房屋拆迁补偿价格 = （基准地价 \times K + 基准房价） \times 被拆迁房屋建筑面积 +$$
$$被拆迁房屋重置成新价 + 搬家补偿费$$

式中，K 为容积率修正系数。

（3）单位用地开发成本的计算。

单位用地的开发成本主要是单位拆迁补偿费用，应按各地方房屋拆迁法规的相关规定进行计算，如北京市房屋拆迁法规定：

$$非住宅房屋拆迁补偿价格 = 区位价格 \times K_1 \times K_2 \times K_3 \times$$
$$建筑面积 + 地上物重置成本 + 停业损失补偿费 + 搬家补偿费$$

式中，K_1 为容积率调整系数，K_2 为房屋原用途调整系数，K_3 为规划用途调整系数。

二、原材料供给条件评估

拟建项目评估所指的原材料，包括原材料和辅助材料等投入物。对原材料供应条件进行评估，要根据拟建产品的类型、性质来研究原材料供应的可能性和对产品成本及质量的影响，同时要对原材料的供应数量、质量、价格供应来源和保证程度、运输距离和仓储设施等方面的条件进行分析，分析主要的或关键性的原材料的供应条件。具体需抓住以下几个环节进行。

（一）供应数量应满足生产能力的需要

在评估时，应根据项目的设计能力、选用的工艺和采用的设备来测算所需的原材料和投入物的数量，并预测目前和长远需要量的保证程度、来源的可靠程度。

（二）原材料的质量要适应生产工艺的要求

评估时应注意分析原材料和投入物的质量，尤其要注意分析特定项目对各种投入物在质量和性能上的要求。原材料的质量和性能特征有物理性能、机械性能、化学性质等表现形式。对特殊项目来说，这些质量和性能特征，对生产工艺、产品质量和资源的利用程度影响很大。

（三）立足于国内供应和就地取材

原材料供应不可靠，将给生产造成长期被动。依赖进口原材料的项目，特别要注意减少进口环节。对进口原材料的种类、数量、来源、影响供应的因素以及对国内同类材料的影响，要实事求是地分析，同时要考虑国际价格的波动和税收政策的变动。

基础材料投入物的运输距离和运输方式，对生产的连续性和产品成本影响很大，评估时应当对运输能力和运费进行计算分析。就地取材能达到缩短供应距离、减少运输费用的目的。

（四）注意原材料存储设施的建设

原材料供应条件应包括合理的储备量，拟建项目存储设施规模是否适应生产的连续性需要，是评估应重点考虑的问题。仓储设施的投资应包括在建设项目总投资费用中。

例如，表6-1说明了拟建项目所需要的原材料、辅助材料、燃料动力的名称、品种、规格、供货单位、产地、年需求量等，其需求数量要根据项目的设计能力、工艺和质量要求、设备条件来确定，其质量要适应工艺和产品质量的需要。

表6-1 原材料燃料动力基础数据采集样表

名称	单位	规格	单价	需求量	成本费用	产地	供货单位
原材料							
辅助材料							
燃料动力							
合计							

三、燃料、动力供给条件评估

燃料是指煤炭、石油和天然气，动力是指电、气、风、水以及其他带有能量的介质。燃料和动力统称为能源，它的供应条件对产品成本和质量的影响很大。分析与评估项目所需要的燃料品种和需要量，以及对成本的影响。如对煤的需求分析，需对其需求量、供货单位、产地、供应价格、热值需求、品质等进行全面分析。分析与评估动力的供应来源、种类和数量。

（1）按生产工艺要求计算日耗电量、年耗电量和对成本的影响。还要计算变电站、输电线路及自备电厂发电功率大小及所需投资，并注意供电的稳定性，是否需要双回路保证电力供应。

（2）其他动力供应方面，如果消耗量大、连续性强需自备设施，则要计算蒸汽锅炉、煤气炉、制氧机、空气压缩机及供应管网的投资，并分析设备选型及管网布置的合理性。

（3）分析能源供需平衡情况，节能措施及项目投产后的能源保证程度。

四、运输和通讯条件评估

交通运输条件对项目未来的生产会有较大影响，对拟建项目建设和实施条件进行分析评估时，还需评估项目的交通运输条件。对交通运输条件的评估主要分析其在项目建设期间对建筑材料、机器设备的运入与人员进出，以及在项目投产后对原材料、产成品运输的影响。

项目交通运输条件包括厂外运输条件与厂内运输条件两个方面：

（1）厂外运输方式涉及地理环境、物资类型、运输量大小和运输距离等方面，他们对运输方式的选择（如铁路或公路）起决定性的作用；

（2）厂内运输方式主要涉及厂区布局、道路设计、载体类型、工艺要求等因素，厂内运输安排合理则能使货物进出通畅。

对交通运输条件的评估，重点应放在运输成本、运输方式的经济合理性、运输中各个环节的衔接性和运输能力等方面。通讯也是现代生产系统顺利运转的重要保证条件。现代科技与市场的信息，绝大部分是靠通讯来传播的，如果项目所在地通讯过于落后，就应考虑通讯项目的同步建设。

五、人力资源供给条件评估

项目所需人力资源的评估是指项目运行需要的所有人员的评估，其中包括管理人员、技术人员和普通劳动力（包括生产工人和辅助生产工人）项目人力资源供给条件的评估重点在于：

（1）分析评估项目对各种人力资源的需求情况。可以根据生产计划和组织机构的设置分析所需各种人力资源的数量。

（2）分析评估项目所需人力资源的水平和培训情况。项目所需的人力资源不仅要求数量上的满足，而且还要求达到规定的技术水平。一般情况下，还要考虑对新增人员的技术培训。

（3）分析评估项目所需人力资源的供给情况。项目所需的绝大多数人力要靠人才市场的供给，因此，需要对人才市场的求职与就业状况进行调查。有些特殊需要的人才还需要从外省或者外国引进。

第三节　项目建设条件评估

一、项目建设场地与工程设计评估

（一）项目建设场地评估

建设场地评估主要是分析是否符合项目总平面布置的要求，场地准备是否达到了"四通一平"，施工机械进出建设现场是否方便，是否能堆放建筑材料，预计挖填土方量，地下水对施工的影响，有无地下公共管网，有无拆迁补偿问题等。

（二）工程设计评估

1. 工程设计方案的内容

（1）地基工程。如对项目建设场地的平整、地基的处理等。

（2）一般土建工程。包括厂房、仓库、生活服务设施的建筑物工程；矿井、铁路、水塔等构筑物工程；各种设备基础工程；水利工程及其他特殊工程。

（3）管道工程。如蒸汽、煤气等的管道输送。

（4）给排水及通风工程。主要是给排水工程、采暖工程和通风工程等。

（5）电气及照明工程。包括线路架设、照明线路安装工程等。

2. 工程设计方案的分析与评估

（1）对项目总平面布置方案的论证。论证主要是分析总图的合理性，项目评估时应注意审查：工程满足生产工艺的要求，保证工艺流程顺畅、使用方便；符合土地管理和城市规划的要求；布置紧凑，适应场内外运输的要求；注意节约用地、节约投资、力求经济合理。

（2）土建工程设计方案论证。对土建工程设计方案的分析与评估，主要是要按照经济合理的原则，选用合适的建筑结构方案和建筑标准。

（3）施工组织设计的分析与评估。对施工组织设计的分析与评估的目的，主要是要确保工程建设建立在切实可行的基础上，保证项目按期、保质、保量地完成。

施工组织总设计是从施工准备开始，经过工程施工、设备安装到试生产的整个施工过程的规划与组织安排。其基本内容主要由四部分组成：施工方案、施工进度计划、建设材料供应计划及施工总平面图。

施工组织总设计分析的主要内容如下：

① 对施工方案的分析。即对主要单项工程、公共基础设施、配套工程的施工方法和工程量的分析。对施工方法进行分析，应重点对影响施工进度和工程质量的关键工程部位的施工方法进行分析。对工程量的分析，应以相应的额定标准为依据来进行。

② 施工顺序分析。一个投资项目可划分为很多单项工程，而单项工程也可划分为较多的分项工程，如何安排它们之间的施工顺序并在此顺序的基础上安排时间，就构成施工进度计划的主要内容。施工顺序安排一般应遵循以下原则：先准备，后施工；先地下工程，后地面工程；先主体工程，后装修工程；对给排水工程，先场外后场内等。

③ 施工进度分析。项目的实施进度常用横道图和网络图来表示，对施工进度的分析主要是分析各工序之间的时间安排和衔接是否合理、均衡（某工程的施工进度安排如图6-1所示）。

月份\工序	1	2	3	4	5	6	7	8	9	10
基础	▅	▅	▅							
框架		▅	▅	▅						
墙体				▅	▅	▅				
门窗							▅	▅		
管道						▅	▅	▅		
电器										
内装饰								▅	▅	
外装饰									▅	▅

图6-1　施工进度图（甘特图）

④ 建设材料供应计划分析。建设材料供应计划应主要根据施工进度计划的要求确定，即确定建筑材料、构配件、施工机械、设备、生产工艺设备以及各工种劳动力供应调配计划等。

二、项目同步建设评估

同步建设问题是项目建设的另一大问题，过去由于项目建设不同步，影响项目效益发挥的案例较多。同步建设应当包括项目在时间上的同步、技术上的同步、生产能力的同步、主体工程与辅助工程的同步等许多方面的内容。

（一）时间上的同步建设

项目同步建设的第一要求即是相关项目的建设在时间安排上要同步。由于不同类型的建设项目在建设时间长短上是不同的，虽不要求相关建设项目同时开工，但要求同时建成投产，同时发挥效益。

在分析时间安排的同步建设上，首先要分析有关部门是不是安排了相关项目的同步建设计划。如果已作了安排，就要看时间上是否衔接，时间衔接上过于提前或滞后都是不同步的，都有可能造成拟建项目的经济损失。

（二）技术上的同步建设

技术同步需要从投入和产出两个方面进行分析。从投入方面看，拟建项目所采用的技术与前序项目（为拟建项目提供投入品的项目）的技术水平应该相适应。从产出方面来说，拟建项目所采用的技术与后序项目（指使用拟建项目产出品的项目）的技术水平也应该相适应。

（三）生产能力的同步建设

相关项目的生产能力是否协调配套，也是一个同步建设问题。生产能力的同步也要从投入和产出两个方面进行分析。从投入方面看，拟建项目与为它配套的前序项目的生产能力应该相适应。从产出方面来说，拟建项目与后序项目的生产能力不适应、不配套，则生产能力也不同步。

（四）项目内部的同步建设

在同一个建设项目内部，也有一个同步建设的问题。一个建设项目包括许多子项目，如各个生产车间之间、供水供电工程、管线道路工程、配套生活设施等，只有这些子项目的建设保持同步，才能保证项目效益的正常发挥，项目工期不被拖延。❶

 **本章小结**

本章对于项目建设所需的资源条件进行了全面的阐述。分析了项目建设的基础资源条件，特别强调了对于土地供给条件的分析，提出了几种不同情况下土地开发成本的计算方法。很多项目因为缺乏土地供给，或者用地条件不能落实而失去可行性，因此，对于土地供给条件的评估十分重要。本章对于建设项目的工程施工设计评估内容进行简要的介绍。

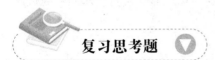 **复习思考题**

1. 项目基础资源条件评估的主要内容是什么？
2. 项目使用土地资源的原则是什么？
3. 如何计算土地开发成本？
4. 项目场地建设评估的要求是什么？
5. 如何使用甘特图进行项目施工进度分析？
6. 项目同步建设的主要内容是什么？

---

❶ 张宇. 项目评估实务 [M]. 北京：中国金融出版社，2004：96 - 97.

第七章　项目环境影响评估

内容提要

本章主要阐述了环境影响评估的概念、功能和内容。提出环境影响评估可分为环境质量评估、环境影响预测与评估以及环境影响后评估。项目环境影响评估要开展对项目所在区域环境现状的调查，对于已确定的评估项目，应预测其对环境产生的影响。预测的内容主要是环境质量参数。本章详细介绍了环境影响评估的方法，包括环境影响识别、环境影响预测、环境影响风险评价和环境影响经济评价。

学习目标

通过本章学习，要了解环境影响评估的基本概念，掌握环境影响评估工作流程，了解环境现状调查、环境影响预测基本内容和环评报告书编制的要点，掌握环境影响识别、环境影响预测、环境影响风险评价和环境影响经济评价方法。

学习提示

学习本章内容，重点掌握项目环境影响评估的主要内容，根据项目实际情况分析环境评估的全面性和评估深度。

第一节　项目环境影响评估概述

一、项目环境影响评估的概念

环境的定义是环境影响评估的核心。

环境是相对于中心事物而言的，是相对于主体的客体。《中华人民共和国环境保护法》中规定，环境"是指影响人类生存和发展的各种天然的和经过人工改造的自然因素的总体，包括大气、水、海洋、土地、矿藏、森林、草原、野生生物、自然遗迹、人文遗迹、风景名胜区、自然保护区、城市和乡村等"。

在环境科学领域，环境的含义是：以人类社会为主体的外部世界的总体。按照这一定义，环境包括了已经为人类所认识的，直接或间接影响人类生存和发展的物理世界的所有事物。它既包括未经人类改造过的众多自然要素，如阳光、空气、陆地、天然水体、天然森林和草原、野生生物等，也包括经过人类改造过和创造出的事物，如水库、农田、园林、村落、城市、工厂、港口、公路、铁路等。环境既包括这些物理要素，也包括由这些要素构成的系统及其所呈现的状态和相互关系。

需要特别指出的是，随着人类社会的发展，环境的概念也在变化。以前人们往往把环境仅仅看做单个物理要素的简单组合，而忽视了它们之间的相互作用关系。进入 20 世纪 70 年代以来，人类对环境的认识发生了一次飞跃，人类开始认识到地球的生命支持系统中的各个组成部分和各种反应过程之间的相互关系。对一个方面有利的行动，可能会给其他方面引起意想不到的损害。

环境影响是指人类活动导致的环境变化以及由此引起的对人类社会的效应。环境影响概念包括人类活动对环境的作用和环境能够对人类的反作用两个层次。

环境影响评估的概念最早是 1964 年在加拿大召开的一次国际环境质量评价学术会上提出的。

环境影响评估（Enviromental Impact Assessment，EIA），又称环境质量的预断评价，是指在进行某项人为活动之前，对实施该活动可能给环境质量造成的影响进行识别、预测和评价，并提出相应的处理意见和对策。

环境影响评估一般分为环境质量评估、环境影响预测与评估及环境影响后评估，应该是一个循环的和补充的过程。环境影响评估的根本目的是鼓励在规划和决策中考虑环境因素，最终达到更具环境相容性的人类活动。环境影响评估的主体依据各国环境评估制度而定。在我国环境影响评估主体可以是学术研究机构，也可以是工程、规划和环境咨询机构，但必须有一个前提，那就是这个主体必须获得国家或地方环境保护行政机构认可的环境影响评价资格证书。或者说是只能持证上岗，分为甲级和乙级，分别有规定的工作范围和职责范围。

二、项目环境影响评估的意义和作用

环境影响评估作为一项有效的环境管理工具具有四种最为基本的功能：判断功能、预测功能、选择功能、导向功能。其中最为重要的、处于核心地位的功能是导向功能。

（1）判断功能。环境影响评估以人的需求为尺度，对已有的客体作出价值判断。通过这一判断，可以了解客体的当前状态，并揭示客体与主体之间的满足关系是否存在以及在多大程度上存在。

（2）预测功能。以人的需求为尺度，对将形成的客体作出价值判断。即在思维中构建未来的客体，并对这一客体与人的需要的关系作出判断，从而预测未来客体的价值。人类通过这种预测而确定自己的实践目标，判断哪些是应当争取的，哪些是应当避免的。

（3）选择功能。环境影响评估将同样都具有价值的课题进行比较，从而确定其中哪一个是更具有价值，更值得争取的，这是对价值序列（价值程度）的判断。

（4）导向功能。人类活动的理想是目的性与规律性的统一，其中目的的确立要以评估所判定的价值为基础和前提，而对价值的判断是通过对价值的认识、预测和选择这些评估形式才得以实现的。投资项目是有目的的活动，这种活动对于环境的影响要通过评估来判断。通过环境影响评估，可以保证建设项目选址和布局的合理性，指导环境保护措施的设计，强化环境管理，从而保证区域的社会经济朝可持续的良性方向发展。

三、项目环境影响评估的内容和原则

环境影响评估可分为环境质量评估、环境影响预测与评估以及环境影响后评估。

环境质量评估是指根据国家和地方制定的环境质量标准，用调查、监测和分析的方法，对区域环境质量进行定量判断，并说明其与人体健康、生态系统的相关关系。

环境质量评估根据不同时间域，可分为环境质量回顾评估、环境质量现状评估和环境质量预测评估。在空间域上，分为局地环境质量评估、区域环境质量评估和全球环境质量评估等。建设项目环境质量评估主要为环境质量现状评估。

环境影响后评估是指开发建设活动实施后，对环境的实际影响程度进行系统调查和评价，检查对减少环境影响的措施的落实程度和实施效果，验证环境影响评估结论的正确和可靠性，判断提出的环保措施的有效性，对一些评估时尚未认识到的影响进行分析研究，以达到改进环境影响评估技术方法和管理水平，并采取补救措施，达到消除不利影响的作用。

理想的环境影响评估应遵循以下原则：

（1）基本上适用于所有可能对环境造成显著影响的项目，并能够对所有可能的显著影响作出识别和评价。

（2）对各种替代方案（包括项目不建设或地区不开发的情况）、管理技术、减缓措施进行比较。

（3）生成清楚的环境影响报告书（EIS），以使专家和大众都能了解可能的影响的特征及其重要性。

（4）包括广泛的公众参与和严格的行政审查程序。

（5）具有及时、清晰的结论，以便为决策提供信息。

第二节　项目环境影响评估的程序

项目环境影响评估程序指按一定的顺序或步骤指导完成项目环境影响评价工作的过程，主要分为以下三个阶段：准备阶段，正式工作阶段和编制项目环境影响评估报告书阶段，具体过程参见图 7 - 1。

一、项目所处区域环境的现状调查

项目所处区域环境的现状调查主要包括自然环境现状调查和社会经济环境状况现状调查。

（一）自然环境现状调查

项目所处区域自然环境现状调查一般包括地理位置、地质、地形地貌、气候气象、地面水环境、地下水环境、土壤与水土流失、动植物与生态等内容，具体内容如表 7 - 1 所示。

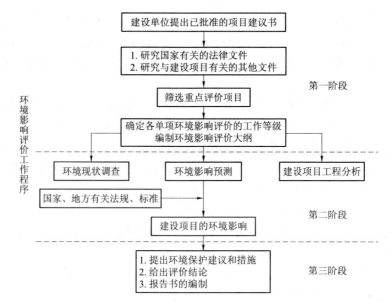

图 7 - 1 项目环境影响评估工作程序

表 7 - 1 自然环境现状调查明细表

项目		内　　容
地理位置		建设项目所处的经、纬度，行政区位置和交通位置，项目所在地与主要城市、车站、码头、港口、机场等的距离和交通条件，并附地理位置图
地质	一般情况	只需根据现有资料，选择下述部分或全部内容，概要说明当地的地质状况，即当地地层概况，地壳构造的基本形式以及与其相应的地貌表现，物理与化学风化情况，当地已探明或已开采的矿产资源情况。若建设项目规模较小且与地质条件无关时，地质现状可不叙述
	密切相关	评价生态影响类建设项目如矿山以及其他与地质条件密切相关的建设项目的环境影响时，对与建设项目有直接关系的地质构造，如断层、坍塌、地面沉陷等，要进行较为详细的叙述。一些特别有危害的地质现象，如地震，也应加以说明，必要时，应附图辅助说明，若没有现成的地质资料，应做一定的现场调查
地形地貌	一般情况	只需根据现有资料，简要说明建设项目所在地区海拔高度、地形特征、周围地貌类型以及岩溶地貌、冰川地貌、风成地貌等地貌的情况。崩塌、滑坡、泥石流、冻土等有危害的地貌现象，若不直接或间接危害到建设项目时，可概要说明其发展情况。若无可查资料，需做一些简单的现场调查
	密切相关	除应比较详细地叙述上述全部或部分内容外，还应附建设项目周围的地形图，尤其应详细说明可能直接对建设项目有危害或将被项目建设诱发的地貌现象的现状及发展趋势，必要时还应进行一定的现场调查

续表

项目		内　容
气候与气象	一般情况	应根据现有资料概要说明大气环境状况，如建设项目所在地区的主要气候特征，年平均风速和主导风向，年平均气温，极端气温与月平均气温，年平均相对湿度，平均降水量、降水天数，降水量极值，日照，主要的天气特征等
	密切相关	如需进行建设项目大气环境影响评价，除应详细叙述上面全部或部分内容外，还应按《环境影响评价技术导则——大气环境》中的规定，增加有关内容
地面水环境	一般情况	如果建设项目不进行地面水环境的单项影响评价时，应根据现有资料选择下述部分或全部内容：概要说明地面水状况，地表水各部分之间及其与海湾、地下水的联系，地表水的水文特征及水质现状，以及地表水的污染来源。建设项目建在海边，又无须进行海湾的单项影响评价时，应根据现有资料选择性叙述部分或全部内容：概要说明海湾环境状况，即海洋资源及利用情况，海湾的地理概况，海湾与当地地面水及地下水之间的联系，海湾的水文特征及水质现状，污染来源等
	密切相关	如需进行建设项目的地面水（包括海湾）环境影响评价，除应详细叙述上面的部分或全部内容外，还应增加水文、水质调查、水文测量及水利用状况调查等有关内容。地面水和海湾的环境质量，以确定的地面水环境质量标准或海水水质标准限值为基准，采用单因子指数法对选定的评价因子分别进行评价
地下水环境	一般情况	当建设项目不进行与地下水直接有关的环境影响评价时，只需根据现有资料，全部或部分地简述下列内容：包括当地地下水的开采利用情况、地下水埋深、地下水与地面的联系以及水质状况与污染来源
	密切相关	若需进行地下水环境影响评价，除要比较详细地叙述上述内容外，还应根据需要，选择以下内容进一步调查：水质的物理、化学特性，污染源情况，水的储量与运动状态，水质的演变与趋势，水源地及其保护区的划分，水文地质方面的蓄水层特性，承压水状况等。当资料不全时，应进行现场采样分析
土壤与水土流失	一般情况	当建设项目不进行与土壤直接有关的环境影响评价时，只需根据现有资料的全部或部分简述下列内容：建设项目周围地区的主要土壤类型及其分布，土壤的肥力与使用情况，土壤污染的主要来源及其质量现状，建设项目周围地区的水土流失现状及原因等
	密切相关	当需要进行土壤环境影响评价时，除应详细叙述上面的部分或全部内容外，还应根据需要选择以下内容进一步调查：土壤的物理、化学性质，土壤成分与结构，颗粒度，土壤容重，含水率与持水能力，土壤一次、二次污染状况，水土流失的原因、特点、面积、侵蚀模数元素及流失量等，同时要附土壤分布图

项目		内　容
动植物与生态	一般情况	若建设项目不进行生态影响评价，但项目规模较大时，应根据现有资料简述下列部分或全部内容：建设项目周围地区的植被情况，有无国家重点保护的或稀有的、受危害的或作为资源的野生动、植物，当地的主要生态系统类型及现状。若建设项目规模较小，又不进行生态影响评价时，这一部分可不叙述
	密切相关	若需要进行生态影响评价时，除应详细叙述上面的部分或全部内容外，还应根据需要选择以下内容进一步调查：本地区主要的动、植物清单，特别是需要保护的珍稀动植物种类与分布，生态系统的生产力、稳定性状况，生态系统与周围环境的关系以及影响生态系统的主要环境因素调查

（二）社会经济环境状况现状调查

1. 社会经济

主要根据现有资料结合必要的现场调查，简要叙述评价所在地的社会经济状况和发展趋势：

（1）人口：居民区的分布情况及分布特点，人口数量、人口密度等。

（2）工业与能源：建设项目周围地区现有厂矿企业的分布状况，工业结构，工业总产值及能源的供给与消耗方式等。

（3）农业与土地利用：包括可耕地面积，粮食作物与经济作物构成及产量，农业总产值以及土地利用现状，建设项目环境影响评价应附土地利用图。

（4）交通运输：建设项目所在地区公路、铁路或水路方面的交通运输概况以及与建设项目之间的关系。

2. 文物与景观

文物是指遗存在社会上或埋藏在地下的历史文化遗物，一般包括具有纪念意义和历史价值的建筑物、遗址、纪念物或具有历史、艺术、科学价值的古文化遗址、古墓葬、古建筑、石窟、寺庙、石刻等。

景观一般指具有一定价值必须保护的特定的地理区域或现象，如自然保护区、风景游览区、疗养区、温泉以及重要的政治文化设施等。

如不进行这方面的影响评价，则只需根据现有资料，概要说明下述部分或全部内容：建设项目周围具有哪些重要文物与景观；文物或景观相对建设项目的位置和距离，其基本情况以及国家或当地政府的保护政策和规定。

如建设项目需进行文物或景观的环境影响评价，则除应详细地叙述上述内容外，还应根据现有资料结合必要的现场调查，进一步叙述文物或景观对人类活动敏感部分的主要内容。这些内容有：它们易于受哪些物理的、化学的或生物学因素的影响，目前有无已损害的迹象及其原因，主要的污染和其他影响的来源，景观外貌特点，自然保护区或风景游览区中珍贵的动、植物种类以及文物或景观的价值（包括经济的、政治的、美学的、历史的、艺术的和科学的价值等）。

3. 人群健康状况

当建设项目传输某种污染物，且拟排污染物毒性较大时，应进行一定的人群健康调查。调查时，应根据环境中现有污染物及建设项目将排放的污染物的特性选定指标。

二、项目对于环境影响的预测与分析

完成项目所处区域环境的现状调查后，对于已确定的评估项目，应预测建设项目对其产生的影响。预测的范围、时段、内容及方法均应根据其评估工作等级、工程与环境的特性、当地的环保要求而定，同时应尽量考虑预测范围内，规划的建设项目可能产生的环境影响。

（一）建设项目环境影响时期的划分和预测环境影响时段

按照项目实施过程的不同阶段，建设项目的环境影响可以划分为建设阶段的环境影响，生产运行阶段的环境影响和服务期满后的环境影响三种，生产运行阶段可分为运行初期和运行中后期。

所有建设项目均应预测生产运行阶段中正常排放和不正常排放两种情况的环境影响。大型建设项目，当其建设阶段的噪声、振动、地面水、大气、土壤等的影响程度较重，且影响时间较长时，应进行建设阶段的影响预测。矿山开发等建设项目应预测服务期满后的环境影响。

在进行环境影响预测时，应考虑环境对影响的衰减能力。一般情况，应该考虑两个时段，即影响的衰减能力最差的时段（对污染来说就是环境净化能力最低的时段）和影响的衰减能力一般的时段。如果评估时间较短，评估工作等级又较低时，可只预测环境对影响衰减能力最差的时段。

（二）预测的范围

预测范围的大小、形状等取决于评估工作的等级、工程和环境的特性。一般情况，预测范围等于或略小于现状调查的范围，其具体规定参阅各单项影响评估的技术规则。

在预测范围内应布设适当的预测点，通过预测这些点所受的环境影响，由点及面反映该范围所受的环境影响。预测点的数量与布置，因工程和环境的特点、当地的环保要求及评估工作的等级而不同。

（三）预测的内容

对项目环境影响的预测，是指对能代表评估项目的各种环境质量参数变化的预测。环境质量参数包括两类：一类是常规参数，一类是特征参数。前者反映该评估项目的一般质量状况，后者反映该评估项目与建设项目有联系的环境质量状况。各评估项目应预测的环境质量参数的类别和数目，与评估工作等级、工程和环境的特性及当地的环保要求有关。

（四）建设项目的厂址选择与环境影响预测

如建设项目需通过环境影响评估优选厂址时，应根据有关规定，预测该项目建设在不同厂址时的环境影响，并经综合比较，提出选址意见。

三、项目环境影响评估报告的编写

项目环境影响评估工作的最后阶段是编写报告书。报告书主要包括总则、建设项目概况、环境现状（背景）调查、污染源调查与评估、环境影响预测与评估、环保措施的可行性分析及建议、环境影响经济损益简要分析、结论及建议和附件、附图及参考文献九个部分。

（一）环评报告书的编写原则

（1）报告书应该全面、客观、公正，概括地反映环境影响评估的全部工作，重点评估项目可另编分项报告书，主要技术问题可另编专题报告书。

（2）文字应简洁、准确，图表要清晰，论点要明确。大项目可分为总报告和分报告（或附件）。

（二）环评报告书编制的基本要求

（1）环评报告书总体编排结构应符合《建设项目环境保护条例》的要求，内容全面，重点突出，实用性强。

（2）基础数据可靠。

（3）预测模式及参数选择合理。

（4）结论观点明确、客观可信。

（5）语句通顺、条理清楚、文字简练、篇幅不宜过长。

（6）环评报告书中应有评估资格证书。

（三）环评报告书的编制要点

1. 总则

（1）环评项目的由来：说明建设项目立项始末，批准单位及文件，评估项目的委托，完成评估工作概况。

（2）编制环评报告书的目的：结合评估项目的特点，阐述报告书的编制目的。

（3）编制依据：a. 评估委托合同或委托书；b. 建设项目建议书的批准文件或可行性研究报告的批准文件；c. 《建设项目环境保护管理条例》及地方环保部门为贯彻此办法而颁布的实施细则或规定；建设项目的可行性研究报告或设计文件；评价大纲及批准文件。

（4）评价标准：包括环境质量标准和排放标准，并要说明执行标准的哪一类或哪一级。

（5）评价范围：列出评价范围并简述评价范围确定的理由，给出评价范围的评价地图。

（6）控制及保护目标：应指出建设项目中有否需特别加以控制的污染源，有否需要重点保护的目标。

2. 建设项目概况

（1）建设规模：包括建设项目的名称、建设性质、厂址的地理位置、产品、产量总投资、利税、资金回收年限、占地面积、土地利用情况、建设项目平面布置（附图）、职工人数、全员劳动生产率。对扩建、改建项目，应说明原有规模。

（2）生产工艺简介：按产品生产方案分别介绍，从原料的投入，经多少次加工，加工的性质，排放的污染物及数量，最终产品。应给出生产工艺流程图和重要的化学反应方程式。应说明生产工艺的先进性。对扩建、改建项目，还应对原有的生产工艺、设备及污染防治措施进行分析。

（3）原料、燃料及用水量：应给出原料、燃料的组成成分及百分含量，列出原料、燃料及用水量的年、月、日、时的消耗量表，最好给出物料平衡图和水量平衡图。

（4）污染物排放量清单：列出各污染源排放的污染物种类、数量、排放方式和排放去向。对扩建、技改项目，还应列出技改、扩建前后的污染物排放量清单。

（5）建设项目采取的环保措施：说明建设项目拟采用的治污方案、工艺流程、主要设备、处理效果、排放是否达标，投资及运转费等。

（6）工程影响环境因素分析：根据污染物排放情况及环境背景状况，分析污染物可能影响环境的各个方面，将其主要影响作为预测的重要内容。

3. 环境现状（背景）调查

（1）地理位置。

（2）地貌、地质和土壤情况，水系分布和水文情况，气候与气象。

（3）矿藏、森林、草原、水产和野生动植物、农产品、动物产品等资源情况。

（4）大气、水、土壤等的环境质量现状。

（5）环境功能情况（特别注意环境敏感区）及重要的政治文化设施。

（6）社会经济情况。

（7）人群健康状况及地方病情况。

（8）其他环境污染和破坏的现状资料。

4. 污染源调查与评价

（1）建设项目污染源预估。

（2）评价区内污染源调查与评价。

5. 环境影响预测与评价

（1）大气环境影响预测与评价。

（2）水环境影响预测与评价。

（3）噪声环境影响预测与评价。

（4）土壤及农作物环境影响分析。

（5）对人群健康影响分析。

（6）振动及电磁波的环境影响分析。

（7）对周围地区的地质、水温、气象可能产生的影响。

6. 环保措施的可行性分析及建议

（1）大气污染防治措施的可行性分析与建议。

（2）废水治理措施的可行性分析与建议。

（3）对废渣处理与处置的可行性分析。

（4）对噪声、振动等其他污染控制措施的可行性分析。

（5）对绿化措施的评价及建议。

（6）环境监测制度建议。

7. 环境影响经济损益简要分析

（1）建设项目的经济效益：① 建设项目的直接经济效益，包括利税、资金回收年限、贷款偿还期等；② 建设项目的产品为社会其他部门带来的经济效益；③ 建设项目环保投资及运转费。

（2）建设项目的环境效益，包括建设项目建成后可能使环境恶化对农、林、牧、渔业造成的经济损失及污染治理的费用，环保副产品收益，环境改善效益等。

（3）建设项目的社会效益，主要包括建设项目的产品满足社会需要，促进生产和人民生活的提高，促进当地经济、文化的进步，增加就业机会等。

8. 结论及建议

（1）评估区的环境质量现状评价。

（2）污染源评估的主要结论，主要污染源及主要污染物。

（3）建设项目对评估区环境的影响。

（4）环保措施可行性分析的主要结论及建议。

（5）从三个效益统一的角度，综合提出建设项目的选址、规模、布局等是否可行。建议应包括各节中的主要建议。

9. 附件、附图及参考文献

（1）附件：包括建设项目建议书及其批复，评价大纲及其批复。

（2）附图：只在图表特别多的报告书中另行编附图分册。

（3）参考文献：说明作者、文献名称、出版单位、版次、出版日期等。

第三节　项目环境影响评估的方法

一、项目环境影响的识别方法

项目环境影响是指人类活动所导致的环境变化以及由此引起的对人类社会的效应，因此项目环境影响的识别就是要找出所有受影响（特别是不利影响）的环境因素，以使环境影响预测减少盲目性，从而增加环境影响综合分析的可靠性，使得污染防治对策更具有针对性。

环境影响识别主要包括环境影响因子识别、环境影响程度识别和环境影响综合评价。

（一）环境影响因子识别

环境影响因子的选择应结合工程和环境的特点，从自然环境和社会环境两个方面考虑。自然环境影响包括对地质地貌、水文、气候、地表水质、空气质量、土壤、草原森林、陆生生物与水生生物等方面的影响；社会环境影响包括对城镇、耕地、房屋、交通、文物古迹、风景名胜、自然保护区、人群健康以及重要的军事、文化设施等方面的影响。

一般不可能识别所有的影响环境的因素。入选环境因子的原则主要有以下三个：一是选择环境因子时应尽可能地精练，并能反映评价对象的主要环境影响和充分表达环境质量状态，以及便于监测和度量；二是选出的因子应能组成群，并构成与环境总体结构相一致的层次，在各个层次上将主要环境影响全部识别出来；三是项目的建设阶段、生产运行阶段和服务期满后对环境的影响内容是各不相同的，因此有不同的环境影响识别表。

（二）环境影响程度识别

工程建设项目对环境因子的影响程度可用等级划分来反映，按有利影响与不利影响两类分别划级。不利影响常用负号表示，按环境敏感度划分。例如可划分为极端不利、非常不利、中度不利、轻度不利、微弱不利等5个等级。

极端不利指外界压力引起某个环境因子无法替代、恢复与重建的损失，此种损失是永远的，不可逆的。如使某濒危的生物种群或有限的不可再生资源遭受绝灭威胁，对人群健康有致命的危害以及对独一无二的历史古迹造成不可弥补的损失等。

非常不利程度下，外界压力引起某个环境因子严重而长期的损害或损失，其代替、恢复和重建非常困难和昂贵，并需很长的时间。例如，造成稀少的生物种群或有限的、不易得到的可再生资源严重损失，对大多数人健康严重危害或者造成相当多的人群经济贫困。

中度不利意味着外界压力引起某个环境因子的损害或破坏，其替代或恢复是可能的，但相当困难且可能要较高的代价，并需要比较长的时间。如对正在减少或有限供应的资源造成相当损失，对当地优势生物种群的生存条件产生重大变化。

轻度不利指外界压力引起某个环境因子的轻微损失或暂时性破坏，其再生、恢复与重建可以实现，但需要一定的时间。

微弱不利级时，外界压力只引起某个环境因子暂时性破坏或受干扰，此级敏感度中的各项是人类能够忍受的，环境的破坏或干扰能较快地自动恢复或再生，或者其替代与重建比较容易实现。

有利影响一般用正号表示，按对环境与生态产生的良性循环，提高的环境质量，产生的社会经济效益程度而定等级。亦可分5级，例如微弱有利、轻度有利、中等有利、大有利、特有利。

（三）环境影响综合评估

环境影响综合评估是按照一定的评估目的，把人类活动对环境的影响从总体上综合起来，对环境影响进行定性或定量的评定。

环境影响综合评估方法中较简单的是核查表法，即将可能受项目影响的环境因子和可能产生的影响性质，通过核查在一张表上一一列出的识别方法，故亦称"列表清单法"，或"一览表法"。核查表法虽是较早发展起来的方法，但现在还在普遍使用，并有多种形式：

（1）简单型清单。仅是一个可能受影响的环境因子表，不作其他说明，可作定性的环境影响识别分析，但不能作为决策依据。

（2）描述型清单。和简单型清单相比，描述型清单增加了环境因子如何度量的准则。

（3）分级型清单。在描述型清单基础上又增加了对环境影响程度进行分级，如表7-2所示。

表7-2 分级型清单示例——
某经济开发区社会经济环境影响因子识别

活动影响因子		以建设为主阶段			以营运为主阶段		
		征地拆迁	开发建设	营运	征地拆迁	开发建设	营运
社会	人口迁移	-3s	-2s	0	-1s	0	0
	住房	-3s	-1s	+1r	-1s	0	+2r
	科研单位	-1r	-1r	+1r	-1r	0	+2r
	学校	-1r	-2r	+1r	-1r	-1r	+2r
	医院	-2r	-2r	+1r	-1r	-1r	+3r
	公共设施	-3r	-1r	+2r	-1r	0	+3r
	社会福利	-2r	-1r	+2r	-1r	+1r	+2r
经济	经济基础	-2r	-1r	+2r	-1r	-1r	+3r
	需求水平	-2r	+1r	+2r	-1r	+2r	+3r
	收入及分配	-1r	+1r	+2r	-1r	+2r	+3r
	就业	-2r	+1r	+2r	-1r	+2r	+3r
美学	自然景观	-2s	-1s	0	-1s	0	0
	人工景观	-1s	0	+1r	0	+1r	+2r

注："+"为有利影响，"-"为不利影响，"r"为可逆影响，"s"为不可逆影响；3、2、1、0表示强、中、弱、无影响。

更为复杂的项目环境影响识别方法一般有指数法、矩阵法、网络法、叠图法等。

1. 指数法

现实生活中，我们常采用能代表环境质量好坏的环境质量指数对项目环境影响进行评价。具体有单因子指数评价、多因子指数评价和环境质量综合指数评价等方法。

单因子法是指先引入环境质量标准，然后对评价对象进行处理，通常就以实测值（或预测值）C 与标准值 C_s 的比值作为其数值：

$$P = C/C_s$$

单因子指数法用于分析该环境因子的达标$(P_i < 1)$ 或超标$(P_i > 1)$ 及其程度。

多因子指数评价法则用于分别分析多个环境因子的达标或超标及其程度。

综合指数法如大气环境影响分指数、水体环境影响分指数、土壤环境影响分指数、总的环境影响综合指数等，衡量各影响因子的综合影响。在计算综合影响时，一般是等权综合，其计算公式如下：

$$P = \sum_{i=1}^{n} \sum_{j=1}^{m} P_{ij} \qquad P_{ij} = c_{ij}/c_{sij}$$

式中　i——第 i 个环境要素；

n——环境要素总数；

j——第 i 环境要素中的第 j 环境因子；

m——第 i 环境要素中的环境因子总数。

如果不是等权综合，各影响因素的权重因子可根据有关专门研究或专家咨询确定。

指数评价方法可根据 P 值与健康、生态影响之间的关系进行分级，转化为健康、生态影响的综合评价（如格林空气污染指数、橡岭空气质量指数、英哈巴尔水质指数等），还可以评价环境质量好坏与影响大小的相对程度。采用同一指数，还可作不同地区、不同方案间的相互比较。

2. 矩阵法

该法将前述核查表法中的清单所列内容，按其因果关系，系统加以排列，并把开发行为和受影响的环境要素组一个矩阵，在开发行为和环境影响之间建立起直接的因果关系，以定量或半定量地说明拟议的项目工程行动对环境的影响。

这类方法主要有相关矩阵法、迭代矩阵法两种。

（1）相关矩阵法。该法所列矩阵的横轴表示各项开发行为的清单，纵轴显示受开发行为影响的各环境要素清单，两种清单组成一个环境影响识别的矩阵。因为在一张清单上的一项条目可能与另一清单的各项条目都有系统的关系，可确定它们之间有无影响，因而有助于对影响的识别，并确定某种影响是否可能。当开发活动和环境因素之间的相互作用确定之后，此矩阵就成为一种简单明了的有用的评价工具，如表 7 - 3 所示。

表 7 – 3　相关矩阵法示例

环境要素	居住区改变	水文排水改变	修路	噪声和振动	城市化	平整土地	侵蚀控制	园林化	汽车环行	总影响
地形	8 (3)	-2 (7)	3 (3)	1 (1)	9 (3)	-8 (7)	-3 (7)	3 (10)	1 (3)	3
水循环使用	1 (1)	1 (3)	4 (3)			5 (3)	6 (1)	1 (10)		47
气候	1 (1)				1 (1)					2
洪水稳定性	-3 (7)	-5 (7)	4 (3)			7 (3)	8 (1)	2 (10)		5
地震	2 (3)	-1 (7)			1 (1)	3		2 (1)		26
空旷地	8 (10)		6 (10)	2 (3)	-10 (7)			1 (10)	1 (3)	89
居住区	6 (10)				9 (10)					150
健康和安全	2 (10)	1 (3)	3 (3)		1 (1)	5 (3)	2 (1)		-1 (7)	45
人口密度	1 (3)			4 (1)	5 (3)					22
建筑	1 (3)	1 (3)	1 (3)		3 (3)	4 (3)	1 (1)		1 (3)	34
交通	1 (3)		-9 (7)		7 (3)				-10 (7)	-109
总影响	180	-47	42	11	97	31	-2	70	-68	314

注：表中数字表示影响大小。1 表示没有影响；10 表示影响最大。负数表示坏影响；正数表示好影响。括号内数字表示权重，数值越大权重越大。

资料来源：应试指导专家组. 环境影响评价技术方法 [M]. 北京：化学工业出版社，2012.

（2）迭代矩阵法。迭代矩阵法有四个步骤：首先列出开发活动（或工程）的基本行为清单及基本环境因素清单。然后将两清单合成一个关联矩阵。把基本行为和基本环境因素进行系统地对比，找出全部"直接影响"，即某开发行为对某环境因素造成的影响。接下来进行"影响"评价，每个"影响"都给定一个权重 G，区分"有意义影响"和"可忽略影响"，以此反映影响的大小问题。最后进行迭代。迭代就是把经过评价认为是不可忽略的全部一级影响，形式上当作"行为"处理，再同全部环境因素建立关联矩阵进行鉴定评价，得出全部二级影响，循此步骤继续进行迭代，直到鉴定出至少有一个影响是"不可忽略"，其他全部"可以忽略"为止。

3. 网络法

由于环境是个复杂系统，一个社会活动可能产生一种或几种环境影响，后者又会依次引起一种或几种后续条件的变化。网络法可以鉴别和累积直接的和间接的影响。网络法往往表示为树枝状，因此又称为关系树或影响树。利用影响树可以表示出一项社会活动的原发性影响和继发性影响，如图7 - 2所示。

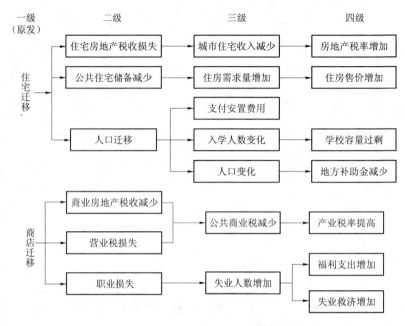

图 7-2 环境影响树示例

资料来源：美国环境影响分析手册［M］. 郭震远，等，译. 北京：北京大学出版社，1987.

网络法用简要的形式给出了由于某项活动直接产生和诱发影响的全貌，因此是有用的工具。然而，这种方法只是一种定性的概括，它只能给出总体的影响程度。

4. 叠图法

叠图法是将一系列关于某区域环境特征，包括自然条件、社会背景、经济状况等的专题地图叠放在一起，形成一张能综合反映区域环境信息的空间特征的地图。具体到项目所处区域环境影响评价中，还可以将项目所影响的范围、强度在地图上表示出来，与原有的自然条件、社会背景、经济状况等专题地图叠放在一起，形成一张能综合反映环境影响的空间特征的地图，可以直观、清楚地显示每一个地理单元上的信息群，因此广泛应用于环境影响识别和环境影响评价中。

叠图技术已从最初的在透明胶片上进行手工绘制，进行到目前的借助于现代化的遥感技术及 GIS 软件用计算机生成。借助于计算机技术，可以解决手工操作的困难，还可以引进地理信息系统的叠置分析、缓冲区分析等功能。

叠图法适用于评价项目区域现状的综合分析，环境影响识别（判断环境影响范围、性质和程度），并比较不同方案下环境受到的影响尤其是累积影响，以确定其是否适合项目。

二、项目环境影响的预测方法

项目环境影响的预测主要有三类方法：以专家经验为主的主观预测方法，以数学模式为主的客观预测方法和以实验手段为主的实验模拟方法。

（一）专家评价法

在预测工作中，某些影响因素难以用数学模型定量化，如社会政治因素；有些项目缺乏足够统计数据和原始资料，但仍需要作出定量估计；某些因果关系太复杂，找不到适当的预测模型；或由于时间、经济等条件限制，不能应用客观的预测方法。这些情况下只能用主观预测方法。

现代已经形成一套如何组织专家，充分利用专家们的创造性思维进行评价的理论和方法。专家评价法依靠专家集体（包括不同领域的专家），这样可以消除个别专家的局限性和片面性。

最简单的专家评价法是召开专家会议，通过组织专家讨论，对一些疑难问题进行咨询，在定性分析基础上，以打分方式作出定量评价，在此基础上作出预测。

（二）数学模式方法

以数学模式为主的客观预测方法分为黑箱法、灰箱法和白箱法。客观世界中的许多事物，人们对其已有相当了解，但对其变化机制的某些方面还未了解清楚。可首先根据系统各变量之间的物理的、化学的、生物学的过程，建立起各种守恒或变化关系（白箱），而在某些还不清楚的方面设法参数化（黑箱），根据输入、输出数据的统计关系确定参数数值。灰箱法指用统计、归纳的方法在时间域上通过外推作出预测，称为统计模式；白箱法则是用某领域内的系统理论进行逻辑推理，通过数学物理方程求解，得出其解析解或数值解来作预测，故又可分为解析模式和数值模式两小类。

（三）实验模拟方法

指在实验室或现场通过直接对物理、化学、生物过程测试来预测人类活动对环境的影响。物理模拟模式的最大特点是采用实物模型（非抽象模型）来进行预测。这一方法的关键是原型与模型的相似，包括几何相似、运动相似、热力相似和动力相似。

几何相似就是模型流场与原型流场中的地形地物（建筑物、烟囱）的几何形状、对应部分的夹角和相对位置要相同，尺寸要按相同比例缩小。几何相似是其他相似的前提条件。

运动相似就是模型流场与原型流场在各对应点上的速度方向相同，并且大小（包括平均风速与湍流强度）成常数比例。即风洞模拟的模型流场的边界层风速垂直廓线、湍流强度要与原型流场的相似。

热力相似就是模型流场的温度垂直分布要与原型流场的相似。

动力相似就是模型流场与原型流场在对应点上受到的力要求方向一致，并且大小成常数比例。

物理模拟的主要测试技术有：（1）示踪物浓度测量法：原则上野外现场示踪试验所用的示踪物和测试、分析方法在物理模拟中同样可以使用。（2）光学轮廓法：对物理模拟形成的污气流、污气团、污水流、污水团按一定的采样时段拍摄照片（或录像），所得资料处理方法与野外资料处理方法相同。

除了以上三种方法以外，项目环境影响的预测方法还有对比法与类比法。对比法指通过对工程兴建前后，对某些环境因子影响机制及变化过程进行对比分析。类比法即一个未来工程（或拟建工程）对环境的影响，可以通过一个已知的相似工程兴建前后对环境的影响修正得到。

三、项目环境影响的风险评估方法

项目环境影响的风险评估是指分析和预测建设项目存在的潜在危险、有害因素，建设项目建设和运行期间可能发生的突发性事件或事故（不包括人为破坏及自然灾害），引起有毒有害和易燃易爆物质泄漏，所造成的人身安全与环境影响和损害程度，提出合理可行的防范、应急与减缓措施，以使建设项目事故率、损失和环境影响达到可接受水平。

1. 风险识别范围

不论何种建设项目，凡涉及生产、使用、贮存和运输有毒有害、易燃易爆物质的建设项目应在掌握建设项目情况以及环境保护与敏感目标资料的基础上进行风险识别。（1）物质风险识别范围：分析、判定所使用的主要原材料及辅助材料、燃料、中间产品、最终产品、副产品以及生产过程产生的污染物是否属于剧毒、有毒易燃和爆炸性物质。（2）生产设施风险识别范围，包括所有涉及危险性物质的生产装置、储运系统、公用和辅助工程系统、工程环保设施等。

2. 风险类型

根据有毒有害物质放散起因，分为火灾、爆炸和泄漏三种类型。

3. 风险评价工作方法

（1）资料收集和准备。收集和说明所用原材料、辅助材料、中间产品、最终产品、副产品、燃料等的物理和化学性质，危险性和毒性参数、使用量、储运方式。收集和说明工艺流程、反应过程、装置构成、位置，对功能系统划分功能单元。每一个功能单元必须包括一种危险性物质的使用、生产、贮存容器或管道。每个功能单元在泄漏事故中应有其中的容器或管道与所有其他单元分隔开的设施。分析厂址周边环境和区域环境资料。主要收集人口分布和环境保护目标如水源、自然保护区等位置、功能区划资料。分析同类项目事故资料，统计分析事故发生原因及概率。

（2）对所涉及的有毒有害物质进行风险识别，筛选环境风险评价因子。

（3）计算各功能单元中环境风险评价因子储（积）存量，对各功能单元进行风险识别。

（4）分析潜在事故的类型、可能的危害及向环境转移的途径。

四、项目环境影响经济评估方法

环境影响经济评估是指有关人员为了特定的目的，采用科学的评估方法，依据相关的标准和程序对环境影响所导致的损害和效益进行货币化计量的过程。这个过程包括一系列按顺序进行的步骤，各步骤之间又存在着相互作用和反馈机制，因实际情况的不同而有所变化。

（一）环境影响经济评估涉及的内容

1. 项目效益

项目效益包括经济效益和环境改善效益。经济效益即内部效益，是由其产品的销售效益和员工工资构成。环境改善效益是指未采取任何环境保护措施，由建设项目本身固有的特性所引发的效益。这种效益在客观上是对环境产生有利的作用。很显然，由于环境的改善获得的效益在计量上正好是由于环境破坏所需要补偿的费用。

2. 项目费用

环境影响评估中的项目费用是指国民经济为项目所付出的代价，也称外部费用，是指社会为项目付出的代价，项目本身并不需要支付的那部分费用，即由于项目引起的外部不经济性所付出的代价，主要是环境危害费用。

一是环境保护费用。环境保护费用包括环保设备购置费、污染物治理费和污染排放费。假定环保设备购置费包含环保设备维修费。若某年不购置新的环保设备，那么对旧设备的维修费用即为当年的购置费，否则购置费为两者之和。二是环境危害费用。建设项目将对环境造成一定的污染和破坏。

对于这些危害，计量其费用很不容易，一般可以通过计量各种危害造成的损失间接地获得其费用。例如，由于空气污染造成的人体健康状况恶化以及寿命的缩短，必然会导致个人福利的损失，对个人福利损失的补偿费用应是由于就业机会的减少而损失的收入、治疗疾病的费用和寿命缩短的补偿费用之和。

一般来说，环境危害费用包括直接损失、间接损失和享受损失。通过调查、监测，可以获得不同的污染物和破坏程度所对应的一组费用，并根据所得数据，建立相应的数学模型，便可得到环境危害的直接或间接损失。

（二）环境影响经济评估的操作程序

一般来说，环境影响经济评估的具体程序包括：确定和筛选影响，影响的量化，影响的货币化，估算因素分析，把评估结果纳入项目经济分析。

首先，确定和筛选环境影响。在对环境影响进行经济评估之前，要做两项工作：一是根据影响因子和影响方式，确定一个项目所有实际和潜在的环境后果。其中，影响因子是经济活动的结果，能够影响人和敏感的生态系统。二是根据影响的规模、影响是否被控抑或内部化、影响能否被定量评估或货币化来筛选出最重要的影响。

其次，影响的量化。根据影响的定义，影响可以分为四类：人体健康、人类福利、环境资源和全球系统。量化影响，就是用一个合理的物理量化单位来表述每一种影响的大小，这是数据整理与数据校准关键的一步。量化应确保量化结果的一致性，从而使这些结果之间可以相互比较，并用来确定各种经济价值。在环境预评估或环境影响评估中，应将环境影响采用剂量－反应函数予以量化，将环境污染物的预期剂量与受体的量化影响联系起来。

量化影响的具体步骤是：

第一，查找出需要全面或部分经济评估的影响。

第二，确定与这些影响相对应的环境影响因子；确定这些环境影响因子的量纲和数量；确定受体和影响因子对受体的传播途径；确定受体所受影响的指标及量纲；量化影响。

第三，影响的货币化。环境影响的货币化就是将每种环境影响的量级从物理单位转换为货币单位，即用货币价值来表示环境影响的大小。

第四，估算因素分析。有关环境影响经济评估的各种方法，均含有一定程度的估算成分，因而环境影响的货币价值只是真实价值的近似价值，其中包括有省略、偏差和不确定性因素。评估中所采用的贴现率及其他因素也影响货币价值的估算，在考察并估算环境影响的经济价值时，必须认真分析这些问题。

第五，把结果纳入项目经济分析。根据剂量－反应关系的量化结果，采用适当的方法将环境影响货币化，确定项目方案环境影响的费用和效益，并用评价指标将各个方案进行比较，得出评估结果，确定项目的可行性。

（三）项目环境影响经济评估方法

1. 直接市场评估法

这是把环境质量看作是一个生产要素，并根据生产率的变动情况来评价环境质量的变动所产生的影响的一种方法，又称物理影响的市场评估法。直接市场评估法就是直接运用货币价格，对可以观察和度量的环境质量变化进行评估。

这种方法建立在充分的信息和确定因果关系基础上。用此法进行评估比较客观，争议较少。但需要足够的物理量数据、市场价格数据或影子价格数据。它的主要方法包括生产效应法、人力资本法、重置资本法、影子工程法、机会成本法等。

2. 替代市场评估法

这是使用替代物的市场价格来衡量没有市场价格的环境物品的价值的一种方法。它的假设前提是：在对环境质量以外的其他所有变量进行约束之后，所表现出来的价格差异就反映了购买者对于所考虑的环境质量的价值评估。使用该办法的关键在于确定哪些可交易的市场物品是环境物品可以接受的替代物。替代市场评估法主要包括内涵房地产价值法、工资差额法、旅行费用法、防护支出法等。

3. 权变评估法

权变评估法也称意愿调查评估法、条件价值法、或然估计法等，它通过询问人们对于环境质量改善的支付意愿或忍受环境损失的受偿意愿来推导出环境物品的价值。权变评估法特别适宜于对那些选择价值占有较大比重的独特景观和文物古迹价值等环境服务价值的评估。此外，它是公共物品价值评估的一种重要方法，可以作为政府决策的一种科学有效的工具，用于对缺乏市场价格和替代商品价格的物品的评估。权变评估法主要包括投标博弈法、比较博弈法、无费用选择法、优先评价法、专家调查法等。

本章小结

环境影响评估是指在进行某项人为活动之前，对实施该活动可能给环境质量造成的影响进行识别、预测和评价，并提出相应的处理意见和对策。环境影响评估一般分为环境质量评估、环境影响预测与评估及环境影响后评估，是一个循环的和补充的过程。

项目所处区域环境的现状调查主要包括自然环境现状调查和社会经济环境状况现状调查。完成项目所处区域环境的现状调查后，对于已确定的评估项目，都应预测建设项目对其产生的影响。

项目环境影响评估工作的最后阶段是编写项目环境影响评估报告书。报告书主要包括总则、建设项目概况、环境现状（背景）调查、污染源调查与评估、环境影响预测与评估、环保措施的可行性分析及建议、环境影响经济损益简要分析、结论及建议和附件、附图及参考文献九个部分。

项目环境影响的识别是要找出所有受影响（特别是不利影响）的环境因素，以使环境影响预测减少盲目性，项目环境影响的预测主要有三类方法：以专家经验为主的主观预测方法，以数学模式为主的客观预测方法和以实验手段为主的实验模拟方法。

项目环境影响的风险评估是指分析和预测建设项目存在的潜在危险、有害因素，建设项目建设和运行期间可能发生的突发性事件或事故（不包括人为破坏及自然灾害），引起有毒有害和易燃易爆物质泄漏，所造成的人身安全与环境影响和损害程度，提出合理可行的防范、应急与减缓措施，以使建设项目事故率、损失和环境影响达到可接受水平。

环境影响经济评估是指有关人员为了特定的目的，采用科学的评价方法，依据相关的标准和程序对环境影响所导致的损害和效益进行货币化计量的过程。项目环境影响经济评估方法主要有直接市场评价法、替代市场评价法和权变评价法。

 **复习思考题**

1. 什么是项目环境影响评估？
2. 环境影响评估的目的和意义是什么？
3. 环境影响评估的工作程序是怎样的？
4. 社会经济环境状况现状调查的内容是什么？
5. 项目环境影响评估报告书有哪些编制要点？
6. 什么是环境影响识别，其识别方法主要有哪些？
7. 项目环境影响的预测有哪些方法？
8. 什么是项目环境影响的风险评估？
9. 项目环境影响经济评估涉及哪些内容？
10. 项目环境影响经济评估有哪些方法？

第八章　基础财务数据的审查与鉴定

内容提要

　　基础财务数据的审查与鉴定是指对于项目业主财务状况的评估。此项评估之所以重要，是因为所有投资项目的可行性研究中都需要介绍该项目建设单位的基本财务状况，以便投资人对其资金运用能力和营利能力的判断，同时也根据企业财务指标评估该项目投资建设的风险。本章主要阐述产品成本与费用、收益与利润的计算方法，以及资产负债表与损益表的审查与鉴定。

学习目标

　　学习本章内容要求掌握产品成本与费用的计算方法，销售收入、税金及利润的计算方法，学会如何审阅企业的基本财务报表。

学习提示

　　学习本章内容可以结合财务管理相关课程学习，可对一个具体的企业的财务状况进行调查和评价。

第一节　产品成本与费用基础数据的审查与鉴定

生产成本与费用是指以货币形式表示的一定时期内（一般是一年）在产品生产和销售过程中所消耗的物化劳动和活劳动的总和，是维持企业正常生产经营活动不断进行的重要条件，它构成了产品价格的重要基础，企业发生的成本和费用是企业生产经营活动的综合性质量指标。项目投产后企业产量的多少、质量的好坏、劳动生产率的高低、物质消耗的节约或者浪费都会通过成本、费用指标综合表现出来。因此，费用、成本预测提供的资料能综合反映项目投产后企业的生产经营水平和工作质量，是确定和计量项目盈亏的基础。同时，成本和费用是项目产品定价的最低界限与重要依据。

一、总成本费用的构成

总成本费用由生产成本和期间费用两部分构成。

（一）生产成本的构成

生产成本亦称制造成本，是指企业生产经营过程中实际消耗的直接材料、直接工资、其他直接支出和制造费用。

（1）直接材料。它包括企业生产经营过程中实际消耗的原材料、辅助材料、设备配件、外购半成品、燃料、动力、包装物、低值易耗品以及其他直接材料。

（2）直接工资。包括企业直接从事产品生产人员的工资、奖金、津贴和补贴。

（3）其他直接支出。包括直接从事产品生产人员的职工福利费等。

（4）制造费用。制造费用是指企业各个生产单位（分厂、车间）为组织和管理生产所发生的各项费用（包括生产单位附厂、车间）、管理人员工资、职工福利费、折旧费、维简费、修理费、物料消耗、低值易耗品摊销、劳动保护费、水电费、办公费、差旅费、运输费、保险费、租赁费（不包括融资租赁费）、设计制图费、试验检验费、环境保护费以及其他制造费用。

（二）期间费用的构成

期间费用是指在一定期间发生的与生产经营没有直接关系和关系不密切的管理费用、财务费用和销售费用。期间费用不计入产品的生产成本，直接体现为当期损益。

（1）管理费用。管理费用是指企业行政管理和组织经营活动发生的各项费用。包括：公司经费（工厂总部管理人员工资、职工福利费、差旅费、办公费、折旧费、修理费、物料消耗、低值易耗品摊销以及其他公司经费）、工会经费、职工教育经费、劳动保险费、董事会费、咨询费、顾问费、交际应酬费、税金（指企业按规定支付的房产税、车船使用税、土地使用税、印花税等）、土地使用费（海域使用费）、技术转让费、无形资产摊销、开办费摊销、研究发展费以及其他管理费用等。

（2）财务费用。财务费用是指企业为筹集资金而发生的各项费用，包括企业生产经营期间的利息净支出（减利息收入）、汇兑净损失、调剂簿记手续费、金融机构手续费以及筹资发生的其他财务费用等。

（3）销售费用。销售费用是指企业在销售产品、自制半成品和提供劳务等过程中发生的各项费用以及专设销售机构的各项经费，摊销以及其他经费。包括应由企业负担的运输费、包装费、委托代销费、广告费、展览费、租赁费（不包括融资租赁费）和销售服务费用、销售部门人员工资、职工福利费、差旅费、办公费、折旧费、修理费、物料消耗、低值易耗品等。

二、总成本费用的估算

为便于计算，在总成本费用估算表中，将工资及福利费、折旧费、修理费、摊销费、利息支出进行归并后分别列出，"其他费用"是指在制造费用、管理费用、财务费用和销售费用中扣除工资及福利费、折旧费、修理费、摊销费、维简费、利息支出后的费用，计算公式如下：

总成本费用＝外购原材料＋外购燃料动力＋工资及福利费＋修理费＋
折旧费＋维简费＋摊销费＋利息支出＋其他费用

（一）外购原材料成本的估算

原材料成本是总成本费用的重要组成部分，计算公式如下：

原材料成本＝全年产量×单位产品原材料成本

式中，全年产量可根据测定的设计生产能力和生产负荷加以确定，单位产品原材料成本是依据原材料消耗定额及单价确定的。

工业项目生产所需要的原材料种类繁多，在进行项目评估时，可根据具体情况，选取耗用量较大的、主要的原材料为估算对象（耗用量小的并入"其他原材料"估算），依据国家有关规定和经验数据估算原材料成本。

（二）外购燃料动力成本的估算

燃料动力成本＝全年产量×单位产品燃料动力成本

公式中有关数据的确定方法同上，有关测算内容如表8-1所示。

表8-1 单位产品原材料、辅助材料、燃料动力成本估算样表

项目名称	规格	单位	需求量	单价	单位成本	供货单位
一、外购原材料						
1						
2						
小计						
二、外购辅助材料						
三、外购燃料动力						
1						
2						
小计						
合计						

（三）工资及福利费的估算

工资及福利费包括在制造成本、管理费用和销售费用之中。为便于计算和进行项目评估，需将工资及福利费单独估算。

1. 工资的估算

工资的估算可采取以下两种方法：

（1）按项目定员数和人均年工资数计算，计算公式如下：

年工资总额 = 项目定员数 × 人均年工资数

人均年工资数 = 人均月工资 × 12 个月

（2）按照不同的工资级别对职工进行划分，分别估算同一级别职工的工资，然后再加以汇总。一般可分为五个级别，即高级管理人员、中级管理人员、一般管理人员、技术工人和一般工人等。若有国外的技术和管理人员，要单独列出。

2. 福利费的估算

职工福利费主要用于职工的医药费、医务经费、职工生活困难补助以及按国家规定开支的其他职工福利支出，不包括职工福利设施的支出。一般可按照职工工资总额的一定比例计提。

（四）折旧费的估算

折旧费包括在制造成本、管理费用和销售费用中。为便于进行项目评估，需将折旧费单独估算和列出。所谓折旧，就是固定资产在使用过程中，通过逐渐损耗（包括有形损耗和无形损耗）而转移到产品成本或商品流通费中的那

部分价值。计提折旧是企业回收其固定资产投资的一种手段。按照国家规定的折旧制度，企业把已发生的资本性支出转移到产品成本费用中去，然后通过产品的销售，逐步回收初始的投资费用。

根据国家有关规定，计提折旧的固定资产范围为：企业的房屋、建筑物；在用的机器设备、仪器仪表、运输车辆、工具器具；季节性停用和修理停用的设备；以经营租赁方式租出的固定资产；以融资租赁方式租入的固定资产。结合我国的企业管理水平，可将企业固定资产分为 3 大部分 22 类，按大类实行分类折旧。在进行项目评估时，一般采用综合折旧率法计算折旧。

我国现行固定资产折旧方法，一般采用平均年限法或工作量法。

1. 平均年限法

平均年限法亦称直线法，即根据固定资产的原值、估计的净残值率和折旧年限计算折旧，计算公式如下：

$$年折旧额 = 固定资产原值 \times (1 - 预计净残值率) \div 折旧年限$$

式中（1）固定资产原值是根据固定资产投资额、预备费和建设期利息计算求得的。

（2）净残值率是预计的企业固定资产净残值与固定资产原值的比率。在项目评估中，由于折旧年限是根据项目的固定资产经济寿命期决定的，项目经济寿命期定为 15 年，则综合折旧率为 6.7%，固定资产的净残值率一般可选择为 5% ~ 10%

（3）折旧年限，国家有关部门在考虑到现代生产技术发展快、世界各国实行加速折旧的情况下，为适应资产更新和资本回收的需要，对各类固定资产折旧的最短年限作出了规定：① 房屋、建筑物为 20 年；② 火车、轮船、机器、机械和其他生产设备为 10 年；③ 电子设备和火车、轮船以外的运输工具以及与生产、经营业务有关的器具、工具、家具等为 5 年。若采用综合折旧，项目的生产期即为折旧年限。在项目评估中，对轻工、机械、电子等行业的折旧年限，一般确定为 8 ~ 15 年；其余项目的折旧年限确定为 15 年。

2. 工作量法

对于下列专用设备，可采用工作量法计提折旧。

（1）交通运输企业和其他企业专用车队的客货运汽车，按照行驶单位里程计算折旧费。计算公式为：

$$单位里程折旧额 = 原值 \times (1 - 预计净残值率) \div 总行驶里程$$

$$年折旧额 = 单位里程折旧额 \times 年行驶里程$$

（2）大型专用设备，可根据工作小时计算折旧费。计算公式为：

$$每工作小时折旧额 = 原值 \times (1 - 预计净残值率) \div 总工作小时$$

3. 加速折旧法

加速折旧法又称递减折旧费用法，是指在固定资产使用前期提取折旧较多，在后期提得较少，使固定资产价值在使用年限内尽早得到补偿的折旧计算方法。它是一种鼓励投资的措施，国家先让利给企业，加速回收投资，增强还贷能力，促进技术进步。加速折旧的方法很多，有双倍余额递减法和年数总和法等。

（1）双倍余额递减法。

双倍余额递减法是以平均年限法确定的折旧率的双倍乘以固定资产在每一会计期间的期初账面净值，从而确定当期应提折旧的方法。计算公式为：

$$年折旧率 = 2 \div 折旧年限 \times 100\%$$
$$年折旧额 = 年初固定资产账面原值 \times 年折旧率$$

（2）年数总和法。

年数总和法是以固定资产原值扣除预计净残值后的余额作为计提折旧的基础，按照逐年递减的折旧率计提折旧的一种方法。采用年数总和法的关键是每年都要确定一个不同的折旧率。计算公式为：

$$年折旧率 = （折旧年限 - 已使用年数） \div [折旧年限 \times （折旧年限 + 1） \div 2] \times 100\%$$
$$年折旧额 = （固定资产原值 - 预计净残值） \times 年折旧率$$

为简便计算，一般采用直线折旧法计算固定资产折旧额，折旧率一般以行业的综合折旧率为依据。也可按下列方法计算折旧：

$$年折旧额 = 项目总投资 \times 固定资产形成率 \div 产品生产期$$

式中，固定资产形成率是指项目投资总额中形成固定资产的比率，要根据现行基建会计制度规定确定，一般在80% ~ 90%，产品生产期是项目的计算期减建设期的生产周期。

项目计算期在评估中都是人为规定的项目计算寿命，如投资银行规定项目评估中经济寿命期取15年，水利水电部规定为25年，如果采用综合折旧的方法，可根据固定资产原值和折旧年限计算出各年的折旧费。一般来说，生产期各年的折旧费是相等的。

（五）修理费的估算

修理费也包括在制造成本、管理费用和销售费用之中。进行项目经济评估时，可以单独计算修理费。修理费包括大修理费用和中小修理费用。

在现行财务制度中，修理费按实际发生额计入成本费用中。其当年发生额较大时，可计入递延资产在以后年度摊销，摊销年限不能超过5年。但在项目评估时无法确定修理费具体发生的时间和金额，一般是按照折旧费的50%计算的。

（六）维简费的估算

维简费是指采掘、采伐工业按生产产品数量（采矿按每吨原矿产量，林区按每立方米原木产量）提取的固定资产更新的技术改造资金，即维持简单再生产的资金，简称维简费。企业发生的维简费直接计入成本，其计算方法和折旧费相同。

（七）摊销费的估算

摊销费是指无形资产和开办费在一定期限内分期摊销的费用。无形资产的原始价值和开办费也要在规定的年限内，按年度或产量转移到产品的成本之中，这一部分被转移的无形资产原始价值和开办费，称为摊销。企业通过计提摊销费，回收无形资产及开办费的资本支出。摊销方法是不留残值，采用直线法计算。

无形资产的摊销关键是确定摊销期限。无形资产应按规定期限分期摊销，即法律和合同或者企业申请书分别规定有法定有效期和受益年限的，按照法定有效期与合同或者企业申请书规定的收益年限确定；没有规定期限的，按不少于 10 年的期限分期摊销。

开办费按照不短于 5 年的期限分期摊销。无形资产和开办费发生在项目建设期或筹建期间，而应在生产期分期平均摊入管理费用中。若各项无形资产摊销年限相同，可根据全部无形资产的原值和摊销年限计算出各年的摊销费。开办费的摊销费计算与无形资产摊销费的计算同理。

（八）利息支出的估算

利息支出是指筹集资金而发生的各项费用，包括生产经营期间发生的利息净支出，即在生产期发生的建设投资贷款利息和流动资金贷款利息之和。建设投资贷款在生产期发生的利息计算公式为：

$$每年应计利息 = （年初贷款余额 - 本年还本数 \div 2）\times 年利率$$
$$最后一年应计利息 = 剩余本金数 \div 2 \times 年利率$$

流动资金借款利息计算公式为：

$$流动资金利息 = 流动资金累计借款额 \times 年利率$$

（九）其他费用的估算

其他费用是指在制造费用、管理费用、财务费用和销售费用中扣除工资及福利费、折旧费、修理费、摊销费、利息支出后的费用。

在项目评估中，其他费用一般是根据总成本费用中前七项（外购原材料成本、外购燃料的动力成本、工资及福利费、折旧费、修理费、维简费及摊销费）之和的一定比率计算的，其比率应按照同类企业的经验数据加以确定。

（十）经营成本的估算

经营成本是指项目总成本费用扣除折旧费、维简费、摊销费和利息支出以后的成本费用，计算公式为：

经营成本 = 总成本费用 - 折旧费 - 维简费 - 摊销费 - 利息支出

经营成本涉及产品生产及销售、企业管理过程中的物料、人力和能源的投入费用，它反映企业生产和管理水平，同类企业的经营成本具有可比性。在项目评估中，它被应用于现金流量的分析中。之所以要从总成本费用中剔除折旧费、维简费、摊销费和利息支出，主要原因如下：

（1）现金流量表反映项目在计算期内逐年发生的现金流入和流出。与常规会计方法不同，现金收支何时发生，就在何时计算，不作分摊。由于投资已按其发生的时间作为一次性支出被计入现金流出，不能再以折旧、提取维简费和摊销的方式计为现金流出，否则会发生重复计算。

（2）因为全部投资现金流量表以全部投资作为计算基础，不分投资资金来源，利息支出不作为现金流出；而自有资金现金流量表中已将利息支出单列，因此，经营成本中也不包括利息支出。

（十一）固定成本与可变成本的估算

从理论上讲，成本按其形态可分为固定成本、可变成本和混合成本三大类：

（1）固定成本是指在一定的产量范围内不随产量变化而变化的成本费用，如按直线法计提的固定资产折旧费、计时工资及修理费等。

（2）可变成本是指随着产量的变化而变化的成本费用，如原材料费用、辅助材料费用、燃料动力费用等。

（3）混合成本是指介于固定成本和可变成本之间、既随产量变化又不呈正比例变化的成本费用，又被称为半固定成本或半可变成本，即同时具有固定成本和可变成本的特征。

在线性盈亏平衡分析时，要求对混合成本进行分解，以区分出其中的固定成本和可变成本，并分别计入固定成本和可变成本总额之中。在项目评估中，将总成本费用中的前两项（即外购原材料费用、外购辅助材料费用和外购燃料动力费用）视为可变成本，而其余各项均视为固定成本。划分的主要目的就是为盈亏平衡分析提供前提条件。

经营成本、固定成本和可变成本根据总成本估算表直接计算。总成本费用估算表见表 8 - 2。

表8-2 总成本费用估算样表 单位：万元

序号	项 目	投产期		达到设计能力生产期		
		4	5	6	7	…
	生产负荷（%）					
1	产品制造成本					
2	直接材料					
2-1	原材料					
2-2	辅助材料					
2-3	备品备件					
2-4	外购半成品					
2-5	外购燃料动力					
2-6	包装物					
2-7	其他直接材料					
3	直接工资					
4	其他直接支出					
5	制造费用					
5-1	折旧费					
5-2	维简费					
5-3	租赁费					
5-4	修理费					
5-5	其他制造费用					
6	管理费用					
6-1	无形资产摊销					
6-2	开办费摊销					
6-3	其他管理费用					
7	财务费用					
7-1	短期负债利息净支出					
7-2	长期负债利息净支出					
7-3	其他财务费用					
8	销售费用					
9	总成本费用					
10	经营成本					
11	固定成本					
12	可变成本					

第二节　收益与利润基础数据的审查与鉴定

一、销售收入的估算

项目的销售收入是指项目在一定的时期内（通常是一年）销售产品或者提供劳务所取得的收入。销售收入是项目建成投产后补偿总成本费用、上缴税金、偿还债务、保证企业生产正常进行的前提，它是进行销售税金和利润总额估算的基础数据。计算公式为：

$$销售收入 = 产品销售单价 \times 产品年销售量$$

式中，产品销售单价一般是经过测算的不变价格，也可根据需要采用不同的价格，如现行价格。产品销售量等于年产量，这样年销售收入等于年产值。

在现实的经济生活中，产值不一定等于销售收入，但在项目评估中，一般运用这种假设，即假设生产的产品全部销售出去，产品销售量等于年产量。这样就可以根据投产后各年的生产负荷确定销售量。

如果项目的产品比较单一，用产品的单价乘以产量即可以得到每年的销售收入；如果项目的产品品种比较多，应首先计算每一种产品的销售收入，然后再汇总到一起，求出项目生产期各年的销售收入。或者将其他产品折合为某一标准产品后再计算各年的销售收入。如果产品部分销往国外，应计算外汇收入，并按外汇牌价折算成人民币，然后再加入项目的年销售收入总额中。

二、销售税金及附加的估算

项目销售税金主要包括项目销售产品或提供劳务应负担的各种流转税金和对经营所得和其他征收的所得税。

根据我国现行《企业所得税法》，国家向企业征收的税收主要有增值税、消费税、营业税、城市建设维护税、土地增值税、关税、资源税、企业所得税、外商投资企业所得税、城镇土地使用税、房产税、车船税等。当然，对一般项目来说，以上各种税收并不是全部都要缴纳，而只是缴纳与自身经营有关的若干种税收。

（一）增值税

1. 增值税的税率

增值税是对在我国境内销售货物或提供加工、修理、修配劳务以及进口货物的单位和个人所征收的一种以增值额为征收对象的价外流转税。增值额是指企业或其他经营者在一定时期内，因从事生产商品经营或提供劳务而新增的价值额，即企业的商品销售收入或劳务收入扣除生产资料消耗或经营中的物质消耗后的余额。

2. 增值税应纳税额的计算

（1）一般纳税人销售货物或提供应税劳务，应纳税额为当期销项税额抵扣当期进项税额后的余额。计算公式为：

$$应纳税额 = 当期销项税额 - 当期进项税额$$

项目的增值税可利用以下公式近似地测算：

$$项目的增值税 = （年销售收入 - 年外购原材料、燃料动力成本）÷$$
$$（1 + 增值税税率）×增值税税率$$

（2）小规模纳税人销售货物或提供应税劳务，按销售额和规定的征收率计算应纳税额，不得抵扣进项税额。计算公式为：

$$应纳税额 = 销售额 × 征收率$$

（3）纳税人进口货物，按照组成计税价格和规定的税率计算应纳税额，不得抵扣任何税额。计算公式为：

$$组成计税价格 = 关税完税价格（即到岸价格）+ 关税 + 消费税$$
$$应纳税额 = 组成计税价格 × 税率$$

（二）营业税

营业税是对在我国境内从事提供劳务、转让无形资产或者销售不动产活动的单位和个人，按其营业额或者销售收入征收的税种。它具有按行业设计税目、税率，多环节总额课征，简便易行等特点。计算公式为：

$$应纳税额 = 营业额 × 税率$$

（三）消费税

消费税是对特定的消费品和消费行为征收的一种价内流转税。消费税一般实行从价定本或从量定额的办法计算应纳税额。计算公式为：

$$实行从价定本办法计算的应纳税额 = 销售额 × 税率$$
$$实行从量定额办法计算的应纳税额 = 销售数量 × 单位税额$$

（四）城市建设维护税

城市建设维护税是为了加强城市的维护建设，扩大和稳定城市维护建设资金来源而征收的一种税。它是以在中国境内有生产经营收入的单位和个人为纳税人而征收的一种税。

（五）教育费附加

教育费附加是指根据增值税、营业税的税额计征的一种税，其目的是加快发展地方教育事业、扩大地方教育经费的资金来源。凡是缴纳增值税、营业税的单位和个人都应当依据规定缴纳教育费附加，此项费用应在销售收入（或营业收入）中支付。计算公式为：

$$教育费附加 = 增值税（或营业税）额 \times 教育费附加率$$

（六）城镇土地使用税

城镇土地使用税是对在城市、县城、建制镇和工矿区范围内使用土地的单位和个人，以其实际占用的土地面积为计税依据，按照纳税规定的税额征收的一种税。城镇土地使用税就其性质而言，是一种级差资源税，旨在保护土地资源、调节土地级差收入、促进土地的合理开发和利用。

（七）资源税

资源税是国家对从事资源开采的单位和个人，因资源差异而形成的级差收入征收的一种税。它具有征收范围小、实行定额定率征收的特点。它能够发挥促进国有资源合理开发、节约使用、有效配置、合理调节资源级差收入、促进公平竞争、正确处理国家与企业及个人之间分配关系，为国家取得一定财政收入的作用。

根据 1993 年 12 月 25 日发布并于 2011 年 9 月 30 日修订的《中华人民共和国资源税暂行条例》的规定，资源税的税目分别是：原油；天然气；煤炭；其他非金属矿原矿；黑色金属矿原矿；有色金属矿原矿；盐，分固体盐和液体盐。纳税人具体适用的税额，根据纳税人开采或者生产应税产品和资源的状况，在规定的税额幅度内确定。其应纳税额，按照应税产品的课税数量和规定的单位税额计算。计算公式为：

$$应纳税额 = 课税数量 \times 单位税额$$

（八）土地增值税

土地增值税是对以转让国有土地使用权、地上建筑物及其附着物的单位和个人取得的土地增值额为课税对象，依照超额累进税率征收的一种增值税。计算公式为：

$$应纳税额 = 土地增值额 \times 适用税率$$
$$土地增值额 = 出售（或转让）房地产的总收入 - 扣除项目金额$$

（九）企业所得税

企业所得税是对我国境内的企业（除外商投资企业和外国企业外）在我国境内的生产经营所得和其他所得所征收的一种税。它是国家调节企业利润水平的一个税种。

根据 2007 年颁布施行的《中华人民共和国企业所得税法》的规定，企业应纳所得税，按应纳税所得额计算，税率为 25%。应纳税所得额为企业每一纳税年度的收入总额减去准予扣除项目后的余额。

纳税人的总收入包括：

（1）生产、经营收入；

（2）财产转让收入；

（3）利息收入；

（4）租赁收入；

（5）特许权使用费收入；

（6）股息收入；

（7）其他收入。

准予扣除项目是指与取得收入有关的成本、费用和损失。对企业发生年度亏损的，可用下一纳税年度的所得弥补；下一纳税年度的所得不足弥补的，可以逐年弥补，但是延续弥补的期限最长不得超过 5 年。

$$应纳所得税税额 = 应纳税所得额 \times 税率$$

$$应纳税所得额 = 利润总额 + 税收调整项目$$

三、销售利润的估算

销售利润是企业一定期间的经营成果，反映了企业的生产经营效益。计算公式为：

$$销售利润 = 销售收入 - 销售税金及附加 - 总成本费用$$

销售利润用于计算所得税及所得税后利润（简称税后利润），还可用于计算投资利润率、投资利税率等财务指标。

四、项目税后利润及其分配

项目在获得销售利润以后，按照税法的规定，应向国家缴纳所得税，但是在缴纳所得税之前可以按照有关规定做一些必要的扣除，如弥补企业以前年度的亏损（但不得超过 5 年）。

税后利润按照以下顺序进行分配：

（1）提取法定盈余公积金。

（2）提取法定盈余公益金。

（3）提取任意盈余公积金（也可不提取）。

（4）向投资者分配利润（根据股东的意愿、如果全体股东同意不分配利润，当年就不分）。

税后利润减去上述四项后的剩余部分是未分配利润，这是偿还建设投资借款本金的主要资金来源。

第三节 项目建设单位基本
财务报表的审查和评价

项目评估中的财务评估和国民经济评估需要有大量的财务数据，尽管项目财务数据是以预测为主，但是财务数据的预测必须以项目企业现实的财务数据做参考，准确估算各有关基础数据。另外，项目投资人对于项目建设单位的财务状况也是十分关注的，对于财务状况较差的企业一般不愿意给与投资。在项目融资过程中，项目建设单位的财务状况也是融资单位判断项目企业资信程度的重要依据。因此，通常在评估投资项目时，要同时审查项目建设单位连续两年以上的财务报表。

一、资产负债表的审查和评价

资产负债表是企业的基本财务报表之一。资产负债表是反映企业某一特定时点的财务状况的报表。财务状况就是资产、负债、所有者权益的构成及其相互关系的状况。平时会计人员根据日常的经济业务进行记录、登账，月底、年底根据日常登录的总账进行分析、分项、汇总形成报表，为使用者提供信息。从报表中可以了解一个企业作为一个整体在编制资产负债表时全部资源的"存量"及其存量的构成。在资产负债表中资产与负债项目，通常是按流动性分类的，在每一类中又是按其流动性的强弱排列的。在资产方，通过这种排列可以评估不同类别资产的变现能力，从而有助于预测未来现金流入的金额、时间先后及其不确定性；在负债方，通过这种排列可以评估不同类别负债的偿还先后，从而有助于预测未来现金流出的金额、时间顺序及其不确定性。

（一）资产负债表的格式与编制

1. 资产负债表的格式

企业资产负债表的格式如表8-3所示。

表8-3 资产负债样表

编制单位：　　　　　　　　　　　年　月　日　　　　　　　　单位：元

资　　产	年初数	期末数	负债和所有者权益 （或股东权益）	年初数	期末数
流动资产：			流动负债：		
货币资金			短期借款		
短期投资			应付票据		
应收票据			应付账款		

续表

资　　产	年初数	期末数	负债和所有者权益 （或股东权益）	年初数	期末数
应收股利			预收账款		
应收利息			应付工资		
应收账款			应付福利费		
其他应收款			应付股利		
预付账款			应交税金		
应收补贴款			其他应交款		
存货			其他应付款		
待摊费用			预提费用		
一年内到期的长期债权投资			预计负债		
其他流动资产			一年内到期的长期负债		
流动资产合计			其他流动负债		
长期投资：					
长期股权投资			流动负债合计		
长期债权投资			长期负债：		
长期投资合计			长期借款		
固定资产：			应付债券		
固定资产原价			长期应付款		
减：累计折旧			专项应付款		
固定资产净值			其他长期负债		
减：固定资产减值准备			长期负债合计		
固定资产净额			递延税项：		
工程物资			递延税款贷项		
在建工程			负债合计		
固定资产清理					
固定资产合计			所有者权益（或股东权益）：		
无形资产及其他资产：			实收资本（或股本）		
无形资产			减：已归还投资		
长期待摊费用			实收资本（或股本）净额		
其他长期资产			资本公积		
无形资产及其他资产合计			盈余公积		
			其中：法定公益金		
递延税项：			未分配利润		

资　　产	年初数	期末数	负债和所有者权益（或股东权益）	年初数	期末数
递延税款借项			所有者权益（或股东权益）合计		
资产总计			负债和所有者权益（或股东权益）总计		

2. 资产负债表的编制方法

资产负债表的编制是根据企业财务汇总数据编写。

实例：某企业 2010 年 12 月 31 日有关科目的余额如表 8 - 4 所示。

表 8 - 4　××企业科目余额表

2010 年 12 月 31 日　　　　　　　　　　　　　　　　　　　　　　　　　单位：元

账户名称	借方余额	账户名称	贷方余额
现金	24 000	短期借款	1 260 000
银行存款	4 512 000	应付票据	431 100
其他货币资金	2 112 000	应付账款	1 861 200
应收票据	450 000	其他应付款	18 600
应收账款	3 300 000	应付工资	18 000
坏账准备	- 18 000	应付福利费	96 000
预付账款	608 400	应交税金	612 000
其他应收款	42 000	其他应交款	138 300
物资采购	2 707 500	长期借款	15 000 000
原材料	3 600 000	股本	30 000 000
包装物	970 200	盈余公积	3 000 000
低值易耗品	770 400	利润分配（未分配利润）	1 420 500
库存商品	1 620 000		
长期股权投资	1 524 600		
固定资产	34 227 000		
累计折旧	- 7 203 000		
在建工程	2 416 200		
无形资产	1 821 600		
长期待摊费用	370 800		
合计	53 855 700	合计	53 855 700

根据上述资料编制该企业 2010 年 12 月末资产负债表，如表 8 – 5 所示。

表 8 – 5　××企业资产负债表

编制单位：　　　　　　　　　　　　　2003 年 12 月 31 日　　　　　　　　　　　　单位：元

资　产	年初数	期末数	负债和所有者权益 （或股东权益）	年初数	期末数
流动资产：			流动负债：		
货币资金		6 648 000	短期借款		1 260 000
短期投资			应付票据		431 100
应收票据		450 000	应付账款		1 861 200
应收股利			预收账款		300 000
应收利息			应付工资		18 000
应收账款		3 582 000	应付福利费		96 000
其他应收款		42 000	应付股利		
预付账款		608 400	应交税金		62 000
应收补贴款			其他应交款		138 300
存货		9 668 100	其他应付款		18 600
待摊费用			预提费用		
一年内到期的长期债权 投资			预计负债		
其他流动资产			一年内到期的长期负债		2 400 000
流动资产合计		20 998 500	其他流动负债		
长期投资：					
长期股权投资		1 524 600	流动负债合计		7 135 200
长期债权投资			长期负债：		
长期投资合计		1 524 600	长期借款		12 600 000
固定资产：			应付债券		
固定资产原价		34 227 000	长期应付款		
减：累计折旧		7 203 000	专项应付款		
固定资产净值		27 024 000	其他长期负债		
减：固定资产减值准备			长期负债合计		12 600 000
固定资产净额			递延税项：		
工程物资			递延税款贷项		
在建工程		2 416 200	负债合计		19 735 200

续表

资　产	年初数	期末数	负债和所有者权益（或股东权益）	年初数	期末数
固定资产清理					
固定资产合计		29 440 200	所有者权益（或股东权益）：		
无形资产及其他资产：			实收资本（或股本）		30 000 000
无形资产		1 821 600	减：已归还投资		
长期待摊费用		370 800	实收资本（或股本）净额		3 000 000
其他长期资产			资本公积		
无形资产及其他资产合计		2 192 400	盈余公积		3 000 000
			其中：法定公益金		
递延税项：			未分配利润		1 420 500
递延税款借项			所有者权益（或股东权益）合计		34 420 500
资产总计		54 155 700	负债和所有者权益（或股东权益）总计		54 155 700

（二）资产负债表的审查与评价

1. 资产负债表的审查

资产负债表的审查，与财务管理中的审查相同，主要是审查资产负债表填列的内容是否完整，表内数字计算是否正确平衡，有关项目填列是否准确等。

（1）审查资产负债表填列内容的完整性。一是检查填报日期是否漏填；二是审查表内应填项目是否填列齐全；三是审查有关人员签章是否齐全。

（2）审查资产负债表内相关数字的准确性。一是复核表内小计数是否正确；二是复核表内合计数是否正确；三是将表内左右两方项目数字分别相加，看资产负债表的总额是否平衡。

（3）审查资产负债表内综合项目的填列是否准确。对根据各有关总账账户的期末余额直接填列的项目，应与各有关总账账户的期末余额相核对；对需要根据汇总抵消或分析才能填列的项目，应与各有关总账账户余额相加或相抵及分析的数额相核对；对需要根据明细账户期末余额或其合计数填列的项目，应与各有关明细账户期末余额及其合计数进行核对；资产负债表"年初数"栏内各项数字，应与上年末资产负债表内"期末数"栏内所列数字相核对。

2. 资产负债表的评价

资产负债表的评价，主要根据资产负债表计算一些重要的财务指标，通过这些指标判断企业资金运用状况。

（1）资产负债率的计算分析。

资产负债率，又称负债比率，是指负债总额在全部资产中所占的比重。资产负债率反映项目承担单位对债权人权益的保障程度，用以衡量项目承担单位的偿债能力。对于债权人来说，这个比例越低越好。负债占资产的比率越低，说明可用于抵债的资产越多，表明该单位的偿债能力越强，债权人借出资金的安全程度越高；反之，则说明该单位的偿债能力越弱，债权人借出资金的安全程度越低。分析时，要特别注意资产负债率是否超过100%，如果资产负债率大于100%，表明该单位已资不抵债，视为达到破产的警戒线。

（2）负债权益比率的计算分析。

负债权益比率是项目承担单位总的负债与总的权益之比。负债权益总额，反映该单位财务结构的强弱，以及债权人的资本受到所有者权益的保障程度。负债权益比率高，说明该单位总资本中负债资本高，因而对负债资本的保障程度较弱；负债权益比率低，则说明该单位本身的财务实力较强，因而对负债资本的保障程度较高。

（3）流动比率的计算分析。

流动比率，又称营运资金比率或流动资金比率，是指项目承担单位的全部流动资产与全部流动负债之间的比率。流动比率是衡量短期负债偿还能力最通用的比率，它表明该单位的流动资产在短期债务到期前，可以变为现金用于偿还流动负债的能力。由于流动负债是在短期内偿还的债务，而流动资产是短期内可变现的资产，因此流动资产是偿还流动负债的基础。流动负债比率反映了该单位的短期偿债能力，同时也反映了其变现能力。流动比率越高，说明短期偿债能力和变现能力越强，反之则说明短期偿债能力和变现能力越弱。但是，如果流动比率过高，则表明流动资产占用多，意味着可能存在库存材料积压或产成品滞销问题。

（4）速动比率的计算分析。

速动比率，又称酸性测试比率，是指项目承担单位的速动资产与流动负债之比。所谓速动资产，是指流动资产中最具流动性的部分，一般指扣除存货后的各项流动资产的总和。速动比率是对流动比率的补充，反映该单位的短期清算能力。速动比率高，说明该单位清算能力强，偿还债务有保障；反之，则弱。因为速动资产中只包括货币资金、短期投资和应收账款等，不包括流动资产中变现能力慢的存货，只要速动比率高，就有较足够的偿债资金。

二、损益表的审查和评价

损益表是总括反映企业在某一会计期间的经营成果，提供该期间的收入、费用、成本、利润或亏损等信息的会计报表。通过损益表，可以了解项目承担单位正常经营情况下的收支状况及获利能力，获得的利润总额和分配情况，这一报表是投资者作出投资决策的重要依据。

损益表的内容包括销售收入、销售成本、销售税金、销售利润及其他业务利润，以及投资收益、营业外收入、营业外支出、所得税和净利润等项目。

（一）损益表的格式与编制

1. 损益表的格式

损益表的格式如表8-6所示。

表8-6　损益样表

编制单位：　　　　　　　　　　　年　月　日　　　　　　　　　　单位：元

项　　目	本期金额	上期金额
一、主营业务收入		
减：主营业务成本		
主营业务税金及附加		
营业费用		
管理费用		
财务费用		
加：其他业务利润		
二、营业利润（亏损以"-"号填列）		
加：投资收益		
加：营业外收入		
减：营业外支出		
三、利润总额（亏损总额以"-"号填列）		
减：所得税		
四、净利润（净亏损以"-"号填列）		
五、每股收益		

2. 损益表的编制

损益表的各个项目，都是根据有关损益类账户的本期实际发生额分别填列的，如表 8 - 7 所示。

表 8 - 7　××公司损益表

编制单位：××公司　　　　　　2010 年 12 月 31 日　　　　　　单位：元

项　　目	行次	本月数	本年累计数
一、主营业务收入	1	500 000	
减：主营业务成本	4	260 000	
主营业务税金及附加	5	1 800	
二、主营业务利润（亏损以"-"号填列）	10	238 200	
加：其他业务利润（亏损以"-"号填列）	11	44 500	
减：营业费用	14	30 000	
管理费用	15	62 800	
财务费用	16	17 000	
三、营业利润（亏损以"-"号填列）	18	172 900	
加：投资收益（亏损以"-"号填列）	19	80 000	
补贴收入	22	0	
营业外收入	23	5 000	
减：营业外支出	25	2 000	
四、利润总额	27	255 900	
减：所得税	28	844 447	
五、净利润（亏损以"-"号填列）	30	171 453	

（二）损益表的审查与评价

1. 损益表的审查

损益表审查是指对企业一定会计期间内收入、费用和利润的合规性、合法性、正确性进行审查，验证企业所反映的在这一期间内的经营成果是否真实、可靠，为报表使用者进行分析和决策提供有效的财务信息。

损益表审查的主要内容包括：

（1）检查损益表内各项目填列是否完整，有无漏填、错填；核对各项目数字之间的关系。

（2）检查损益表与其他报表的关系，特别注意核对损益表所列产品销售收入、产品销售成本、产品销售费用和销售税金及附加的本年发生数，是否与其附表数一致，损益表所列净利润是否与利润分配表数字一致。

（3）核对损益表各项目数字与相关的总账、明细账数字是否相符，同时通过分析核对，发现有关损益项目数字的变化是否异常，并对疑点作进一步检查。

（4）结合对成本费用、销售收入、利润分配等有关明细账的检查，核实成本费用、各项收入、投资收益和营业外收支等项数字是否准确，必要时要检查有关原始凭证。

（5）结合对纳税调整的检查，核实所得税的计算是否正确，对各扣除项目进行详查，审查有关明细账和原始凭证，注意有无多列扣除项目或扣除金额超过标准等问题。

2. 损益表的评价

损益表主要表现项目建设单位的营利能力。营利能力就是企业赚取利润的能力。不论是投资者，债权人还是企业管理人员，都非常重视和关心企业的营利能力。企业营利的高低和他们有极为密切的关系。对于投资人来讲，不仅他们的股息是从营利中支付的，而且企业营利增长还能使股票价格上升，在转让股票时还可获得收益。对于债权人来讲，利润是企业用于偿债的重要来源，而且对于信用相仿的两个企业，贷款给利润优厚的企业比贷给利润低薄的企业更为安全。损益表的评价主要通过计算有关利润率指标来评价。

（1）业务收入（销售）利润率的分析。

业务收入（销售）利润率是企业利润与主营业务收入（销售收入）的比率。计算公式为：

$$业务收入（销售）利润率 = 利润 \div 主营业务收入 \times 100\%$$

从利润表来看，企业的利润可以分为五个层次：主营业务毛利（主营业务收入 – 主营业务成本）、主营业务利润、营业利润、利润总额、净利润。其中利润总额和净利润包含着非主营业务（销售）利润因素，所以能够更直接反映主营业务（销售）获利能力的指标是毛利率、主营业务利润率和营业利润率。由于商品生产销售业务是企业的主营业务活动，因此，营业利润水平的高低对企业总体营利能力有着举足轻重的影响。

（2）成本费用利润率的分析。

成本费用利润率是指利润与各项成本费用的比率，它们是全面考核企业各项耗费所取得收益的指标。计算公式为：

$$成本费用利润率 = 利润 \div 成本费用合计 \times 100\%$$

同利润一样，成本费用也可以分为几个层次：主营业务成本、经营成本（主营业务成本 + 营业费用 + 主营业务税金及附加）、营业成本（经营成本 + 管理费用 + 财务费用 + 其他业务成本）、税前成本（营业成本 + 营业外支出）

和税后成本（税前成本＋所得税）。因此在评价成本费用开支效果时，必须注意成本费用与利润间层次上的对应关系，即销售毛利与主营业务成本（主营业务成本毛利率）、主营业务利润与经营成本（经营成本利润率）、营业利润与营业成本（营业成本利润率）、利润总额与税前成本（税前成本利润率）、净利润与税后成本（税后成本净利润率）彼此对应。这不仅符合收益与成本的匹配原则，而且也能够有效地揭示出企业各项成本费用的使用效果。这其中，经营成本利润率更具有代表性，它反映了企业主要成本费用的利用效果，是企业加强成本管理的着眼点。

（3）总资产报酬率的分析。

业务收入利润率从营业活动流转额的角度反映了企业的营利能力，但忽视了形成收入产生利润所需的资产总额。总资产报酬率是企业利润总额与企业资产平均总额的比率。它是反映企业资产综合利用效果的指标，是衡量企业营利能力和营业效率的最有用指标之一，也是衡量企业利用债权人和所有者权益总额所取得营利的重要指标。被管理大师波特·杜拉克视为衡量管理的效果性（做正确的事）和管理的效率性（适当地做事）的标志。计算公式为：

$$总资产报酬率＝利润总额÷资产平均总额×100\%$$

资产平均总额为年初资产总额与年末资产总额的平均数。该比率越高，表明企业的资产利用效益越好，整个企业营利能力越强，经营管理水平越高。

本章小结

本章主要根据现行的企业财务制度阐述了产品成本和费用的构成及其计算方法。讲解了销售收入、税金和利润的计算方法。特别对于如何根据企业的基本财务报表进行财务状况分析作了详细的讲解。列举了一些评价企业财务状况的主要指标。

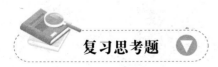

复习思考题

1. 什么是产品成本，成本的构成内容是什么？
2. 期间费用包括哪些内容？
3. 如何估算总成本？
4. 什么是折旧费，如何使用平均年限法计算折旧费？

5. 如何计算增值税？

6. 根据教材中资产负债表和损益表的案例，评估财务状况。

7. 某企业一新建项目投产后可同时生产甲，乙两种产品，甲，乙的年设计生产能力分别为 10 000 台和 8 000 台，预计生产能力利用率分别达到85%和90%，甲产品单价为 4 000 元/台，乙产品单价为 3 500 元/台，企业每年可出口甲产品 3 000 台，国际市场价为 460 美元/台，美元兑人民币汇率为1:6.8。试估算该企业甲乙两种产品的年销售收入总额。

8. 某企业年末资产总额为 500 万元，负债合计为 27 万元，试计算其资产负债率，并对其负债状况进行评价。

9. 某企业年末主营业务收入为 1 200 万元，税后利润200 万元，试计算其业务收入利润率，并对其营利状况进行评价。

10. 某企业年末资产总额为 1 200 万元，利润总额230 万元，其资金营利能力如何？

第九章　项目财务评估

内容提要

　　财务评估是投资项目评估中最主要的部分。财务评估的主要内容是营利能力分析、清偿能力分析和外汇效果分析。财务评估的方法可以分为静态评估法和动态评估法。静态评估主要是计算静态投资回收期、投资利润率等指标；动态评估主要是计算净现值和内部收益率。这些是财务评估的主要指标，其他则是辅助指标。本章详细阐述了资金时间价值的概念和计算方法，以及项目评估的基本财务报表。

学习目标

　　学习本章内容要求掌握项目财务评估的基本方法，会使用净现值法和内部收益率法判断项目的财务可行性，学会编制现金流量表，并能够根据现金流量表计算有关财务评估指标。

学习提示

　　学习本章内容有一定难度，最好能够实际调查一个投资项目，或者通过一个已完成的项目可行性研究报告了解如何编制现金流量表和计算净现值及内部收益率。

第一节　项目财务评估概述

一、项目财务评估的意义

建设一个项目，必须对拟建项目的内部效果有客观和明确的认识，为此需要分析项目自身的直接效益和直接费用，也就必须对拟建项目进行财务评估。

（一）财务评估是项目投资决策的重要依据

财务评估是投资项目评估中最主要的部分，它是根据项目财务与项目建设基础数据，对项目在整个寿命期内的财务成本与收益情况进行评估，从而论证项目是否具有经济的可行性。财务评估对企业投资决策、银行提供贷款及有关部门审批项目具有十分重要的意义，是判断项目是否可行的重要决策依据。

（二）财务评估是项目未来效益的预期体现

项目财务评估是在国家现行财税和有关法律法规基础上，通过对基础数据进行审查和鉴定，测算项目建成投产后的获利能力、清偿能力和财务外汇效果等财务状况，从而，它是项目建成后经济效益的预期体现。

二、项目财务评估的内容

（一）营利能力分析

营利能力分析是项目财务效益评估的最主要部分，也是项目能否成立的先决条件。投资项目的营利主要是指建成投产后所产生的利润、税金与净现金流量等。

（二）清偿能力分析

投资项目的清偿能力包括两个部分：

（1）项目的财务清偿能力，即项目全部收回投资的能力。回收的时间越短，说明项目清偿能力越好，这是投资者考察投资效果的依据。

（2）项目债务清偿能力，即项目清偿建设投资借款的能力，这主要是银行考察项目还款期限是否符合有关规定的依据。

（三）财务外汇效果分析

对于建设运营利用了国外资源，或有产品出口创汇，替代进口节汇等涉及外汇收支的投资项目，除了以上两方面的指标外，还需要单独考虑项目外汇使用的财务效益，进行外汇效果评估，计算财务外汇净现值、换汇成本及节汇成本等指标，保证有限的外汇资金被配置到最优的项目中去。

三、项目财务评估的程序

（一）分析估算项目财务数据

在整理基础财务数据时，已经测算了项目总投资、资金筹措方案、产品成本费用、销售收入以及利润等数据，项目评估的任务是对这些数据进行分析审查，并与掌握的信息资料进行对比分析，必要时需要重新估算。

（二）建立财务基本报表

这里所说的基本财务报表包括现金流量表、损益表、贷款偿还期估算表等，在利用这些报表的数据进行项目财务效益评估之前，需要进行以下工作：一是审查报表的格式是否符合规范要求，二是审查所填列的数据是否准确。如不符合要求需重新编制表格，按照评估要求估算的数据填列。

（三）计算财务效益指标

评价财务效益指标包括以下几个方面内容：营利能力指标包括了静态指标和动态指标，其中静态指标包括投资利润率、投资利税率、资本金净利润率等，动态指标包括财务净现值、财务内部收益率等。

清偿能力指标包括投资回收期、贷款偿还期等，外汇效果指标包括财务外汇净现值与财务换汇成本。项目评估工作要从可行性研究报告所采用的方法与分析结果两方面入手。

（四）提出财务评估结论

将评估结果与国家或行业的基准指标进行对比，从财务角度作出项目是否可行的结论。在财务评估中，各种投入物和产出物在项目计算期内各年使用同一财务价格进行计算。财务价格一般指现行市场价格以及根据市场行情和国家有关政策等因素进行测算的预测价格。

四、项目财务评估的方法

（一）静态评估方法

静态分析法对投资项目进行经济分析时，不考虑货币资金的时间价值，对方案进行粗略的评价，这种方法计算比较简单且比较实用。

1. 静态投资回收期法

静态投资回收期是指在不考虑货币时间价值的情况下，用生产经营期回收投资的资金来抵偿全部原始投资所需要的时间。一般采用净现金流量来计算投资回收期。静态投资回收期通常会有一个行业规定的标准投资回收期或者行业平均投资回收期，只要计算出项目静态投资回收期低于标准投资回收期或者平均回收期，那么就可以认为项目是可行的。

2. 借款偿还期法

借款偿还期是反映项目清偿能力的指标。计算出借款偿还期后，将其与贷款机构的要求期限进行对比，等于或小于贷款机构提出的要求期限，则项目可行。

3. 投资利润率法

投资利润率是反映项目营利能力的指标。投资利润率同样要与规定的行业标准投资利润率或行业的平均投资利润率进行比较，以低于相应的标准为准。

4. 投资利税率法

投资利税率是项目达到设计生产能力后的一个正常生产年份的年利润总额、销售税金及附加之和与项目总投资之比。计算出的投资利税率同样要与规定的行业标准投资利率或者行业的平均投资利税率进行比较。如果计算出的投资利税率大于相应的标准，则项目是可行的。

5. 资产负债率法

资产负债率是反映项目清偿能力的指标，也是反映项目所面临的财务风险程度及偿债能力的指标。负债越高，企业的财务风险就越大。如果企业的资产负债率已经大于或等于100%，那么说明企业已经资不抵债，随时有破产的可能，贷款机构一般不能向企业贷款。

（二）动态评估方法

动态评估法对项目的分析较为全面，充分考虑资金的时间价值，在此基础上对项目进行考核，与静态评估方法相比，这种方法更为实际、合理。

1. 动态投资回收期法

动态投资回收期是指在考虑货币时间价值的条件下，以投资项目净现金流量的现值抵偿原始投资现值所需要的全部时间。求出的动态投资回收期也要与行业标准动态投资回收期或行业平均动态投资回收期进行比较，低于相应的标准认为项目可行。

2. 净现值法与调整净现值法

净现值法是指在计算期内，按一定的折现率计算的各年净现金流量现值，然后求出他们的代数和。财务净现值法一直受到普遍欢迎，因为这种方法计算较为简便，只要编制了现金流量表，确定好折现率，要计算出净现值就非常的简单。同时，该指标的计算结果稳定，不会因计算方法不同而带来任何差异。

但是财务净现值法也存在一些缺点：首先，需要事先确定折现率，这一工作关系到项目的正确评价，必须选择一个比较客观的折现率。其次，财务净现值是一个绝对数指标，只能反映拟建项目是否有利，并不能反映拟建项目的实际营利水平。要克服这一缺点，需要其他指标与之配合。再次，财务净现值只有一个固定的折现率，无论哪一年或哪一种现金流量，在该种方法里折现率都是相同的。

3. IRR 法

IRR 法也就是内部收益率法。财务内部收益率是项目投资实际可望达到的报酬率，这一报酬率使投资项目的净现值为零，也叫做内含报酬率。它实际上可以揭示项目贷款利率的最大限度。财务内部收益率与财务净现值的表达式十分相似，但计算的程序是不相同的。计算财务净现值时，首先要有一个折现率，各年的净现金流量按照此折现率折算为现值，然后求其代数和，即得到净现值。在计算财务内部收益率时，要经过多次试算，使得净现金流量现值累计等于零。

计算出的财务内部收益率要与国家规定的基准收益率进行比较，如果前者大于后者，则说明项目的营利能力超过国家规定的最低标准，因而是可行的。否则是不可行的。财务内部收益率表明项目自身的实际营利能力或所能承受的最高利率，是一个比较可靠的评估指标，一般可作为主要评估指标。但是，IRR 的求取内含很多因素都是要通过人为确定的，带有人为不确定性，很容易造成决策失误。另外，每个项目只有一个净现值和一个获利能力指数，但在特定的情况下，内部收益率却可能不只一个。

第二节　项目的资金时间价值

一、资金时间价值的含义和来源

（一）资金时间价值的含义

资金的时间价值指同等数量的资金随着时间的不同而产生的价值差异，时间价值表现形式是利息与利率。投资项目一般寿命期较长，这就使得我们在项目评估中必须考虑资金的时间价值，必须在同一个时间点上考察项目的收益与成本情况。

（二）资金时间价值的来源

从不同的角度出发，资金的时间价值可以被认为有两个来源。

（1）资金只有被投入到实际生产过程中，参与生产资本的运动才会发生增值。资金增值是社会大生产中劳动者使用生产资料与劳动对象，通过自己的剩余劳动为社会创造的剩余价值的货币表现；并且，只有在流通领域将劳动者生产出的商品销售出去，才能最终实现生产过程的增值，同时实现资金的时间价值。

（2）按照西方经济学中的机会成本理论，资金时间价值的存在是由于资金使用的机会成本。从投资者或资金持有者的角度来说，在一定期限内，资金最低限度可以按照无风险利率实现增值，因此期初的资金额至少等于期末的同等资金额加上期间的利息，因为所有的社会资金都能够实现这种增值，故把这种现象称为资金的时间价值。

考察这两种来源，可以发现从根本上来说，社会化的扩大再生产以及资金的自由流动是资金时间价值的来源，而机会成本则是从投资者或资金持有者角度出发对资金价值的一种主观判断。尽管如此，从机会成本的角度及社会资金最优配置的立场出发，计算投资资金的时间价值也是应该的。

二、资金时间价值的计算

（一）资金时间价值的基本概念

1. 单利与复利

计算利息有两种方法：按照利息不再投资增值的假设计算称为单利；按照利息进入再投资，回流到项目中的假设计算称为复利。

设本金为 P 年利率为 i，贷款期限为 t，则单利计算期末本利和为：

$$F = P(1 + i \times t)$$

复利计算期末本利和为：

$$F = P(1 + i)^t$$

根据投资决策分析的性质，项目评估中使用复利来计算资金的时间价值。

2. 名义利率与实际利率

以 1 年为计息基础，按照每个计息周期利率乘以每年计息期数，就是名义利率，是按单利的方法计算的。例如，存款的月利率是 5‰，1 年有 12 个月，名义利率为 6%。即 $5‰ \times 12 = 6\%$

实际利率是按照复利方法计算的年利率。例如存款的月利率为 5.6‰，1 年有 12 个月，则年实际利率为：$(1 + 5‰)^{12} - 1 = 6.7\%$

可见，实际利率比名义利率要高。在项目评估中使用实际利率来计算资金的时间价值。

（二）资金时间价值的计算

1. 复利终值的计算

复利终值是现在投入的一笔资金按照一定的利率计算，到计算期末的本利和。

计算公式为：

$$F = P \times (1+i)^t$$

式中 F——复利值（或终值），即在计算期末资金的本利和；

P——本金（或现值），即在计算期初资金的价值；

i——利率；

t——计算期数。

$(1+i)^t$ 也被称为终值系数，或复利系数，计作 $(F/P, i, t)$，它表示 1 元本金按照一定的利率计算到计算期末的本利和。在实际计算中可以直接用现值乘以终值系数来得到复利值。

例 1：现在将 8 万元投资于一个年利率为 12% 的基金，并且把利息与本金都留在基金中，那么 10 年后，账户中共有多少钱？

$P = 8$（万元），$i = 12\%$，$t = 10$，根据复利值计算公式：

$$\begin{aligned} F &= P(F/P, i, t) \\ &= 8 \times 3.1058 \\ &= 24.8464 \text{（万元）} \end{aligned}$$

2. 复利现值的计算

复利现值是未来的一笔资金按一定的利率计算，折合到现在的价值。现值的计算公式与复利终值计算公式正好相反，即：

$$P = \frac{F}{(1+i)^t}$$

式中，$\frac{1}{(1+i)^t}$ 为现值系数，表示为 $(P/F, i, t)$。现值系数也可以由现值系数表直接查出，直接用于现值计算。

例 2：如果要在 5 年后使账户中积累 8 万元，年利率为 12%，那么现在需要存入多少钱？

$F = 8$（万元），$i = 12\%$，$t = 5$，根据现值计算公式：

$$\begin{aligned} P &= F(P/F; i, t) \\ &= 8 \times 0.5674 \\ &= 4.5392 \text{（万元）} \end{aligned}$$

3. 年金复利值的计算

年金指在一定时期内每隔相等时间的收支金额。每期的金额可以相等，也可以不等；相等时称为等额年金，不相等时称为不等额年金。如果没有特别说明，一般采用的年金指的是等额年金。

年金复利值是在一段时期内每隔相等的时间投入的等额款项，按照规定的利率计算到计算期末的本利和。用 A 表示年金，计算公式为：

$$F = \frac{A\left[(1+i)^t - 1\right]}{i}$$

式中，$\dfrac{(1+i)^t - 1}{i}$ 被称为年金终值系数或年金复利值系数，可以表示为：$(F/A,\ i,\ t)$，从年金终值系数表中可以查出。

例3：如果你在将来的 15 年中每年 7 月 1 日存入 2 000 元，年利率为 12%，那么在第 15 年 7 月 1 日能够取出多少钱？

$A = 2\ 000$，$t = 15$，$i = 12\%$，利用上面的公式或者直接使用年金终值公式都会得到相同的结果：

$$F = (F/A, i, t) = 2\ 000 \times 37.28 = 74\ 560\ （元）$$

4. 偿债基金的计算

偿债基金是为了应付若干年后所需要的一笔资金，在一段时期内，按照一定的利率计算，每期应该提取的等额款项。即为了在 t 年内积累资金 F 元，年利率为 i，计算每年投入多少资金。

偿债基金是年金复利值的倒数：

$$A = F \times i \div \left[(1+i)^t - 1\right]$$

式中，$i \div \left[(1+i)^t - 1\right]$ 是偿债基金系数，可以表示为：$(A/F, i, t)$。

例4：如果要在 8 年后得到包括利息在内的 15 万元，年利率为 12%，问每年投入的资金是多少？

查偿债基金系数表得到 $(A/F, 12\%, 8) = 0.081\ 3$

所以：$A = F(A/F, 12\%, 8) = 15 \times 0.081\ 3 = 1.219\ 5\ （万元）$

5. 年金现值的计算

年金现值是指在一段时期每隔相等的时间投入的款项，按照一定的利率计算，折合到现在的价值。

考虑如果已知当年利率为 i，计划 t 年内每年收回 A 元，那么现在应该投资多少？

即已知 i、t 和 A 求 P

$$P = A\frac{\left[(1+i)^t - 1\right]}{i(1+i)^t}$$

式中，$\dfrac{(1+i)^t - 1}{i(1+i)^t}$ 是年金现值系数，可以表示为 $(P/A,\ i,\ t)$。

例5：假设某一项目投产以后，计划在 8 年内每年收回 800 万元，利率为 12%，问投资总额最多是多少？

查表得到（P/A，12%，8）=4.968

投资总额最多是 $P = A(P/A,12\%,8) = 800 \times 4.968 = 3\,974.4$（万元）

6. 资本回收值的计算

资本回收是为了回收现在投入的一笔资金，按照一定的利率计算，在一段时期内每隔相等的时间应该提取的等额款项。

资本回收值系数是年金现值系数的倒数。

$$A = P\frac{i(1+i)^t}{(1+i)^t - 1}$$

例6：某投资项目投资总额为 50 万元，计划在 6 年内用企业的利润收回，企业的投资利润率预测为 15%，那么企业每年的利润最少为多少？

查表得到（A/P,15%,6）= 0.264 24

每年利润为：$A = P(A/P,15\%,6) = 50 \times 0.264\,24 = 13.212$（万元）

（三）资金时间价值各计算公式之间的关系

上述 6 个基本复利计算公式实际上是已知利率 i、年限 t 的条件，根据现值、终值、等值年金中的一个已知条件求另一个的值。各个系数的关系见表 9-1。

表 9-1　资金时间价值各系数关系表

系　数	已　知	所　求	表示方法
复利系数	现值	终值	(F/P, i, t)
现值系数	终值	现值	(P/F, i, t)
年金终值系数	年金	终值	(F/A, i, t)
偿债基金系数	终值	年金	(A/F, i, t)
年金现值系数	年金	现值	(P/A, i, t)
资金回收值系数	现值	年金	(A/P, i, t)

第三节　项目财务评估的基本财务报表

一、项目财务评估与基本财务报表的关系

为了客观、公正、科学地做好项目财务评估，需要在科学测算有关数据的基础上，编制一系列财务报表，然后根据财务报表中的数据计算一系列相互联系、相互补充的评价指标，用以判断投资项目在财务上的可行性。项目财务评

估的基本报表包括：财务现金流量表、损益表、资金来源与运用表、资产负债表、财务外汇平衡表等。其中最重要的是现金流量表。各种报表可以在评价不同的经济指标时使用，如表 9 - 2 所示。

表 9 - 2　财务分析指标与基本报表关系

分析内容	基本报表	静态指标	动态指标
营利能力分析	现金流量表（全部投资）	投资回收期	财务内部收益率 财务净现值 动态投资回收期
	利润表	投资利润率 资本金利润率	
清偿能力分析	借款还本付息计算表 资金来源与运用表 资产负债表	借款偿还期 资产负债率 流动比率 速动比率	
外汇效果分析	财务外汇平衡表		财务外汇净现值 财务换汇成本

二、现金流量表

现金流量是现金流入与现金流出的统称，它是以项目作为一个独立系统，反映项目在计算期内实际发生的流入与流出系统的现金活动及流动数量。当期现金流入与现金流出之差就是净现金流量。现金流量表是用于计算营利能力指标中的动态指标（财务净现值与财务内部收益率）、清偿能力指标中的投资回收期的依据，在项目财务效益评估中占有主要地位。

现金流量的核算遵循收付实现制原则，而不是一般会计上的权责发生制，仅包括计算期内的现金收支（包括狭义上的现金与银行存款），不包括各种非现金收支（比如折旧、摊销费用、应收、应付款等）。

现金流入包括产品的销售收入（营业收入）、回收固定资产余值和回收流动资金。现金流出包括静态投资、流动资金、经营成本、销售税金及附加、所得税等。另外，针对涉及外资的项目，也可以以国内投资（包括预算内拨款、国内银行贷款与自筹资金）作为计算基础，并考虑国外借款本息的偿还，编制国内投资现金流量表。该表与全部投资现金流量表的不同之处在于增加了"偿还外汇借款本金"与"偿还外汇借款利息"两项内容如表 9 - 3 所示。

表9-3　国内投资现金流量表　　　　　　　　　单位：万元

项　目	建设期			投产期		达产期		
	1	2	3	4	5	6	7	—
生产负荷（%）								
一、现金流入（1+2+3）								
1. 产品销售收入								
2. 回收固定资产余值								
3. 回收流动资金								
二、现金流出（1+2+3+4+5）								
1. 固定资产投资								
2. 流动资金投入								
3. 经营成本								
4. 销售税金及附加								
5. 所得税								
三、净现金流量								
四、累计净现金流量								
五、净现值								
六、累计净现值								

基准折现率：　　　　　　　　　　　　　　　内部收益率：

三、财务外汇平衡表

财务外汇平衡表反映项目计算期内各年的外汇流入、外汇流出等外汇收支情况，是计算各年净外汇流量、净外汇效果、财务外汇净现值与财务换汇成本的基础，对使用外汇的项目，需编制财务外汇平衡表如表9-4所示。

表9-4　财务外汇平衡表　　　　　　　　　　单位：万美元

项　目	建设期			投产期		达产期		
	1	2	3	4	5	6	7	—
生产负荷（%）								
一、外汇流入								
1. 产品外销销售收入								
2. 其他外汇收入								
二、外汇流出								
1. 进口原材料								
2. 进口零部件								

续表

项　目	建设期			投产期		达产期		
	1	2	3	4	5	6	7	—
3. 技术转让费								
4. 偿还外汇借款本金								
5. 偿还外汇借款利息								
6. 其他外汇支出								
三、净外汇流量								
四、累计净现金流量								
五、产品替代进口收入								
六、净外汇效果								

财务外汇净现值：　　　　　　　　　　财务换汇成本或财务节汇成本：

第四节　项目营利能力分析

一、静态营利能力指标分析

静态营利能力指标是指不考虑资金的时间价值计算的反映项目在生产期内某个代表年份或平均年份的营利能力的技术经济指标。主要有以下三种：

（一）投资利润率

投资利润率是指项目达到设计生产能力后的正常生产年份的年利润总额或生产期内年平均利润总额占总投资额的比率。计算公式为：

投资利润率＝年利润总额或年平均利润总额÷项目总投资×100%

其中：

年利润总额＝年销售（营业）收入－年销售税金及附加－年总成本费用

年销售税金及附加＝年产品税＋年增值税＋年营业税＋年资源税＋年城市维护建设税＋年教育费附加

项目总投资＝建设投资＋流动资金

项目的投资利润率要与行业部门的投资利润率或平均利润率进行比较，只有在项目投资利润率大于或等于标准或平均投资利润率时，项目才是可行的。

（二）投资利税率

投资利税率是指项目达到设计生产能力后的正常生产年份的销售利润与销售税金及附加之和或项目生产期内的平均销售利润与销售税金及附加之和与项

目总投资的比率。计算公式为：

投资利税率 = 年利税总额或年平均利税总额 ÷ 项目总投资 × 100%

其中：

年利税总额 = 年销售利润 + 年销售税金及附加

项目总投资 = 建设投资 + 流动资金

投资利税率是将政府也作为项目的净受益者来考虑项目的营利能力，将计算出的项目投资利税率与企业的平均或标准投资利税率进行比较，在项目的投资利税率大于或等于后者时项目才是可行的。

（三）资本金利润率

资本金利润率是指项目达到设计生产能力后的一个正常生产年份的年利润总额或生产期内年平均利润总额占资本金的比率。该指标反映投入项目的资本金的营利能力。计算公式为：

资本金利润率 = 年利润总额或年平均利润总额 ÷ 资本金 × 100%

二、动态营利能力指标分析

动态营利能力指标是指考虑了资金的时间价值，将项目不同时点的现金流量统一到计算期初计算评估的指标。

（一）财务净现值

财务净现值（FNPV）是指用设定的折现率将项目计算期内各年的净现金流量折现到建设期初（零年）的现值之和。财务净现值是反映项目在计算期内营利能力的动态评价指标。其计算公式如下：

$$FNPV = \sum_{i=1}^{n} (CI - CO)_t (1 + i)^{-t}$$

式中　CI——现金流入量；

CO——现金流出量；

$(CI - CO)_t$——第 t 年的净现金流量；

n——项目计算期；

i——基准收益率或设定的收益率。

财务净现值根据项目的现金流量表计算。计算结果有三种可能：$FNPV > 0$ 说明项目的净收益在抵偿了投资者要求的最低收益后还有盈余，项目可行。$FNPV = 0$ 说明项目的净收益只够抵偿投资者要求的最低收益，在一定条件下项目可行。这里所说的一定条件一般是指所取折现率要大于资金成本。$FNPV < 0$ 说明项目的净收益还不够抵偿投资者要求的最低收益，因此项目不可行。

很显然，在用财务净现值进行项目评估时，选择的折现率不同，得到的结果就不同。确定项目评估中的折现率一般有下面几种方法。

1. 银行利率

银行利率可以代表资金使用的机会成本，因此可以使用银行相同期限的利率作为折现率。

2. 加权平均成本

根据企业不同的资金来源确定的加权平均资金成本，反映企业使用资金的平均成本水平，因此也可以用来计算项目的财务净现值。

3. 国家或行业主管部门规定的行业基准收益率

为了指导项目评估工作，国家有关部委制定并颁布了各行业的基准收益率标准。例如规定轻工产业基准收益率为 12%。

例：某项目建设期为 2 年，建设投资第一年 1 400 万元，第二年 2 100 万元，流动资金投入 1 000 万元。项目第三年开始投产，并达到 80% 的生产能力，正常年份销售收入为 10 000 万元，销售税金共计为销售收入的 9% 所得税第三年为 200 万元，第四年起每年为 300 万元。第三年的经营成本 5 000 万元，第四年起为 7 000 万元，该项目寿命期 15 年，15 年后有固定资产余值 500 万元。项目的基准收益率为 12% 问：项目全部投资财务净现值为多少？

解：根据题意得到全部投资税前现金流量表如表 9 - 5 所示。

表 9 -5　　××项目现金流量表　　　　　单位：万元

年　　份	1	2	3	4 ~ 16	17
一、现金流入			8 000	10 000	11 500
1. 销售收入			8 000	10 000	10 000
2. 回收固定资产余值					500
3. 回收流动资金					1 000
二、现金流出	1 400	2 100	6 920	8 200	8 200
1. 建设投资	1 400	2 100			
2. 流动资金			1 000		
3. 经营成本			5 000	7 000	7 000
4. 销售税金			720	900	900
5. 所得税			200	300	300
三、净现金流量	- 1 400	- 1 210	1 080	1 800	3 300

$FNPV = 1\ 080 \times (P/F, 12\%, 3) + 1\ 800 \times [(P/A, 12\%, 16) - (P/A, 12\%, 3)] + 3\ 300 \times (P/F, 12\%, 17) - 1\ 400 \times (P/F, 12\%, 1) - 2\ 100 \times (P/F, 12\%, 2) =$

$1\ 080 \times 0.712 + 1\ 800 \times (6.974 - 2.402) + 3\ 300 \times 0.146 - 1\ 400 \times 0.893 - 2\ 100 \times 0.797 = 6\ 556.46$ （万元）

因为 $FNPV > 0$ ，所以项目可行。

（二）财务内部收益率

财务内部收益率（$FIRR$）本质上是一个折现率，是使项目计算期内各年净现金流量现值累计等于零时的折现率。它表明用项目计算期内的净收益归还全部投资本金后所能够支付的最大投资借款利率。计算公式为：

$$FNPV = \sum_{i=1}^{n} (CI - CO)_t (1 + FIRR)^{-t} = 0$$

式中　CI——现金流入量；

　　　CO——现金流出量；

　　　$(CI - CO)_t$——第 t 年的净现金流量；

　　　n——项目计算期。

在实际计算财务内部收益率时，一般采用试差法与插值法来估计。

用试差法计算项目内部收益率的步骤是：

（1）用估计的一个折现率对拟建项目整个计算期内各年财务净现金流量进行折现，得出净现值。

（2）如果得到的净现值等于零，则所选定的折现率即为财务内部收益率。如果所得财务净现值为一正数，则再选一个更高一些的折现率进行试算；如果所得财务净现值为一个负数，则再选一个更低一些的折现率进行试算。

两个折现率之差可以根据试算净现值与零的差距来估计。如果差距较大，则折现率的变动比较大；如果差距较小，则折现率的变动幅度较小。

（3）如果两个折现率对应的净现值为一正一负且折现率之差为 5% 或更小，则可根据这两个折现率用插值法估算内部收益率。如果两个折现率对应的净现值符号相同，则继续第二步计算直到算出一正一负为止。如果净现值符号不同但折现率之差大于 5% ，则取两个折现率的平均数计算新的净现值直到符合相反的两个折现率之差小于或等于 5% 为止。

利用上面得到的两个折现率用插值法来估算内部收益率的公式为：

$$FIRR = i_1 + (i_2 - i_1) \times \frac{|NPV_1|}{|NPV_1| + |NPV_2|}$$

式中　i_1——试算的低折现率；

　　　i_2——试算的高折现率；

　　　$|NPV_1|$——低折现率的净现值（正值）的绝对值；

　　　$|NPV_2|$——高折现率的净现值（负值）的绝对值。

在财务效益评估中，应该将项目的内部收益率与部门或行业的基准收益率进行比较：如果 $FIRR \geq$ 基准收益率，则表明项目的内部收益率高于设定的收益水平，因此项目可行；如果 $FIRR <$ 基准收益率，则项目不可行。

第五节　项目清偿能力分析

一、投资回收期分析

投资回收期是以项目的净收益抵偿全部投资（包括建设投资与流动资金）所需的时间。投资回收期是反映项目投资回收能力的重要指标。

全部投资回收期的计算假定了全部投资都是由投资者的自有资金来完成的，因此所有的利息，包括固定资产贷款利息与流动资金贷款利息都不考虑。投资回收期的计算也要以全部投资的现金流量表为基础。计算公式为：

投资回收期 = 累计净现金流量出现正值的年份数 – 1 + 上年累计净现金流量的绝对值 ÷（上年累计净现金流量的绝对值 + 当年净现金流量）

项目计算出的投资回收期要与行业或部门规定的基准投资回收期或平均投资回收期进行比较，在项目的投资回收期小于标准或平均投资回收期时才是可行的，否则就是不可行的。

例：某项目的建设期为两年，第一年投资 2 100 万元，第二年投资 1 600 万元，第三年开始生产，当年的生产负荷为 2/3，第四年开始满负荷生产，正常年份的销售收入为 3 600 万元，经营成本与销售税金之和为 2 400 万元，第八年项目结束，有 400 万元的残值收入。不考虑所得税，求项目的投资回收期。根据所给的数据编制简化的现金流量表如表 9 – 6 所示。

表 9 – 6　简化的现金流量表　　　　　　　单位：万元

年份	1	2	3	4	5	6	7	8
现金流入	0	0	2 400	3 600	3 600	3 600	3 600	4 200
现金流出	2 100	1 600	1 600	2 400	2 400	2 400	2 400	2 400
净现金流量	– 2 100	– 1 600	800	1 200	1 200	1 200	1 200	1 800
累计净现金流量	– 2 100	– 3 700	– 2 900	– 1 700	– 500	700	1 900	3 700

解：从建设期开始的项目投资回收期为：

投资回收期 $= 6 – 1 + 500 \div (500 + 1\ 200) = 5.294$ 年

投资回收期是国际上广泛使用的评价指标，已经有几十年的历史。它的主要优点是能反映项目本身的资金回收能力，容易理解、直观，对于技术上更新迅速的项目进行风险分析时特别有效。它的主要缺点是没有考虑资金的时间价值，而且更重要的是，它过分强调资金的迅速回收，不考虑资金回收以后项目的营利情况，没有评价项目在整个计算期内的效益。

在项目比选中，两个项目的财务净现值相同时，就要考察各自的投资回收期，选择投资回收期较短、资金回流快的项目投资，以加速社会资金的流转，提高社会资金的使用效率。

二、贷款偿还期分析

贷款偿还期是指项目用规定的资金来源归还全部建设投资借款本金所需要的时间。贷款偿还期指标的分析重点是考察在还款期内是否有足够的资金来源，按规定可使用的还款来源有末分配利润、部分折旧、维简费、摊销费、基建收入（含试生产收入）等，如表9-7所示。

表9-7　贷款偿还期计算表　　　　　单位：万元

序号	项　　目	建设期			投产期		达产期		
		1	2	3	4	5	6	7	—
1-1	年初借款累计								
1-2	本年借款支用								
1-3	本年应计利息								
1-4	本年还本								
1-5	本年付息								
1-6	年末借款累计								
2	当年可还款资金来源								
2-1	可还款利润								
2-2	可还款折旧或维简费								
2-3	摊销费								
2-4	偿还利息资金来源								
2-5	基建收入								
2-6	试生产收入								
2-7	其他资金								
3-1	年初还贷资金节余								
3-2	可还贷资金来源合计								
3-3	年末还贷资金节余								
3-4	当年偿债保证比								

评估时折旧、维简费、摊销费前三年一般取90%，三年后取50%用于还款。

项目偿还贷款的方式有以下几种。

（一）等本偿还

等本偿还时，应在投产开始年份将借款本金平摊到预计偿还年限中。选择等本偿还方式，具体的偿还时间要根据投产后的实际还款来源确定。

（二）等额偿还

等额偿还是指每年偿还的总金额相同、本金递增、利息递减的一种偿还方式。每期偿还的金额由下式确定：

$$A_i = I_P(A/P, i, n)$$

式中　A_i——第 i 年的还本付息额；

I_P——建设期末投资借款本息和；

i——借款利率；

n——借款方要求的借款偿还年限。

每期偿还金额与每期偿还利息之差就是每期偿还的本金。

与选择等本偿还方式一样，选择等额偿还方式也要根据项目投产后的实际还款资金来源，偿还总额中超过利息的部分是本年偿还的本金。

按照最大可能法，贷款偿还期是不固定的，要根据项目运营的不同而有所变化。计算公式为：

贷款偿还期 = 贷款偿还后开始出现盈余的年份 – 1 + 贷款偿还后

开始出现盈余的年份偿还贷款数额 ÷ 当年可用于

还款的资金来源数额

例：设某项目建设期末借款本息和为 600 万元，与借款银行确定的还款期限是 6 年，利率为 12%，计算按照等本偿还法与等额偿还法每年应该偿还的金额与各年的本金、利息各是多少？

解：按照等本偿还法的公式，每年偿还本金相同，等于 100 万元（600 ÷ 6），当年应付利息要根据年初本金余额来计算，即第一年应付利息为 72 万元（600 × 12%），以此类准。计算每年偿还金额与偿还本金、利息见表 9 – 8。

表 9 – 8　等本偿还法的偿还本金、利息表　　　　　单位：万元

年份	年初本息和	本年还本	本年付息	本年偿还金额	年末余额
1	600	100	72	172	500
2	500	100	60	160	400
3	400	100	48	148	300
4	300	100	36	136	200
5	200	100	24	124	100
6	100	100	12	112	0

等额偿还方式下，本年偿还金额为：

$$600 \times (A/P, 12\%, 6) = 600 \times 0.243\ 226 = 145.94（万元）$$

当年应付利息根据年初本息和计算，在偿还总金额中扣除利息部分，就是当年偿还本金额。计算得到的各年偿还本金利息与每年余额见表 9 - 9。

表 9 - 9　等额偿还法的偿还本金、利息表　　　单位：万元

年份	年初本息和	本年还本	本年付息	本年偿还金额	年末余额
1	600.00	73.94	72	145.94	526.06
2	526.06	82.81	63.13	145.94	443.26
3	443.26	92.74	53.19	145.94	350.51
4	350.51	103.87	42.06	145.94	246.64
5	246.64	116.34	29.60	145.94	130.30
6	130.30	130.30	15.64	145.94	0.00

第六节　项目外汇效果分析

一、财务外汇净现值

财务外汇净现值（$FNPVF$）是指把项目计算期内各年的净外汇流量用设定的折现率（一般取外汇借款综合利率）折算到第零年的现值之和。它是分析、评估项目实施对国家外汇状况影响的重要指标，用以衡量项目对国家外汇的净贡献。财务外汇净现值可通过财务外汇流量表直接求得。计算公式如下：

$$FNPVF = \sum_{t=1}^{n} (FI - FO)_t (1 + i_F)^{-t}$$

式中　FI——外汇流入量；

　　　FO——外汇流出量；

　　　$(FI - FO)_t$——第 t 年的净外汇流量；

　　　i_F——一般取外汇借款综合利率；

　　　n——计算期。

二、财务换汇成本

财务换汇成本是指换取 1 美元外汇净收入所需要投入的人民币金额。它等于项目计算期内生产出口产品所投入的国内资源现值与出口产品的外汇净现值

之比。该指标仅适用于产品出口创汇的项目，用以分析和评估拟建项目生产产品换取外汇的成本。

财务换汇成本的计算公式为：

$$FC_E = \sum_{t=1}^{n} DR_t(1 + i_c)^{-t} \div \sum_{t=1}^{n} (FI - FO)_t(1 + i_c)^{-t}$$

式中　FC_E——财务换汇成本；

DR_t——项目在第 t 年生产出口产品投入的国内资源价值（包括工资、原材料和投资等）。

将计算出的换汇成本与现行汇率加以比较，如果前者小于或等于后者，则该项目是可行的，反之则不可行。❶

本章小结

本章阐述了项目财务评估的意义、内容和方法。详细讲解了资金时间价值的概念和计算公式，列举了六种复利系数的计算公式和含义。本章讲解了编制现金流量表的方法，以及如何根据现金流量表计算投资回收期、净现值和内部收益率。阐述了有关项目营利能力、清偿能力和外汇效果评估的主要方法。

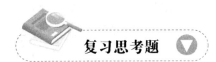

复习思考题

1. 项目财务评估的意义是什么？

2. 项目财务评估有哪两种主要方法？

3. 什么是资金的时间价值？

4. 什么是年金，如何计算年金复利值？

5. 某人 5 年后欲购买房屋一套，需现金 21 万元，银行存款年利率为 5%，如 5 年内每年年末存入等额款项，则该人为购买房屋每年应存入多少现金？（资金存储系数 0.181 0）

6. 某项目在贴现率 18% 时，净现值为 6.4 万元，在贴现率 19% 时，净现值为 -214.4 万元，试计算其内部收益率？

7. 某建设项目第一年年初投资 50 万元，当年投入生产，若连续五年每年

❶ 李源生. 投资项目评估基础 [M]. 北京：清华大学出版社，2002：137 - 138.

年末现金流入量为 23 万元，现金流出量为 12 万元，若行业基准收益率为 10% ，计算该项目净现值。

8. 某项目在贴现率 15% 时，净现值为 – 311. 11 万美元，贴现率为 10% 时，净现值为 332. 34 万美元，若基准收益率为 14% ，该项目是否行？

第十章 项目国民经济效益评估

内容提要

国民经济效益评估是根据国民经济长远发展目标的需要，采用费用与效益分析的方法，运用影子价格、影子汇率、影子工资和社会折现率等经济参数，评估项目投资行为在宏观经济上的合理性。国民经济效益评估与财务评估既有相同点，也有不同点。影子价格是国民经济评估的重要参数。本章列举了影子价格的计算方法，以及如何计算国民经济费用和效益的方法；阐述了国民经济效益评估的主要评价指标概念和计算方法。

学习目标

学习本章要求掌握影子价格的概念和各种条件下影子价格的计算方法。掌握国民经济效益评估中费用和效益的概念以及计算方法。了解国民经济效益评估的主要指标。

学习提示

学习本章主要是掌握好影子价格、国民经济效益评估中费用和收益的概念，了解各种情况下影子价格的计算方法。

第一节　国民经济效益评估的内容

一、国民经济效益评估的概念和作用

（一）国民经济效益评估的概念

国民经济效益评估是根据国民经济长远发展目标的需要，采用费用与效益分析的方法，运用影子价格、影子汇率、影子工资和社会折现率等经济参数，计算分析项目需要国民经济为其付出的代价和它对国民经济的贡献，评估项目投资行为在宏观经济上的合理性，以利于合理配置国有资源、引导投资方向、控制投资规模。

（二）国民经济效益评估的作用

（1）国民经济效益评估是在宏观经济层次上合理配置国家有限资源的需要。（2）国民经济效益评估是真实反映项目对国民经济净贡献的需要。（3）国民经济效益评估是投资决策科学化的需要。

这些作用主要表现在三个方面：

（1）有利于引导投资方向，运用经济净现值、经济内部收益率等指标及影子汇率等参数，鼓励或抑制某些行业的发展，引导资金投向国家急需发展的行业和产业。使国家经济资源得到合理配置。

（2）有利于控制投资规模，可以利用社会折现率指标调节社会总的投资水平；使全社会投资规模保持在较合理的范围之内。

（3）能够提高投资管理的质量，有利于各级管理部门从宏观经济角度对项目进行排队与取舍抉择。

二、国民经济效益评估与财务评估的关系

国民经济效益评估与项目财务评估既有共同点也有不同点。

（一）国民经济效益评估与财务评估的共同点

1. 评估的目的相同

两者都是从费用效益关系入手，都是要实现以最小的投入获得最大的产出，获得较好的经济效益。

2. 评估基础相同

两者都是在完成了产品需求预测、厂址选择、建设必要性评估、建设与生产条件评估，工艺技术评估与投资估算等的基础上进行的。

3. 分析方法与主要指标的计算方法相同

两者都是通过现金流量表计算评价指标；都是通过动态与静态相结合，定量与定性相结合进行分析。

（二）国民经济效益评估与财务评估的区别

1. 评价的角度不同

项目财务评估是从财务角度对项目进行分析，考察项目的财务营利能力和贷款偿还能力；国民经济效益评估是从国民经济和社会角度对项目进行分析，考察项目的经济合理性和宏观可行性。

2. 评估的目标不同

项目财务评估以企业的净利润为目标，整个分析方法和各种经济指标都集中在项目建成投产后是否有营利。国民经济效益评估的主要目标是追求投资所引起的国民收入（净产值）和纯收入（利润和税金）的最大化，项目建设对社会福利和国家基本发展目标的贡献及资源有效利用和合理分配，并根据贡献的大小，结合其他方面的利弊得失来决定项目的取舍。

3. 费用与效益的含义和范围划分不同

项目财务评估是根据企业直接发生的财务收支，计算项目的费用和效益；国民经济效益评估是根据项目所消耗的有用资源和对社会提供的有用产品（包括服务）来考察项目的费用和效益，研究的范围是整个国民经济体系。有些在财务效益评估中列为实际收支的如税金、国内借款利息和补贴等，在国民经济效益评估中不作为费用或效益。财务评估只考察项目的直接费用和直接效益，国民经济效益评估除考察其直接费用和直接效益外，还要考察项目所引起的间接费用和间接效益。

4. 计算的基础不同

项目财务评估采用国内现行市场价格，将行业基准收益率或国家长期贷款利率加上一定的系数作为基准折现率，采用国家规定的官方利率。国民经济效益评估采用近似社会价值的经济合理价格（影子价格）、社会折现率或国家基准收益率加上一定的系数作为基准折现率，并且使用国家调整汇率（影子汇率）。

5. 评估的内容和方法不同

项目财务评估的内容和方法比较简单，涉及面较窄，采用企业成本效益分析方法；国民经济效益评估的内容较多，方法较复杂，涉及的范围较广，需采用费用效益分析、成本效益分析和多目标综合分析等方法。

（三）国民经济效益评估与财务评估的联系

（1）项目财务评估是国民经济效益评估的基础。大多数工业项目的国民经济效益评估是在财务评估的基础上进行的。

（2）国民经济效益评估是项目财务评估的前提。整个国民经济效益对企业财务效益起着指导作用，是决定项目决策的先决条件和主要依据。

当两种评估结论矛盾时，既要考虑项目的财务效益，更要遵循使国家与社会获益的原则，可作如下处理：

① 对于某些国计民生急需的项目，如果国民经济效益评估认为可行，而财务上不可行，可以由国家提供一些减税或补贴的优惠政策，来改变项目的财务参数。

② 当项目在财务上可行，但是国家或社会为之将付出太大的代价时，这类项目一般应该予以否决。当然，也可以采取修改总体建设方案，进行"再设计"来使项目从国民经济的角度考察也可行。❶

三、国民经济效益评估的内容与步骤

（一）对项目的经济效益和费用从国民经济的角度进行划分

项目的费用与效益的划分因项目的类型及其评估目标的不同而有所区别。项目国民经济效益评估应从整个国民经济的发展目标出发，考察项目对国民经济发展和资源合理利用的影响。应注意对转移支付的处理并对外部效果进行重点鉴定和分析。

（二）对计算费用与效益所采用的影子价格以及一些经济参数进行分析

国民经济效益评估中最关键的就是要确定项目产出物和投入物的各种合理的经济价格。要选择能反映资源本身的真实社会价值、供求关系、稀缺物资的合理利用和符合国家经济政策的经济价格（如影子价格），按照国家规定和定价原则，合理选用和确定投入物与产出物的影子价格和参数，并对其进行鉴定和分析。然后根据已确定的经济效益与费用的范围，采用影子价格、影子工资、影子汇率和社会折现率来替代财务评估中的财务价格、工资、汇率和折现率，计算项目的经济效益和费用。因此，确定影子价格是国民经济效益评估的主要内容。

---

❶ 张宇. 项目评估实务 [M]. 北京：中国金融出版社，2004：160－162.

（三）对项目经济效益和费用按照影子价格进行调整

把项目的效益和费用等各项经济基础数据，按照已确定的经济价格（影子价格）进行调整，重新计算项目的销售收入、投资和生产成本的支出，以及项目固定资产残值的经济价值。并且要鉴定与分析调整的内容是否齐全和合理，调整的方法是否正确，以及是否符合国家规定。

（四）编制国民经济评估报表

在对项目效益和费用等项目调整的基础上，编制经济现金流量表（全部投资），利用外资项目还应编制经济现金流量表（国内投资）和经济外汇流量表等基本报表。在评估时，应复核这些国民经济效益评价报表的表格设置、编制内容及数据计算是否正确。

（五）计算国民经济效益指标

国民经济效益评估就是从国民经济整体角度考察项目给国民经济带来的净效益（净贡献）。主要是项目国民经济营利能力评估、外汇效果评估，以及对不能直接用货币价值量化的外部效果做定性分析评估。

（六）对项目社会效益的评估

项目的社会效益评估主要应对项目给地方或部门经济发展带来的效果进行定量或定性分析。包括对收入分配、产业结构、科技水平、劳动就业、环境保护、资源利用、产品质量以及对人民物质文化生活和社会福利等影响的分析评估。当然，这一部分也可以放在社会影响评估中研究，应从整个社会的角度来考察、研究和预测项目对社会目标所做贡献的大小，按调整后的经济价格和参数计算与分析项目的社会效果指标。

（七）对项目不确定性的分析

不确定性分析的评估，一般应包括对盈亏平衡分析和敏感性分析进行鉴定，在有条件时才对概率分析进行鉴定，以确定项目投资在财务上和经济上的可靠性和抗风险能力。

（八）综合评估与结论建议

应该按照国家政策，以国民经济效益评估为主，结合财务评估和社会效益评估对主要评估指标进行综合分析，得出评估结论。对项目经济评估中反映的问题和对建设项目需要说明的问题及有关建议应加以明确阐述。项目综合评估结论要简明扼要，观点要明确。

第二节　影子价格的理论与计算方法

一、影子价格的概念

影子价格又称为最优计划价格、机会成本和会计价格，是指当社会经济处于某种最优状态时，能够反映社会劳动消耗、资源稀缺程度和对最终产品需求情况的价格。

影子价格是为实现一定的经济发展目标而人为确定的比交换价格更为合理的价格。这里所说的"合理"的标志，从定价原则来看，应该能更好地反映产品的价值，反映市场供求状况，反映资源稀缺程度；从定价的效果来看，应该能使资源配置到最优的方向。

影子价格是项目的投入物和产出物所使用的价格。项目的投入和产出按其类型可分为外贸货物、非外贸货物、特殊投入物、资金、外汇等。按照投入和产出物的不同类型分别制定其影子价格。

二、外贸货物的影子价格

如果投入物或产出物是外贸货物，在完善的市场条件下，国内市场价格应等于口岸价格（假定市场就在口岸，进口货物为到岸价格，出口货物为离岸价格）。原因在于，如果市场价格高于到岸价格，消费者宁愿进口，而不愿购买国内货物；如果国内市场价格低于离岸价格，生产者宁愿出口，而不愿以较低的国内市场价格销售。因此口岸价格就反映了外贸货物的机会成本或消费者的支付意愿。在实际的市场条件下，由于关税、限额、补贴或垄断等原因，存在供需偏差，国内市场价格可能会高于或低于口岸价格。因此，在国民经济评价中，要以口岸价格为基础来确定外贸货物的影子价格。❶

（一）项目投入物影子价格（到厂价格，到项目价格）的确定

1. 直接进口

由于国内生产不足、产品质量不过关或其他原因，项目的投入物靠进口供应的价格计算方法如下：

$$直接进口货物影子价格 = 到岸价格 \times 影子汇率 + （项目到港口运费 + 国内贸易费用）$$

---

❶ 张宇. 项目评估实务［M］. 北京：中国金融出版社，2004：167－170.

2. 减少出口

原生产厂家生产的某种货物可以出口，项目上马后要投入这种货物，使出口量减少的价格计算方法如下：

减少出口货物影子价格 = 离岸价格 × 影子汇率 − (供应厂到港口运费 + 贸易费用) + (供应厂到项目的运费 + 贸易费用)

3. 间接进口

国内厂家向原有用户提供某种商品，由于项目上马需要投入这种商品而使生产厂家原来的用户转向进口解决自己的需求的价格计算方法如下：

间接进口货物影子价格 = 到岸价格 × 影子汇率 + (港口到原用户运费 + 贸易费用) − (供应厂到原用户运费 + 贸易费用) + (供应厂到项目的运费 + 贸易费用)

(二) 项目产出物影子价格的确定

1. 直接出口

项目建成后产出物在质量、售后服务等各方面都不差于国内已有的该种出口商品，有把握参与国际竞争的价格计算方法如下：

直接出口货物影子价格 = 离岸价格 × 影子汇率 − (项目到口岸运费 + 贸易费用)

2. 替代进口

项目的产出物为内销，但由于质量过关，可以顶替原来依靠进口的货物从而减少进口的价格计算方法如下：

替代进口货物影子价格 = 到岸价格 × 影子汇率 + (港口到用户运费 + 贸易费用) − (项目到用户运费 + 贸易费用)

3. 间接出口

项目的产品虽然是内销，但是替代了国内厂商对国内同类商品的需求，从而使被替代商品可以出口的价格计算方法如下：

间接出口货物影子价格 = 离岸价格 × 影子汇率 − (原供应厂到港口运费 + 贸易费用) + (原供应厂到用户的运费 + 贸易费用) − (项目到用户的运费 + 贸易费用)

(三) 口岸价格与贸易费用的选取

外贸货物影子价格的基础是口岸价格，可根据《海关统计》对历年的口岸价格进行回归分析和预测，或根据一些国际组织机构提供的信息，分析一些重要货物的国际市场价格趋势。在确定口岸价格时，要注意剔除倾销、暂时紧缺、短期波动等因素的影响，同时还要考虑质量价差。

贸易费用是指外贸代理企业花费在生产资料流通过程中的以影子价格计算的费用。它包括货物的经手装卸、短距离倒运、储存、再包装、保险、检验等所有流通环节上的费用支出，还包括流通过程中的货物损耗，以及按社会折现率12%计算的资金回收费用，但不包括长途运输费用。其计算公式为：

$$进口货物贸易费用 = 到岸价 \times 影子汇率 \times 贸易费用率$$
$$出口货物贸易费用 = (离岸价 \times 影子汇率 - 国内运费) \div$$
$$(1 + 贸易费用率) \times 贸易费用率$$
$$非外贸货物的贸易费用 = 影子价格 \times 贸易费用率$$

不经商贸部门流转而由生产厂家直供的货物，不计算贸易费用。

三、非外贸货物的影子价格

非外贸货物的影子价格主要应从供求关系出发，按机会成本和消费者支付意愿的原则确定。

（一）项目投入物影子价格的确定

1. 通过原有企业挖潜来增加供应的投入物

项目所需的某种投入物，只要发挥原有生产能力即可满足供应，不必新增投资。这说明这种货物原有生产能力过剩，可对它的可变成本进行分解，得到货物出厂的影子价格，加上运输费用和贸易费用，就是项目使用该货物的影子价格。

2. 通过新增生产能力来增加供应的投入物

项目所需的投入物必须通过投资扩大生产规模才能满足项目需求，这说明这种货物的生产能力已经充分利用，可对它的全部成本进行分解，得到货物出厂的影子价格，加上运输费用和贸易费用，就是项目使用该货物的影子价格。

3. 无法通过扩大生产能力来供应的投入物

项目需要的某种投入物，原有生产能力无法满足，又不可能新增生产能力，只有去挤占其他用户的用量才能得到。此时影子价格取市场价格、国内统一价格加补贴中较高者。

（二）项目产出物影子价格的确定

1. 增加国内供应数量满足国内需求的产出物

产出物影子价格从以下价格中选取：计划价格、计划价格加补贴、市场价格、协议价格及同类企业产品的平均分解成本等。选取的依据是供求状况，供求基本均衡，取上述价格中低者；供不应求，取上述价格中高者；无法判断供求关系，取低者。

2. 替代其他企业的产出

某种货物的国内市场原已饱和，项目产出这种货物并不能有效增加国内供给，只是在挤占其他生产同类产品企业的市场份额，使这些企业减产甚至停产。这说明项目很可能是重复建设。在这种情况下，如果产出物在质量、花色、品种等方面并无特色，应该分解被替代企业相应产品的可变成本作为影子价格。如果质量确有提高，可取国内市场价格为影子价格；也可参照国际市场价格定价，但这时该产出物可能已转变成可实现进口替代的外贸货物了。

（三）成本分解法

1. 成本分解法

成本分解法和价格分解法的差别，在于成本是指各种消耗的总和，不含利润在内；加上利润之后，就变成了价格，因此，成本分解和价格分解的本质是一致的。进行成本分解时，剔除了原生产费用要素中的利息和折旧两项，而代之以流动资金的资金回收费用和固定资产投资的资金回收费用。在计算资金回收费用时，使用社会折现率。

成本分解法是对某种货物的成本按照制定影子价格的货物类型（外贸货物、非外贸货物、特殊投入物、资金、外汇）进行分解，通过分解后的成本计算货物的影子价格。

2. 成本分解的步骤

（1）数据准备。列出该货物按生产费用要素计算的单位财务成本表，主要项目有：原材料、燃料和动力、工资、提取的职工福利费、折旧费、修理费、流动资金利息支出以及其他支出。对其中重要的原材料、燃料和动力，要详细列出价格、耗用量和耗用金额。列出单位货物所占用的固定资产原值或固定资产投资额，以及占用的流动资金数额。

调查确定或设定货物生产厂的建设期限、建设期各年投资比例、经济寿命期限、经济寿命期终了时的固定资产余值以及固定资产形成率。

（2）计算重要原材料、燃料、动力、工资等投入物的价格及单位费用。对于在该种货物生产费用构成中占比例较大的原材料、燃料和动力，根据它们属于外贸货物还是非外贸货物来计算各自的影子价格。计算时，可直接套用国家权威部门发布的影子价格或价格换算系数，然后用影子价格计算该货物的单位费用。这一数值可称为投入物对货物的经济单位费用，以区别于财务价格计算的财务单位成本。

重要的原材料、燃料和动力中，有些可能属于非外贸货物，而且找不到现成的影子价格，必要时，可以对其进行第二次分解。对财务成本中的工资和提取的福利费，用工资换算系数把它们调整为影子工资。对财务成本中单列的运费，用运费换算系数进行调整。

（3）对固定资产投资进行调整和等值计算。根据建设期各年投资比例，把调整后的单位固定资产投资额分摊到建设期各年。

（4）用固定资金回收费用取代财务成本中的折旧费。在财务成本中扣除折旧费，代之以固定资金回收费用。

（5）用流动资金回收费用取代财务成本中的流动资金利息。

（6）完成上述调整后，各项费用重新计算的总额即为非外贸货物的影子价格。

四、特殊投入物的影子价格

（一）影子工资

职工工资和提取的职工福利费之和称为名义工资。在财务评价中，名义工资作为费用计入成本，国民经济评价中，需按影子工资进行调整。建设项目占用了劳动力，国民经济是要付出代价的。这一代价就是影子工资，也可以说是劳动力的影子价格。

影子工资主要应以劳动力的机会成本来度量，即由于劳动力投入所评价项目而放弃的在原来所在部门可能创造的最大效益。此外，影子工资还包括少量的国家为安排劳动力就业或劳动力转移所发生的额外开支，如增加就业引起的生活资料运输和城市交通运输所增加的耗费等。影子工资一般以名义工资乘以工资换算系数取得，即：

$$影子工资 = 名义工资 \times 工资换算系数$$

由于名义工资在评价中已经列入，在经济评价中需要确定的只是工资换算系数。计算公式为：

$$工资换算系数 = （基本工资 + 职工福利费） \div 财务工资$$

财务工资越低估劳动力的真实价值，工资换算系数就越大；反之，工资换算系数就越小。工资换算系数可根据项目情况而定。

（1）国内一般建设项目工资换算系数为1。

（2）占用大量短缺的专业技术人员的项目工资换算系数大于1。

（3）占用大量非熟练劳动力的项目工资换算系数小于1。

（4）中外合资项目工资换算系数为1.5。❶

（二）土地的影子价格

项目占用土地，国民经济要付出代价，这一代价就是土地费用，也就是土

---

❶ 李源生. 投资项目评估基础［M］. 北京：清华大学出版社，2002：148 – 149.

地的影子价格。一般来说，土地的影子价格包括两个部分：一是土地用于建设项目而使社会放弃的原有效益；二是土地用于建设项目而使社会增加的资源消耗。

1. 项目所占用的土地类型

（1）荒地或不毛之地，土地的影子价格为零。

（2）经济用地，不管原来是用于农业、工业还是商业，项目占用之后都会引起经济损失时，应该用机会成本来计算土地费用，计算社会被迫放弃的效益。对于农田，应计算项目占用土地导致的农业净收益的损失。

（3）居住用地或其他非生产性建筑、非营利性单位的用地，项目占用之后要引起社会效益的损失，但又很难用价值计量。这时主要应该考察：如果土地被项目所占用，而原有的社会效益又必须保持，那么需要使国民经济增加多少资源消耗。假如原来有住户，首先要为住户购置新的居住用地，其费用是新居住用地的机会成本；其次要保证原住户获得不低于以前的居住条件，其代价是实际花费的搬迁费用之和，就是项目所占居住用地的影子价格。

项目占用土地的机会成本，可以对其采取两种不同的处理方法。一是一次性支付，在项目计算期内将项目占用土地的各年机会成本用社会折现率折算为建设期初的现值，作为项目建设投资的一部分；二是分年支付，将各年机会成本逐年算出，列入经营成本。

2. 土地机会成本的计算方法

项目占用土地之后，有时直接导致耕地的减少，有时通过原来用户的搬迁，间接导致耕地的减少。需要计算土地机会成本的，往往还是农田。所以这里侧重介绍农田机会成本的计算方法。

（1）基本数据的准备。

主要有：单位面积年产量、农作物影子价格、农作物生产成本等。其中单位面积年产量可以从某一个基数开始，每年增长一定的比例，确定各年的农作物产量。

农作物的影子价格，应从边际观点考虑该农作物是属于外贸货物，还是非外贸货物，然后按照货物定价原则确定其影子价格。至于农作物的生产成本，要根据调查研究的结果确定，还要视情况对生产成本作适当调整。

（2）农田机会成本的计算方法。

农作物的年产值扣减生产成本后得到年净收益，即为各年的土地机会成本。然后用折现法折算到建设期初求期初值。

例：某投资项目建设期 2 年，生产期 18 年，占用农田 500 亩。根据评估人员调查，该农田的最佳替代用途为种植水稻。该农田占用前 3 年内平均每亩产量为 1 吨。预计该地区水稻单产可以以 3% 逐年递增。每吨稻谷的生产成本为 600 元。稻谷为外贸货物，按直接出口处理，其出口离岸价 300 美元 1 吨，项目所在地距离口岸 300 公里，稻谷运费为 0.10 元/吨公里。影子汇率换算系数为 1.08 官方牌价为 6.83，社会折现率按 8% 计算，贸易费用率取 0.06，货物的影子费用换算系数为 2。则：

① 每吨稻谷按口岸价格计算的影子价格为：

$$SP = 300 \times 6.83 \times 1.08 - 300 \times 0.1 \times 2 - 300 \times 6.83 \times$$
$$1.08 \times 0.06 = 2\ 020.145 \ (元)$$

② 该地区每亩稻谷净收入：

$$2\ 020.145 - 600 = 1\ 420.145 \ (元)$$

③ 投资项目占用 20 年内每亩稻田的净收入现值为：

$$P = \sum_{t=1}^{20} 1\ 420.145 \times 1 \times \left[(1 + 0.03) \div (1 + 0.08) \right]^{t} = 17\ 919.666 \ (元)$$

④ 投资项目占用 500 亩 20 年的净收入现值为：

$$17\ 919.666 \times 500 = 8\ 959\ 833 \ (元)$$

国民经济效益评估中，取 895.983 3 万元为项目占用土地的机会成本，作为一次性土地费用，计入项目投资额中。

五、资金的影子价格——社会折现率

社会折现率是国民经济效益评估最重要的通用参数，是一个基本的国家参数，它表明了社会对资金时间价值的估量。它是衡量项目国民经济效益的尺度，是国家在一定时期内检验拟建项目投资收益率的判别标准，是项目建设的基准收益率，是投资决策的主要工具。

社会折现率存在的基础是不断增长的社会扩大再生产。可以认为社会折现率是资金的影子价格，它反映了资金占用的费用。关于社会折现率的确定，有多种理论和方法。包括：

（1）取银行利率加点的办法作为项目的社会折现率。

（2）取资本的边际生产力作为社会折现率。

（3）将部门投资收益率的加权平均当作社会折现率。

六、外汇的影子价格——影子汇率

在国民经济效益评估中，进出口商品或涉及服务的跨国供应，涉及本币和外币的比价问题，常常要进行外汇和本国货币的换算。影子汇率也是一个重要的经济参数，由中央银行公布和调整。影子汇率的作用在于影响项目评估中的进出口货物的选择，影响采用进口设备还是采用国产设备的选择，影响采用进口替代型项目还是出口替代型项目的决策。

在许多发展中国家，由于采取贸易保护政策（如高额进口关税和大量出口补贴），消费者对外贸货物付出了额外的溢价或称"贴水"。当用官方汇率将外币换算为本国货币时，这种溢价没有得到反映。这种溢价代表了从整个国家的平均角度来看，外贸货物的购买者为多获得一个单位的外贸货物所愿意支付的额外价格。从另一方面来看，在大多数发展中国家，一是外汇短缺，二是往往倾向于对本国货币定值过高，使得官方汇率小于进出口贸易中的实际换汇成本。官方汇率的这种失实，会导致项目评估中的严重偏差，特别是使用进口投入物以及产品出口或替代进口的项目，因此需要计算某一年份的平均影子汇率。

第三节　项目国民经济的费用和效益

一、费用和效益的识别

确定建设项目经济合理性，就是要从国民经济的角度计算项目的费用与效益，将建设项目的费用与效益进行比较，进而计算其对国民经济的净贡献。因此，正确地识别费用与效益，就成了保证国民经济效益评估正确性的重要条件。划分建设项目的费用与效益，是相对于项目的目标而言的。其划分原则是以消费者支付意愿度量效益，以机会成本度量费用。国民经济效益评估是从整个国民经济增长的目标出发，以项目对国民经济的净贡献大小来考察项目。

凡项目对国民经济所作的贡献，均计为项目的效益；凡国民经济为项目付出的代价，均计为项目的费用。在考察项目的效益与费用时，应注意效益和费用计算范围的一致性与可比性。费用和效益可分为直接费用与直接效益及间接费用与间接效益。

二、直接费用与直接效益

项目的直接效益是由项目本身产生，由其产出物提供，并用影子价格计算的产出物的经济价值。项目直接效益的确定，分为两种情况：如果拟建项目的产出物用以增加国内市场的供应量，其效益就是所满足的国内需求，也就等于所增加的消费者支付意愿。

如果国内市场的供应量不变：

（1）项目产出物增加出口量，其效益为所获得的外汇。

（2）项目产出物减少总进口量，即替代了进口货物，其效益为节约的外汇。

（3）项目产出物顶替原有项目的生产，致使其减产的，其效益为原有项目减产或停产向社会所释放出来的资源，其价值也就等于对这些资源的支付意愿。

项目的直接费用主要指国家为满足项目投入（包括固定资产投资、流动资金及经常性投入）的需要而付出的代价。这些投入物用影子价格计算的经济价值即为项目的直接费用，包括项目本身的一次性投资和经常性投入，以及其他直接支出。它的确定，也分为两种情况：如果拟建项目的投入物来自国内供应量的增加，即增加国内生产来满足项目需求，其费用就是增加国内生产所消耗的资源费用。

如果国内总供应量不变：

（1）项目投入物来自国外，即增加进口来满足项目需求，其费用就是所花费的外汇。

（2）项目的投入物本来可以出口，但为满足项目需求而减少出口量，其费用就是减少的外汇收入。

（3）项目的投入物本来用于其他项目，由于改用于拟建项目而将减少对其他项目的供应，其费用为减少对其他项目投入物的供应而放弃的效益，也就是其他项目对该项投入物的支付意愿。

三、间接费用与间接效益

项目对社会的影响不仅体现在它的直接投入物和产出物中，还会在国民经济相邻部门及社会中反映出来，这就是项目的间接费用和间接效益，也统称为外部效果。

间接费用是指国民经济为项目付出代价，而项目本身并不实际支付的费用。某些工业项目产生的废水、废气和废渣引起的环境污染及对生态平衡的破坏是一种很明显的间接费用，项目并不因为污染环境而使自己的费用增加，但是这种影响被全社会所共同承担。另外一些影响还包括因为项目的建设给当地邮政、水电、道路、港口码头等基础设施带来的压力，也是并不由项目承担的费用。

间接效益是指项目对社会作出的贡献，而项目本身并未得到的那部分效益。在项目评估中，只有同时符合以下两个条件的费用或效益才能称作间接费用或间接效益：

（1）这种费用或效益在财务报表（如财务现金流量表）中并没有得到反映，或者没有将其价值化。

（2）项目对与其并无直接关联的其他项目或消费者产生影响（产生费用或效益）。

四、转移支付

在费用与效益的识别中，除了要注意间接费用与间接效益外，还要注意的就是转移支付。税金、国内借款利息和补贴等项目是在一国内部不同集团或部门之间的支付行为，并没有带来整体上的国民经济净效益的变化。企业向国家缴纳税金，向国内银行支付利息，或企业从国家得到某种形式的补贴，这些都是财务评价中的实际现金收入或支出，但是从国民经济的角度看，都未造成资源的实际耗费或增加，因此它们只是国民经济内部各部门之间的转移支付，应从费用与效益的核算中剔除。但是，国外借款利息的支付产生了国内资源向国外的转移，则必须计为项目的费用。

五、项目国民经济效益和费用的计算原则

（一）项目国民经济效益的计算原则

1. 产业关联效果

它是指由于拟建项目的投入使其上游、下游项目的生产能力得以发挥，效益得以提高的效果。计算该种效果时，要准确判断是否属于拟建项目带来的效果，不宜任意估算产业关联效果。

2. 技术扩散的效果

如果拟建项目具有先进技术，那么，该项目可能在技术推广、人才培养等方面为社会的技术进步带来积极影响。

3. 环境与生态效果

指拟建项目建成后对于环境与生态系统产生的良性反映。例如，减少了碳排放量，改善了大气环境等。这种环境和生态变化的影响应尽可能的予以量化分析。

4. 消费者利益增加效果

它是指拟建项目建成投产后，对于某种商品的市场供应带来影响，从而使消费者的实际利益增加，如造成某一类商品的降价，或者该类产品质量的普遍提高等。

（二）项目国民经济费用的计算原则

1. 受偿意愿原则

指项目产出物的负面效果的计算遵循接受补偿意愿的原则，用于分析社会成员为接受这种不利影响所得到补偿的意愿。

2. 机会成本原则

主要指项目所占用的资源的机会成本，机会成本应按照资源的其他最有效

的利用所产生的效益值计算。

3. 实际价值计算原则

项目计算国民经济费用时采用实际的市场价格，客观估量费用总额，一般不考虑未来的价格变化。

（三）项目国民经济效益评估的计算表格

在进行国民经济效益评估时，为使评估参数计算准确、清楚，可使用相关表格，具体如表 10－1，表 10－2，表 10－3 所示：

表 10－1　国民经济效益评估投资调整计算表

单位：万元、万美元

序号	项　　目	财务评估				国民经济评估				国民经济评估比财务评估增减（±）
		合计	其中			合计	其中			
			人民币	外币	折人民币		人民币	外币	折人民币	
一	建设投资									
（一）	固定资产投资									
1	建筑工程									
2	设备									
（1）	进口设备									
（2）	国内设备									
（二）	安装工程									
3	材料									
（1）	进口材料									
（2）	国内部分									
（三）	其他费用									
（1）	土地费用									
（2）	涨价预备费									
二、	流动资金									
	合计									

表 10－2　国民经济效益评估经营费用调整计算表

单位：万元

序号	项　　目	单位	年耗量	财务评估		国民经济评估	
				单价	年经营成本	单价（或调整系数）	年经营费用
1	外购原材料						
2	外购燃料和动力						
2.1	煤						
2.2	水						

续表

序号	项 目	单位	年耗量	财务评估		国民经济评估	
				单价	年经营成本	单价（或调整系数）	年经营费用
2.3	电						
2.4	汽						
2.5	重油						
3	工资及福利						
4	修理费						
5	其他费用						
6	合计						

表 10-3　国民经济效益费用流量表（全部投资）　　　单位：万元

序号	项目 ＼ 年份	建设期		投产期		达产期			
		1	2	3	4	5	6	…	n
1	生产负荷（%）								
1.1	效益流量								
1.2	销售（营业）收入								
1.3	回收固定资产余值								
1.4	回收流动资金								
2	项目间接效益								
2.1	费用流量								
2.2	建设投资								
2.3	流动资金								
2.4	经营费用								
3	项目间接费用								
	净效益流量								

第四节　项目国民经济效益评估

国民经济效益评估主要是分析项目的国民经济营利能力和外汇效果，另外还应该对那些难以量化的外部效果做定性分析与评估。

一、国民经济营利能力评估

（一）经济内部收益率

经济内部收益率是指在项目的寿命期（或计算期）内各年累计的经济净现值等于零时的折现率。它是反映项目对国民经济贡献的一个相对效果指标，是项目进行国民经济评价的主要判别依据。计算公式为：

$$\sum_{t=1}^{n}(CI - CO)_t \times (1 + EIRR)^{-t} = 0$$

式中　CI——现金流入量；

　　　CO——现金流出量；

　　　$(CI - CO)_t$——第 t 年的净效益流量；

　　　n——计算期。

与项目的财务评估中财务内部收益率的计算方法一样，经济内部收益率的计算也是采用试差法来进行的。计算公式为：

$$EIRR = I_1 + (I_2 - I_1) \times \frac{|ENPV_1|}{|ENPV_1| + |ENPV_2|}$$

为了保证经济内部收益率值的准确性，在计算时需注意，选择计算的两个折现率的差不能超过 5%。一般情况下，项目的经济内部收益率等于或大于社会折现率表明项目对国民经济的净贡献达到或超过了要求的水平，这时应认为项目是可以考虑接受的。

（二）经济净现值

经济净现值（$ENPV$）是反映项目对国民经济净贡献的绝对指标，它是用来进行项目评估和方案比选的主要依据。它是指用社会折现率将项目计算期内各年的净效益流量折算到建设期初的现值之和。计算公式为：

$$ENPV = \sum_{t=1}^{n}(CI - CO)_t \times (1 + i_s)^{-t}$$

式中　i_s——社会折现率。

经济净现值等于或大于零，表示国家为拟建项目付出代价后，可以得到符合社会折现率的社会盈余，或除得到符合社会折现率的社会盈余外，还可得到以现值计算的超额社会盈余，因此应认为项目是可以考虑接受的。

（三）经济净现值率

经济净现值率（$ENPVR$）是反映项目单位投资和国民经济所作贡献的相对效果的动态评价指标。它是经济净现值与总投资现值之比，即单位投资现值的经济净现值。计算公式为：

$$ENPVR = ENPV \div EI_p$$

式中　$ENPVR$——项目的经济净现值率；

　　　EI_p——项目的经济总投资现值。

经济净现值率一般可按全部投资和国内投资分别计算。在分别计算时，公式中的数据应根据指标的要求作相应的调整。

（四）投资净增值率

投资净增值率（DVR）是指项目达到正常生产能力规模年份所带来的国民收入净增值与项目的经济总投资额之比。它是衡量项目单位投资所能获取的国民收入净增值的静态效益评价指标，多用于项目的初选阶段。计算公式为：

投资净增值率 = 国民收入净增值 ÷ 项目的经济总投资额

投资净增值率也可按全部投资和国内投资分别计算：在以全部投资作为计算基础时，其净增值部分为项目的直接收益和间接收益之和减去项目的物料投放（直接和间接部分）及折旧。

在以国内投资作为计算基础时，其增值部分为项目的直接收益和间接收益之和减去项目的物料投入、项目流到国外的资金（主要有外籍人员工资、国外借款本息、支付给外国投资者的利润、股息、技术转让费、保险费等）及折旧费。一般而言，计算出的投资净增值率应高于国家规定的有关标准，且越大越好。

（五）投资净收益率

投资净收益率（TVR），又称投资利税率，是指项目达到正常生产年份所获得的社会净收益（包括利润与税金）与项目的经济总投资额之比。它也是进行项目评价和初选排队时常用的静态指标。计算公式为：

$$TVR = SS \div EI \times 100\%$$

式中　SS——项目正常年份的净收益；

　　　EI——项目的经济总投资。

年净收益 = 年产品销售收入 + 年外部效益 – 年经营成本 –
年折旧 – 年技术转让费 – 年外部费用

投资净收益率也可按全部投资和国内投资分别计算。其中，净收益的数值应分别等于国民收入净增值减去项目支付给职工的工资及福利费。

二、国民经济外汇效果评估

对于涉及产品出口创汇及替代进口节汇的投资项目，还需进行外汇效果的分析，主要是通过经济外汇净现值、经济换汇成本、经济节汇成本三个指标来反映。

（一）经济外汇净现值

经济外汇净现值是指生产出口产品项目的外汇流入和外汇流出的差额，采用影子价格和影子工资计算，按规定的折现率（国外贷款平均利率或社会折现率）折算到基年的现值之和。它可用来分析评价拟建项目实施后对国家的外汇净贡献程度，也可用来分析评价项目实施后对国家外汇收支的影响。一般该指标可以通过经济外汇流量表直接求得。计算公式为：

$$ENPV_F = \sum_{t=1}^{n} (F_1 - F_0)_t \times (1 + i_s)^{-t}$$

式中　$ENPV_F$——项目的经济外汇净现值（在整个寿命期内）；

F_1——生产出口产品的外汇流入（包括外汇贷款、出口产品的收入、替代进口的价值）；

F_0——生产出口产品的外汇流出（包括以外汇形式支付的原材料、设备、外籍人员工资、技术转让费、外汇借款本息等）；

$(F_1 - F_0)_t$——第 t 年的净外汇流量；

i_s——社会折现率；

n——计算期。

一般情况下，要求经济外汇净现值指标大于或等于零。

（二）经济换汇成本

经济换汇成本也称换汇率。它是分析评价项目实施后生产的出口产品在国际上的竞争能力和判断产品能否出口的一项重要指标。它主要适用于生产出口产品的投资项目。

经济换汇成本是指用影子价格、影子工资调整计算，用社会折现率计算的项目为生产出口产品而投入的国内资源现值与出口产品的经济外汇净现值之比。它表示换回 1 美元的外汇（现值）所需投入的人民币金额（现值）。计算公式为：

$$CF_E = \sum_{t=1}^{n} DR'_t (1 + i_s)^{-t} \div \sum_{t=1}^{n} (FI' - FO')_t (1 + i_s)^{-t}$$

式中　前面为人民币，后面为美元；

CF_E——经济换汇成本；

DR'_t——在第 t 年为生产出口产品投入的国内资源（包括国内投资、原材料投入和劳务工资、其他投入和贸易费用）；

FI'——生产出口产品的外汇流入（美元）；

FO'——生产出口产品的外汇流出（美元）。

（三）经济节汇成本

经济节汇成本主要用于评价生产替代进口产品的项目的外汇效果。它是节约 1 美元的外汇所投入的人民币金额。即它等于项目计算期内生产替代进口产品所需投入的国内资源现值与生产替代进口产品的经济外汇净现值（均需按影子价格等参数调整并用社会折现率折现）之比。计算公式为：

$$经济节汇成本 = \sum_{t=1}^{n} DR'_t (1 + i_s)^{-t} \div \sum_{t=1}^{n} (FI' - FO')_t (1 + i_s)^{-t} \leqslant 影子汇率$$

式中　DR'_t——项目在第 t 年为生产替代进口产品投入的国内资源（元）；

$\quad\quad FI'$——生产替代进口产品所节约的外汇（美元）；

$\quad\quad FO'$——生产替代进口产品的外汇流出（美元）。

经济换汇成本（元/美元）或经济节汇成本都应小于或等于影子汇率，此时才表明该拟建投资项目产品出口或替代进口是有利的，是可以考虑接受的。❶

本章小结 ▼

本章详细阐述了国民经济效益评估的基本概念，分析了国民经济效益评估与财务评估的异同点，讲解了影子价格的理论和计算方法，阐述了国民经济效益评估的主要内容和评估指标。

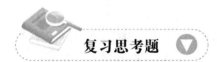

复习思考题 ▼

1. 什么是国民经济效益评估？
2. 国民经济效益评估与财务评估有何异同点？
3. 什么是影子价格？
4. 如何计算土地的影子价格？
5. 国民经济效益和费用的概念和特点是什么？

---

❶　张宇 . 项目评估实务［M］. 北京：中国金融出版社，2004：177 – 180.

第十一章 项目投资与融资评估

内容提要

项目投资与融资是项目建设的基础，投资估算作为项目制定融资方案，进行财务评价，以及编制初步设计概算的依据。建设投资是项目费用的主要部分。建设投资的构成可按照概算法分类或者形成资产法分类。本章阐述了概算法分类的投资构成和计算方法。项目融资是与企业融资有区别的融资活动，在资金来源评估中要特别重视资金来源的可靠性、合法性、持续性和匹配性。本章详细介绍了目前国内外采用的新型的融资方式。如：BOT方式、ABS方式、TOT方式和PFI方式等以及各种资金来源的融资成本的计算方法。

学习目标

学习本章内容要求掌握建设投资的估算方法，以及评估项目资金来源应当强调的问题。了解四种新型的项目融资方式的内涵、特点和优缺点。掌握项目融资成本的计算方法。

学习提示

学习本章最好能够对一个投资项目进行投资和融资情况的调查，以加深对本章理论和方法的理解。或者通过一个完成的项目可行性研究报告来结合实际学习。

第一节　项目投资估算与评估

一、项目总投资及其构成

投资估算是在对项目的建设规模、技术方案、设备方案、工程方案及项目实施进度等进行研究并基本确定的基础上，估算项目投入总资金（包括建设投资和流动资金），并测算建设期内分年资金需要量。投资估算作为项目制定融资方案，进行财务评价，以及编制初步设计概算的依据。

建设项目总投资是指建设项目从施工建设到项目报废为止所需的全部投资费用，即项目在整个计算期内投入的全部资金。它是由建设投资、流动资金和建设期利息三部分构成的。整个计算期是指投资项目从投资建设开始到最终清理结束整个过程，具体分为建设期和生产经营期。项目总投资的构成如图 11 – 1 所示。

图 11 – 1　项目总投资的构成

二、项目建设投资的构成

建设投资是项目费用的主要部分，是项目财务分析的基础数据。建设投资的构成可按照概算法分类或者形成资产法分类。按概算法分类，可分为工程费用、工程建设其他费用和预备费三部分。其中，工程费用又由建筑工程费、安装工程费、设备购置费等构成。工程建设其他费用根据不同行业、不同项目的特点具体确定。预备费包括基本预备费和涨价预备费。按形成资产法分类，可将建设投资分成形成固定资产的费用、形成无形资产的费用、形成其他资产的费用和预备费四个部分。项目建设投资的构成如图 11 – 2 所示。

三、建设投资估算的步骤与方法

（一）估算步骤

建设投资估算的步骤为：

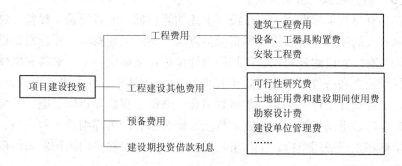

图 11－2 项目建设投资构成

（1）分别估算各单项工程所需的建筑工程费、设备及工器具购置费、设备安装费。

（2）在汇总各单项工程费用的基础上，估算工程建设其他费用和基本预备费。

（3）估算涨价预备费和建设期利息。

（4）加总求得建设投资总额。

（二）估算方法

1. 建筑工程费估算

建筑工程费是指为建造永久性建筑物和构筑物所需要的费用。建筑工程费的估算方法有单位建筑工程投资估算法、单位实物工程量投资估算法和概算指标投资估算法。前两种方法比较简单，后一种方法要以较为详细的工程资料为基础，工作量较大。实际工作中可根据具体条件和要求选用。

（1）单位建筑工程投资估算法。

单位建筑工程投资估算法是以单位建筑工程量投资乘以建筑工程总量来估算建筑工程费的方法。一般工业与民用建筑以单位建筑面积（平方米）投资，工业窑炉砌筑以单位容积（立方米）投资，水库以水坝单位长度（米）投资，铁路路基以单位长度（公里）投资，矿山掘进以单位长度（米）投资，乘以相应的建筑工程总量计算建筑工程费。

（2）单位实物工程量投资估算法。

单位实物工程量投资估算法是以单位实物工程量投资乘以实物工程量总量来估算建筑工程费的方法。土石方工程按每立方米投资，矿井巷道工程按每延长米投资，路面铺设工程按每平方米投资，乘以相应的实物工程量总量计算建筑工程费。

（3）概算指标投资估算法。

在估算建筑工程费时，对于没有上述估算指标，或者建筑工程费占建设投资比例较大的项目，可采用概算指标估算法。建筑工程概算指标通常是以整个建筑物为对象，以建筑面积、体积等为计量单位来确定劳动、材料和机械台班的消耗量标准和造价指标。建筑工程概算指标分别有一般土建工程概算指标、给排水工程概算指标、采暖工程概算指标、通讯工程概算指标、电气照明工程概算指标等。采用概算指标投资估算法，需要占有较为详细的工程资料、建筑材料价格和工程费用指标，工作量较大。具体方法参照专门机构发布的概算编制办法。

在按照上述方法估算后，还要编制建筑工程费用估算表，如表 11 - 1 所示。

表 11 - 1　建筑工程费用估算表

序号	建筑物、构筑物名称	单位	工程量	单价（元）	费用合计（万元）

2. 设备及工器具购置费估算

设备及工器具购置费是指建设项目设计范围内的需要安装及不需要安装的设备、仪器、仪表等及其必要的备品备件购置费；为保证投产初期正常生产所需的仪器仪表、工卡具模具、器具及生产家具等购置费。

（1）设备、工器具费用构成。

设备、工器具费用是由设备购置费用和工器具、生产家具购置费用组成，它是固定资产投资中的主要部分。在生产性工程项目建设中，设备、工器具费用与资本的有机构成相联系。设备、工器具费用占工程造价比重的增大，意味着生产技术的进步和资本有机构成的提高。

设备购置费是指为工程建设项目购置或自制的达到固定资产标准的设备、工具、器具的费用。确定固定资产标准的设备是：使用年限在一年以上，单位价值在 2000 元以上的新建项目和扩建项目的新建车间购置或自制的全部设备，均计入设备购置费中。按下式计算：

设备购置费 = 设备原价（或进口设备到岸价）+ 设备运杂费

上式中，设备原价是指国产标准设备、国产非标准设备、引进设备的原价。设备运杂费系指设备原价中未包括的设备包装和包装材料费、运输费、装卸、采购费及仓库保管费和设备供销部门手续费等。如果设备是由设备成套公司供应的，成套公司的服务费也应计入等设备运杂费之中。

工器具及生产家具购置费是指新建项目或扩建项目初步设计规定，保证生产初期正常生产所必须购置的、没有达到固定资产标准的设备、仪器、工卡模具、器具、生产家具和备品备件等的购置费用，一般是以设备购置费为计算基数，按照行业（部门）规定的工器具及生产家具定额费率计算。其计算公式为：

工器具及生产家具购置费 = 设备购置费 × 工器具及生产家具定额费率

（2）设备原价的构成与计算。包括国产标准设备和非标准设备两类。

① 国产标准设备原价。国产标准设备是指按照主管部门颁布的标准图纸和技术要求，由我国设备生产厂批量生产的，符合国家质量检验标准的设备。国产标准设备原价一般指的是设备制造厂的交货价，即出厂价。如设备由设备成套公司供应，则以订货合同价为设备原价，一般按带有备件的出厂价计算。它一般根据生产厂或供应商的询价、报价、合同价确定，或采用一定方法计算确定。

② 国产非标准设备原价。非标准设备是指国家尚无定型标准，各设备生产厂不可能在工艺过程中采用批量生产，只能按一次订货，并根据具体的设计图纸制造的设备。非标准设备原价有多种不同的计算方法，如成本计算估价法、系列设备插入估价法、分部组合估价法、定额估价法等。但无论哪种方法都应该使非标准设备计价接近实际出厂价，并且计算方法要简便。

通用非标准设备价格的组成：

a. 直接材料：包括设备制造所消耗的主、辅材料、外购件；

b. 燃料和动力：指直接用于设备制造的外购和自制的燃料和动力费；

c. 直接人工：指设备制造所直接消耗人工的工资及福利费；

d. 制造费用：包括生产单位（如生产车间）管理人员工资和福利费、折旧、办公费、水电费、机物料消耗、劳动保护费、专用模具和专用工具费等；

e. 期间费用分摊：包括管理费用、财务费和销售费等；

f. 利润和税金；

g. 非标准设备设计费。

通用非标准设备价格估算方法采用定额估价法。以主要材料费为基础，根据其与成本费用关系的定额指标估算出相应成本，另外考虑一定的利润、税金和设计费，求得该设备的价格。

（3）进口设备价格估算。按照进口设备的交货方式和交货价。可分为内陆交货类、目的地交货类、装运港交货类三种。

① 内陆交货类即卖方在出口国内陆的某个指定地点交货。在交货地点，卖方及时提交合同规定的货物和有关凭证，并负担交货前的一切费用并承担风险；买方按时接受货物，交付货款，负担接货后的一切费用并承担风险，并自行办理出口手续和装运出口。货物的所有权也在交货后由卖方转入买方。这适用于任何运输方式。主要有工厂交货价（EWX）和货交承运人价（FCA）两种交货价。

② 目的地交货类即卖方要在进口国的港口或内地交货，有目的港船上交货价（DAT）、目的港码头交货价（DAP）（关税已付）和完税后交货价（DDP）（进口国的指定地点）等几种交货价。它们的特点是：买卖双方承担的责任、费用和风险是以目的地约定交货点为分界线，只有当卖方在交货点将货物置于买方控制下才算交货，才能向买方收取货款。这类交货价对卖方来说承担的风险较大，在国际贸易中卖方一般不愿采用这类交货方式。

③ 装运港交货类即卖方在出口国装运港完成交货任务。主要有装运港船上交货价（FOB）亦称离岸价；运费在内价（CFR）装运港船边交货价（FAS）和运费、保险费在内价（CIP）等几种价格。它们的特点主要是：卖方按照约定的时间在装运港交货，只要卖方把合同规定的货物装船后提供货运单据便完成交货任务，可凭单据收回货款。这适用于海运或内陆水运。

④ 装运港船上交货价（FOB）是我国进口设备采用最多的一种货价。采用船上交货价时卖方的责任是：在规定的限期内，负责在合同规定的装运港口将货物装上买方指定的船只，并及时通知买方；负责货物装船前的一切费用和风险；负责办理出口手续提供出口国政府或有关方面签发的证件；负责提供有关装运单据。买方的责任是：负责租船或订舱，支付运费，并将船期、船名通知卖方；负担货物装船后的一切费用和风险；负责办理保险及支付保险费，办理在目的港的进口和收货手续；接受卖方提供的有关装运单据，并按合同规定支付货款。

3. 设备安装工程费估算

（1）设备安装工程费用的构成。设备安装工程费用是指业主支付给从事设备安装单位的全部生产费用。设备安装工程费用的内容包括：生产、动力、起重、运输、传动等各种需要安装的机械设备的装配费用和与设备相连的工作台、梯子、栏杆等装设工程以及附设于被安装设备的管线敷设工程和被安装设备的绝缘、防腐、保温、油漆等工作的材料费和安装费；为测定安装工作质量，对单个设备进行单机试运转和对系统设备进行联动无负荷试运转工作的调试费。

（2）设备安装工程费用的计算。具体如表 11 - 2 所示。

表 11 - 2　设备安装工程费用的构成与计算表

费用项目			参考计算方法
（一）直接费	直接工程费	人工费 材料费 机械使用费	人工费 = ∑（工日消耗量×日工资单价） 材料费 = ∑（材料消耗量×材料基价）+ 检验试验费 机械使用费 = ∑（机械台班消耗量×机械台班单价）
	措施费		按规定标准计算
（二）间接费	规费 企业管理费		① 以人工费（含措施费中的人工费）为计算基础： 间接费 = 人工费合计×间接费费率（%） ② 以人工费和机械费合计（含措施费中的人工费和机械费）为计算基础： 间接费 = 人工费和机械费合计×间接费费率（%）
（三）利润			① 以人工费为计算基础： 利润 = 人工费合计×相应利润率（%） ② 以人工费与机械费合计（含措施费中的人工费和机械费）为计算基础： 利润 = 人工费和机械费合计×相应利润率（%）
（四）税金			

4. 工程建设其他费用的估算

（1）工程建设其他费用的构成。工程建设其他费用按其内容大体可分为三类：第一类是建设用地费用；第二类是与项目建设有关的费用；第三类是与项目运营有关的费用。如图 11 - 3 所示。

（2）工程建设其他费用计算。工程建设其他费用估算时主要根据计算的依据和按照工程建筑费的一定比例计算。如某项目建筑费用为 500 万元，工程建设其他费用约占建筑费用的 10%，则：工程建设其他费用 = 500 × 10% = 50 万元。

5. 预备费的估算

预备费又称不可预见费，是指在可行性研究中难以预料的投资支出，包括基本预备费和涨价预备费具体如表 11 - 3 所示。

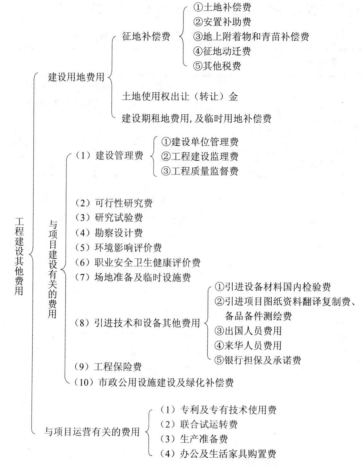

图 11 - 3 工程建设其他费用的构成

表 11 - 3 预备费估算表

基本预备费	含义	由于建设期发生一般自然灾害而带来的工程损失或为防范自然灾害而采取措施而追加的投资，又称工程建设不可预见费
	估算公式	基本预备费 =（建筑工程费 + 设备及工器具购置费 + 安装工程费 + 工程建设其他费用）× 基本预备费率
涨价预备费	含义	指为应付建设期内可能发生的通货膨胀而预留的投资，又称价格上涨不可预见费
	估算	根据工程费用和建设期预计通货膨胀率来估算

例：经估算，某项目建筑工程费为 300 万元，设备购置费为 2000 万元，安装工程费为 700 万元，工程建设其他费用估计为为工程费用的 10% 。取基本预备费费率为 10% ，该项目投资估算中的基本预备费为多少？

解答：基本预备费 =（建筑工程费 + 设备及工器具购置费 + 安装工程费 +
工程建设其他费用）× 基本预备费率

$$= [(300 + 2000 + 700) \times (1 + 10\%)] \times 10\% = 330（万元）$$

6. 建设期利息估算

（1）建设期利息计算原则。

① 项目在建设期内按期支付利息，单利计息；在建设期内不支付利息，复利计息。

② 借款额在建设期各年年初发生的项目，全年计息。

③ 借款额在建设期各年年内按月、按季均衡发生的项目，为简化计算，通常假设借款发生当年均在年中使用，按半年计息，其后年份按全年计息。

④ 依据借款是在建设期各年年初发生还是各年年内均衡发生，建设期利息估算采用不同的计算公式。

（2）建设期利息计算方法。

① 借款额在建设期各年年初发生时建设期利息的估算。计算公式如下：

$$Q = \sum_{t=1}^{n} [(P_{t-1} + A_t) \times i]$$

式中　Q——建设期利息；

P_{t-1}——按单利计息，为建设期第 $t-1$ 年末借款累计；按复利计息，为建设期第 $t-1$ 年末借款本息累计；

A_t——建设期第 t 年借款额；

i——借款年利率；

t——年份。

② 借款额在建设期各年年内均衡发生时建设期利息的估算。计算公式如下：

$$Q = \sum_{t=1}^{n} \left[\left(P_{t-1} + \frac{A_t}{2} \right) \times i \right]$$

在投资项目决策分析与评价阶段，一般采用借款额在各年年内均衡发生的方法计算。根据项目实际情况，也可采用借款额在各年年初发生的公式估算建设期利息。对有多种借款资金来源，每笔借款的年利率各不相同的项目，既可分别计算每笔借款的利息，也可先计算出各笔借款加权平均的年利率，并以加权平均利率计算全部借款的利息。

四、流动资金的估算

流动资金又称"营运资金"或"周转资金"。伴随固定资产投资而发生的流动资金是投资项目前期工作中总投资估算的重要组成部分。任何项目要想在建设完工后顺利投入生产，都必须具有足够项目正常运行所必需的流动资金。然而正因为流动资金是在生产期投入，在建设期就往往被忽视或者为了控制总投资规模而被调整。现实中大量的例子表明，没有足够的流动资金会严重影响项目的正常运行，甚至使企业生产陷入瘫痪。如果因为流动资金不到位而导致项目失败，企业投资的固定资产将白白搁置无法发挥作用，企业的战略发展计划将遭受重大挫折。因此，在投资项目前期工作中重视流动资金的合理估算和积极筹措是十分重要的。

（一）投资项目流动资金的构成

投资项目前期工作中，一般采用简化方法估算流动资金。这里流动资金是流动资产与流动负债的差值，流动资产包括存货、现金和应收账款，流动负债只考虑应付账款。

存货主要包括为保证正常生产需要而用于储备原材料、燃料、备品、备件等的储备资金、正常生产条件下处于生产过程中的生产品占用的生产资金，和产成品入库后至销售前这段时间中产成品占用的成品资金。现金是指企业生产运营活动中停留于货币形态的那部分资金，包括企业库存现金和银行存款。应收账款一般只计算应收销售款。应付账款主要指赊购原材料、燃料而应付的账款。

（二）投资项目流动资金的估算方法

按项目具体情况，项目建议书阶段一般采用扩大指标方法，参照同类项目流动资金占销售收入、经营成本或固定资产投资的比率，或参照同类项目单位产量占用流动资金的数额估算流动资金。预可行性研究和可行性研究阶段一般采用分项详细估算法，即分别按项目占用的存货、现金、应收账款和应付账款估算非定额流动资金。估算公式如下：

周转次数 = 360 天/最低需要天数

应收账款 = 年销售收入/周转次数

各项外购原材料、燃料 = 各项年外购原材料 + 燃料费用/周转次数

在产品 = (年生产成本 − 年折旧费)/周转次数

产成品 = 年经营成本/周转次数

　　现金＝（年工资和福利费＋年其他费用）/周转次数

　　年其他费用＝年制造费用＋年管理费用＋年财务费用＋

　　　　　　　　年销售费用－以上四项费用中（年工资和福利费＋

　　　　　　　　年折旧费＋年维简费＋年修理费＋年利息支出）

　　应付账款＝（年外购原材料、燃料费用＋年外购动力费用）/周转次数

　　需要说明的是，流动资金估算中涉及的原材料、燃料及动力费用时均应包括增值税进项税额，涉及销售收入时应包括销项税额。利用不含税价进行财务分析时，应先按计税价格进行调整，然后再估算流动资金。

　　应收账款的一般计算公式是年经营成本除以应收账款最低周转次数，也有主张用年销售收入除以应收账款最低周转次数。理由是用年经营成本做分母时估算的流动资金偏低，不足以满足项目未来的实际需要。

　　流动资金估算中各分项的最低需要天数，应根据同类企业的平均周转天数并结合项目特点而定。最低需要天数应包括：在途天数、平均供应间隔天数乘以供应间隔系数、验收天数、整理准备天数和保险天数。在同一项目中，一般应收账款的最低需要天数应大于应付账款的最低需要天数。

五、项目投资估算的评估

（一）建设投资估算的评估

对于项目建设投资估算的评估重点是分析下列问题：

（1）分析与评估项目建设投资的估算依据和方法是否符合国家和地区有关规定的要求，各具体费用项目的估算方法是否规范。

（2）分析与评估投资估算的内容是否完整，工程内容和费用构成是否齐全，是否出现扩大计算范围或提高计算标准的现象。

（3）分析与评估投资估算中是否充分考虑了物价水平的变动因素，涨价预备费的估算是否正确，物价指数选择是否合适。

（4）分析与评估建设期投资借款利息计算中借款和分年用款是否符合项目资金使用计划，采用的利率是否符合借款条件。利息额估算是否准确，计算期是否与项目建设其一致。

（5）分析与评估项目建设投资构成、资产划分与计算是否合理、恰当。

（二）流动资金估算的评估

对于项目流动资金估算的评估内容主要是下列三个方面。

（1）评估新建项目投资总额中是否安排了流动资金，流动资金的来源是否落实，估算数量是否符合项目生产经营的特点，其计算方法是否正确。

（2）分析与评估估算的流动资金总额是否满足项目的生产要求，审核作为未来企业需要的流动资金占用额与周转期是否符合生产要求。

（3）分析与评估流动资金估算的方法是否符合项目特点和有关规定，应根据估算时所掌握的资料评估项目流动资金估算是否符合项目实际情况。

第二节　项目融资评估

一、项目融资来源和融资方式的评估

（一）项目资金的来源

项目融资并非传统意义上的为工程项目开发和建设筹措资金，具体的讲，项目融资是一种对投资者只有期待通过工程项目本身的开发、建设和运营，以项目产生的现金流量作为还款资金来源，并将项目资产作为抵押担保物的融资方式。

项目资金来源通常有下列几种方式。

（1）政府资金。包括财政预算内及预算外资金。政府的资金可能是无偿的，也可能是作为项目资本金投资，或者以借款形式出现。

（2）国内外银行等金融机构的贷款。包括国家政策性银行、国内外商业银行、区域性及全球性国际金融机构的贷款。

（3）国内外证券。可以通过发行股票及债券的方式进行。

（4）国内外非银行金融机构的资金。包括信托投资公司、投资基金公司、风险投资公司、保险公司、租赁公司的资金。

（5）外国政府的资金。包括以贷款方式或者以赠款方式提供的资金。

（6）国内外企业、团体、个人的资金。

（7）项目法人自有资金。

以上资金来源，可以分为直接融资和间接融资两种方式。直接融资方式是指投资者对于拟建项目的直接投资，以及项目法人通过发行股票、债券等筹集的资金。间接融资是指从银行或非银行金融机构借入的资金。

对于项目资金来源，无论是通过直接融资得到，还是通过间接融资得到，都要进行评估，评估的主要内容有以下几个方面：

（1）资金来源的可靠性评估。资金来源的可靠性评估是指要对资金各种来源的数量及渠道的可靠程度进行评估。它可以从不同来源的资金的不同使用条件和优惠政策的角度进行评估。并且依据资金供求双方所达成的或签订的书面协议、承诺书或其他文件来判断资金来源的可靠程度。

（2）资金来源渠道的合法性评估。资金来源渠道合法性是指各种资金的来源及渠道必须符合国家的有关政策规定。其资金使用也必须合理、合法，有利于提高投资效益，避免投资风险。

（3）融资数量的保证性评估。每个项目的投资都可以有多种资金来源，这就要求逐项落实融资数量，以保证项目总投资不留缺口和全部资金的需求，以及顺利按照预期目标实施项目并降低投资成本。

（4）外资附加条件的可接受性评估。对利用外资的项目，要特别注意在筹资过程中，外方提出的附加条件是否符合我国的产业政策和投资政策，对于接受外资的项目的整体效益有何不利影响。

（5）项目所需资金的持续保证性与匹配性评估。对于建设周期比较长的建设项目，要求评估其所用的总投资和分年投资是否可持续性的供给，应力求使融资数量、时间与项目的预期进展和计划相匹配，以保证项目的顺利进行。

（二）项目融资方式的评估

项目使用不同来源的资金，往往要求有不同的融资方式。传统的融资方式是股权融资方式和债权融资方式。新型的融资方式则有 BOT 方式、ABS 方式、TOT 方式和 PFI 方式。

1. 股权融资方式

股权融资方式就是通过投资人入股的方式形成项目公司的股本金，这种股本金属于企业的自有资金，企业可以利用这样筹集的自有资金进行项目建设和运营。入股的企业、单位、个人成为股东，享有普通股东的所有权益，同时承担投资风险。

股权融资可以通过组建项目公司的方式直接吸收股东投资，或者政府投资、发行股票及可转换债券等方式筹集，也可以通过扩大原有股权数量或者吸收新股东的方式筹集。股权融资对于企业来说是无风险的资金，但也是融资成本较高的融资方式。

2. 债权融资方式

债权融资方式就是通过借债获得项目公司可以使用的建设资金。借入资金的方式有商业银行贷款、政策性银行贷款、外国政府贷款、国际金融组织贷款、出口信贷、银团贷款、企业债券、国际债券、融资租赁等方式获得。

债权融资对于借贷双方来说，都具有一定的融资风险。因此，贷款方往往需要对于借款企业进行全面的评估，特别是对于投资项目要求进行可行性研究和风险评估，在借款企业使用贷款过程中还要进行监督和审查。而借款企业承担按协议归还贷款的责任，特别在贷款方要求借款抵押或担保的条件下，归还借款的压力可能给借款企业带来财务风险。

3. BOT 方式

项目所在国政府或其所属机构为项目的建设和经营提供一种特许权协议（Concession Agreement）作为项目融资的基础，由本国公司或者外国公司作为项目的投资者和经营者安排融资，承担风险，开发建设项目并在特许权协议期间经营项目获取商业利润。特许期满后，根据协议将该项目转让给相应的政府机构。简单地说，BOT 就是项目发起人出钱建设工程，等工程建好后，利用运营期间收益来弥补最初的出资和获取收益，然后根据协议把项目移交给政府。

通常所说的 BOT 主要包括以下三种基本形式：

（1）标准 BOT（Build-Operate-Transfer），即建设—经营—移交。

（2）BOOT（Build-Own-Operate-Transfer），即建设—拥有—经营—移交。BOOT 的特许期要比 BOT 的长一些。

（3）BOO（Build-Own-Operate），即建设—拥有—经营。最终不将该基础设施移交给项目所在国政府。

4. ABS 方式

ABS（Asset-Backed Securitization）是指以资产支持的证券化。ABS 融资方式的运作过程。主要包括以下几个方面：

（1）组建 SPC（特别用途公司）。

（2）SPC 与项目结合。

（3）进行信用评级。

（4）SPC 发行债券。

（5）SPC 偿债。

投资项目所依附的资产只要在未来一定时期内能带来现金收入，就可以进行 ABS 融资。SPC 进行 ABS 方式融资时，其融资风险仅与项目资产未来现金收入有关，而与建设项目的原始权益人本身的风险无关。由于项目原始收益人已将项目资产的未来现金收入权利让渡给 SPC，因此，SPC 就能利用项目资产的现金流入量，清偿其在国际高等级投资证券市场上所发行债券的本息。

BOT 与 ABS 的区别在于：

（1）运作繁简程度与融资成本的差异。BOT 方式的操作复杂，难度大。ABS 融资方式的运作则相对简单，实现了操作的简单化，又降低了融资成本。

（2）项目所有权、运营权的差异。BOT 项目的所有权、运营权在特许期内属于项目公司。因此，通过外资 BOT 进行基础设施项目融资可以带来国外先进的技术和管理，但会使外商掌握项目控制权。ABS 方式中，可以使东道国保持对项目运营的控制，但却不能得到国外先进的技术和管理经验。

（3）投资风险的差异。BOT 项目投资人一般都为企业或金融机构，其投资是不能随便放弃和转让的，每一个投资者承担的风险相对较大。而 ABS 项目的投资者是国际资本市场上的债券购买者，数量众多，这就极大地分散了投资风险，同时，这种债券可在二级市场流通，并经过信用增级降低了投资风险，这对投资者有很强的吸引力。

（4）适用范围的差异。某些关系国计民生的要害部门是不能采用 BOT 方式的。在基础设施领域，ABS 方式的使用范围要比 BOT 方式广泛。

5. TOT 方式

TOT（Transfer-Operate-Transfer）是一种在两个项目间转移的融资方式。

即（政府）移交（交出）—（外商）经营—（外商）移交（交回）。TOT 的运作程序相对比较简单，一般包括以下步骤：

（1）东道国项目发起人设立 SPC。

（2）SPC 与外商洽谈以达成移交投产运行项目在未来一定期限内全部或部分经营权的协议，并取得资金。

（3）东道国利用获得资金来建设新项目。

（4）新项目投入运行。

（5）移交经营项目期满后，收回移交的项目。

TOT 方式的优点是有利于引进先进的管理方式，项目引资成功的可能性增加，使建设项目的建设和营运时间提前，融资对象更为广泛并具有很强的可操作性。

6. PFI 方式

PFI（Private Finance Initiative）是指由私营企业进行项目的建设与运营，从政府方或接受服务方收取费用以回收成本。一般可分为以下几种情况：

（1）私人建设公共物品，向政府或者公众收钱的项目。要在经济上自立，政府不向其提供财政的支持。

（2）向公共部门出售服务的项目。私营企业提供项目服务所产生的成本，完全或主要通过私营企业服务提供者向公共部门收费来补偿，这样的项目主要包括私人融资兴建的监狱、医院和交通线路等。

（3）合资经营的项目。公共部门与私营企业共同出资、分担成本和共享收益。但项目的控制权必须是由私营企业来掌握，公共部门只是一个合伙人的角色。

二、项目融资结构与融资成本的分析与评估

（一）融资结构的分析

在完成项目融资方案的设计后，应对各种可能的融资方案进行融资结构的

分析和选择，包括资产负债结构分析、权益投资结构分析和负债融资结构分析。

1. 资产负债结构分析

融资方案的资产负债结构分析，是对采用权益融资和负债融资的比例结构进行分析，研究确定合理的资产负债比例。公司融资情况下，要对企业当前的资产负债结构和在给定的融资方案下企业的资产负债结构进行分析，并要分析新的融资方案给企业资产负债结构带来的影响。在项目融资情况下，要对在给定的融资方式下项目公司的资产负债结构进行分析。对于在各种融资方式下权益资本应占项目总投资多大比例，应根据满足权益投资者获得理想投资回报的要求来决定。一般认为，在满足政府管理部门的规定及债务清偿要求的前提下，能够使权益投资的回报率最高的资本金比例就是最理想的资本金比例。在项目投资营利能力一定的情况下，只要项目投资的收益率高于贷款利率，由于财务杠杆的作用，资本金比例越低，权益投资的收益率就会越高，同时项目的投资风险也会更多地转由债权人承担，从而降低权益投资者承担的风险。权益投资者和债权人所分担的风险具有此消彼涨的关系。一般情况下，大多数项目都会存在一个能够满足债权人、权益投资者及政府投资管理部门要求的比较理想的资本金比例。

2. 权益投资结构分析

权益投资结构分析主要包含两项内容：一是对于权益投资中普通股与优先股等准股本投资比例结构的分析，二是对于各股东普通股控股比例结构的分析。只要项目公司或项目所依托的现有企业不是独资公司，就会出现多个股东并存的局面，就需要投资各方通过协商，确认各自缴付股本资金的数额、形式、时间等以及由此产生的各方所占的股权比例。对于融资方案中采用普通股和优先股两种类型股票的方式来筹集股本的项目，应说明每类股票权力和义务的具体约定及其比例，并分析准股本资金转变成债务资金时对项目可能造成的影响。

3. 负债融资结构分析

负债融资结构分析，要分析负债融资中各种负债融资方式的融资金额、比例结构和期限结构。长期、中期、短期等各种负债融资的期限要合理搭配，以使本息偿还负担合理分配，并且尽量降低融资成本。短期贷款的利率较长期贷款要低，但短期贷款需要在近期内偿还，使得近期的还本付息压力增大。在项目融资中，通常希望取得较多的长期贷款，以使项目在最初几年的还本付息压力降低，但长期贷款利率较高，增加了融资成本。因此有些实力较强、资信较好的公司更愿意使用较多的中短期贷款，而不使用高利率的长期贷款。在融资方案的分析中，要对各种不同负债融资方式的融资金额比例进行分析研究。

（二）融资成本分析

融资成本又称资金成本，包括资金筹集费和资金占用费两部分。资金筹集费是指在资金筹集过程中支付的各项费用，一般系一次性支出，如贷款的承诺费、手续费、管理费、代理费等。资金占用费是因使用资金而发生的经常性费用，如普通股和优先股股息、贷款及债券利息等。

融资成本是拟建项目必须获得的最低投资收益水平，以补偿投资者为取得和使用资金所付出的代价。投资者对于从各种不同渠道，使用不同筹资方式得到的资金，要进行综合资金成本的估算，在可能的条件下，尽量选择融资成本最低的融资结构。项目融资成本一般采用资金成本率这一相对数来表示。资金成本率就是使用资金所负担的费用与筹集资金净额之比。计算公式为：

资金成本率＝资金占用费／（筹集资金总额 − 资金筹集费）×100%

或：　资金成本率＝资金占用费／（筹集资金总额×（1 − 筹集费用率）×100%

1. 债务资金融资成本

银行贷款、发行债券融资和融资租赁等债务资金融资的主要资金成本是利息。在融资方案分析中，需要分析各种融资方式的付息条件，包括利率及其调整方式、计息和付息方式。还要比较各种融资方案的综合利率，测算各方案的债务资金成本。在利率比较中，一般是折算为年利率进行比较，对于不按年计息的债务，应当按复利方法折算为年利率。除利息之外，还应对债务资金融资可能支付各种附加费用进行分析，说明其计算办法及估算数额。各融资方案的债务资金综合融资成本比较，可采用两种方法：

（1）当资金筹集费较低时，以各方案的综合利率为基准，对综合融资成本进行比较。

（2）当资金筹集费较高时，可用现金流量折现算法计算综合利率。

债务资金融资成本的计算公式：

银行借款资金成本：$K_1 = I_1(1-T)/L(1-f_1) = R_1(1-T)(1-f_1)$

债券资金成本：$K_2 = I_2(1-T)/L(1-f_2) = R_2(1-T)(1-f_2)$

融资租赁成本：$K_3 = E/P \times (1-T)$

以上公式中　K_1，K_2，K_3——资金成本率；

$\qquad T$——所得税税率；

$\qquad I$——利息；

$\qquad E$——年租金额；

$\qquad L$——借款本金；

$\qquad P$——租赁资产价值；

R——年利率；

f——筹资费用率。

2. 权益资金融资成本

权益资金融资成本分析主要是计算分析资本金融资成本和企业利润留存的资金成本。从企业角度来看，资本金融资成本是由资本金筹集费和资本金占用费组成。其中，资本金占用费应按机会成本的原则计算，当机会成本难以计算时，可参照银行存款利率或投资者预期的最低收益率来计算。由于项目未来收益的不确定性，权益资金成本的计算一般采用资本资产定价模型计算。

权益资金成本计算公式为：

$$K = R_f + \beta(R_m - R_f)$$

式中　K——权益资金成本；

R_f——社会无风险投资收益率；

R_m——市场投资组合预期收益率；

β——项目的投资风险系数。

3. 综合资金成本

为了比较不同融资方案的资金成本，需要计算加权平均资金成本。加权平均资金成本是以各种方式筹集的资金占融资资金总额的比重为权数，对个别资金成本进行加权平均确定的。其计算公式是：

$$K_w = \sum_{j=1}^{n} K_j w_j$$

式中　K_w——综合平均资金成本；

K_j——第 j 种资金来源的资金成本率；

w_j——第 j 种资金来源占全部资金的比重。

三、项目融资风险的评估

一般来说，项目融资的风险因融资方式的不同而不同。权益资金属于项目长期占用的资金，不存在还本付息的偿债负担和风险，但要确保投资者的股本收益率达到预期目标。债务资金需要还本付息，并且因借款条件的不同而有不同的偿债压力。项目融资是对一个项目的权利、资源或其他资产加以利用的融资，这种融资不是以项目业主的信用或者项目有形资产的价值为担保，归还贷款的资金主要来自项目建成投入使用后的现金流量。项目融资跨度长、涉及面广，其潜在的风险也较大，识别和评估项目融资中存在的风险，并进行有效的融资风险管理是项目融资过程中最重要的环节。

项目融资风险主要有资金供应风险、利率风险和汇率风险。

（一）资金供应风险

资金供应风险是指项目融资方案的实施过程中，因为各种原因导致资金供应链中断，致使项目工期延长，造价提高，项目预期效益目标难以实现。经常出现的情况有：

（1）原定出资人改变主意，不愿或者部分不愿按计划出资。

（2）原承诺提供贷款的银行或其他金融组织不履行承诺或者部分不履行承诺。

（3）政府部门出资的政策发生变化，不能按计划出资。

（4）引进外资遇到政治、经济等方面的影响，不能按计划引资。

（5）发行股票、债券融资的计划未能实行。

为防范资金供应风险，应当对资金来源进行分析和评估，融资计划要留有余地。有风险准备。

（二）利率与汇率风险

利率风险是指由于利率上升，致使项目资金成本提高，影响项目营利目标的可能性，汇率风险是指由于汇率变动给项目造成损失的可能。防范利率与汇率风险主要是提高预见性，同时，采取不同的融资组合，尽量避免大量单纯使用一种资金来源。有条件的进出口企业还可以利用套期保值的办法规避汇率风险。

本章小结

本章主要对项目投资的结构和建设投资的估算方法进行了阐述。并且对于项目投资的评估重点进行了分析。本章详细介绍了目前国内外采用的新型的融资方式。如：BOT 方式、ABS 方式、TOT 方式和 PFI 方式等，以及各种资金来源的融资成本的计算方法。

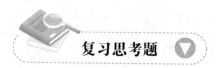

复习思考题

1. 项目建设投资是有哪几部分构成的？
2. 如何估算项目的预备费用？
3. 如何估算项目的流动资金？
4. 项目资金来源的评估内容是什么？

5. BOT 融资方式的特点是什么？

6. 什么是资金成本，如何计算综合资金成本？

7. 项目融资风险主要有哪些内容？

8. 如何评价一个企业的资金结构？

第十二章　项目不确定性分析

内容提要

本章概述了项目评估中不确定性的产生原因。阐述了不确定性分析的概念和作用。本章详细讲解了不确定性分析的三种主要方法，即盈亏平衡分析法、敏感性分析法和概率分析法。其中，盈亏平衡分析法往往用来确定项目生产规模，一般的项目可行性研究报告都要作出敏感性分析，本章举例说明了敏感性分析的方法。

学习目标

学习本章要求掌握不确定性的基本概念，不确定性因素的主要来源，以及分析项目不确定性的主要方法。其中，特别要掌握如何应用线性盈亏平衡法计算有关项目的产销量、收入、成本、价格等指标，了解敏感性分析的内容和概率分析的含义。

学习提示

学习本章要注意线性盈亏平衡分析和敏感性分析这两个重点，最好能够根据一个项目的可行性研究报告作出不确定性分析。

第一节 不确定性分析概述

由于客观条件发生变化，主观估计不够准确，再加上在项目评估中财务评估与国民经济效益评估所使用的数据都是预测出来的，必然形成拟建项目的实际情况与预测的结果存在一定的偏差。通常将在实际中发生变动的因素称为不确定性因素，相应地将对这种实际与预测的偏差所进行的分析称为不确定性分析。当两个相同的拟建项目预测经济效益指标相差不大时，就应该通过不确定性分析选择风险相对较小的项目。

一、不确定性分析概念

（一）不确定性因素

对拟建项目的评估结果、结论和指标造成影响，随着时间、地点、条件的改变而变化的政治、经济、国防、社会、资源、能源、技术等方面的因素称为不确定性因素。项目评估中的不确定性因素有主观因素也有客观因素，大体可归纳为以下几种。

1. 价格的变化

物价变动从多个方面影响项目，是最主要的、最基本的不确定性因素。其中，投入物价格上升会使项目建设成本上升、造价增大、投资额增加；项目投产后原材料、辅助材料、燃料动力和劳动力价格上升会使生产成本上升，从而减少营利；产出物价格上升则会增加销售收入，提高营利水平。这些变化都是无法准确预知的，会对项目效益产生影响。因为一般项目的经济寿命期均在15 年以内，在项目评估中反映这一时期内价格调整变化的趋势是完全必要的。

2. 生产能力利用率的变化

生产能力利用率的变化主要是生产能力达不到设计生产能力对项目经济效益产生的影响。项目达不到设计生产能力可能有两个方面的原因：既可能是市场预测依据不足，造成市场的需求量不足；也可能是在建设过程中存在一些别的问题。这些都会使项目的规模效益下降、营利减少甚至造成亏损。

3. 工艺技术方案更改

在项目执行或投产过程中，有时会出现一些新的要求，必须重新进行设计，此时会对企业的经济效益和经营成本发生影响，从而引起投资效益指标的变化。

4. 建设工期与资金的变化

建设工期延长会增加建设期利息，提高建设成本。建设资金或经营资金结构变动，如自有资金比重下降、债务资金比重上升等情况的变化，都会影响建设成本和经营成本，最终反映在投资效益的变化。

5. 汇率的波动

在与外汇有关的投资项目中，汇率是项目的投资费用、生产成本或收益波动的一个主要因素，对投资效益指标有重要影响，在评估中需要认真分析。

6. 国内外政策与法规的变化

国家的现行法律、法规制约或影响着项目的经济效益，包括税收制度、金融制度、财政制度等。另外，外国政府对华经济贸易政策的变化，也影响涉及进出口及外资项目的效益。

7. 其他不可预测的意外事件

如自然灾害、战争、突发事件的发生等都可能使投资项目的预期效益发生改变，甚至造成投资的重大损失。

（二）不确定性分析

拟建项目将来发生的情况与项目评估中假设和预测的结果是不完全一致的，这种不一致性就是项目的不确定性。进行项目评估时，计算和研究不确定性因素及其变化对拟建项目经济效益影响程度的分析方法，称不确定性分析。

二、项目不确定性产生的原因和存在形式

（一）不确定性产生的根源

（1）拟建项目是未来实施的投资计划，而未来事件的变化对其将产生难以预料的影响。如政治形势的变化引起的政策变化；社会经济环境变化引起物价的变动；技术进步引起工艺技术的变化；资源开发促进新产品、新材料的出现等。这些未来事件都将对项目的建设和生产经营产生各种影响，评估工作中难以准确、完整地加以预测，这些都是不确定性产生的客观根源。

（2）对拟建项目非物质的成本和效益的分析，要靠评估人员个人的主观判断，其结果必然因人而异，难以统一衡量确定，这是项目的自身原因。

（3）因信息不足，评估人员只能在有限数据的基础上进行推断，做大量假设的结果可能增加结论的臆断性，造成结论的片面性。

（二）不确定性的存在形式

（1）存在于项目内部。因为建设项目的内部结构和组织成分可能与预期的不同，如工程项目的主要特点是建设周期长、主体工程固定、易受时间影响等。

（2）存在于项目外部。项目的外部环境随着项目进程而产生变化，如工程项目建设过程中，恶劣的气候条件影响；项目投产后价格、产量的变化等。

（3）出现在项目评估工作中。由于数据和分析工作上的特点，不确定性也可能出现在项目评估工作中，如基本数据的误差、基础数据的不足、统计方法的局限性等。在评估中的指标大都是单值估计，这种估计所产生的结论易与实际情况不符。

三、项目不确定性分析的作用

不确定性分析具有如下四个方面的作用。

（1）明确不确定性因素对投资效益指标的影响范围，了解项目投资效益变动的大小。通过不确定性分析，可以确定各种因素及其作用力度的大小对投资效益指标影响的范围，从而了解项目总体效益变动的大小。

（2）确定项目评估结论的有效范围。在明确不确定性因素的变动对投资效益指标的影响以后，就可以确定按典型情况测定的项目评估结论的有效范围，以便项目决策者和执行人员充分了解不确定性因素变动的作用界限，尽量避免不利因素的出现。

（3）提高项目评估结论的可靠性。经过不确定性分析，依据不确定性因素变动对项目投资效益影响的大小，可以进一步调整项目的评估结论，提高评估结论的可靠性。

（4）寻找在项目效益指标达到临界点时，变量因素允许变化的极限值。由于不确定性因素的影响，导致项目经济效益指标在某一范围内变动，当这些效益指标的变动达到使项目发生从可行到不可行的本质变化时，称此效益指标达到了临界点。与这一临界点相应的不确定性因素的变化值就是这一变量因素允许变化的极限值。寻找这一极限值，有利于投资者在项目执行和经营过程中，尽量把握这种因素的变动幅度。

四、不确定性分析的方法

不确定性在理论上具有两种可能性。一种是项目运行结果好于预期，一种是项目运行结果比预期坏，甚至项目失败，造成投资人的损失。通常把坏于预期的结果称为风险。所以，不确定性分析是风险分析的基础。当通过不确定性分析确认了坏的结果，就可以具体衡量风险的大小，制定相应的风险对策。

不确定性分析方法很多，主要有：直觉判断法、保守估计法、乐观悲观法、敏感性分析法、盈亏平衡分析法、风险测算法、竞赛理论等。随着计算机的出现及其软件技术进一步开发，概率分析、决策树分析、蒙特卡罗分析、计算机模拟以及其他经验方法也发展起来了。目前，在项目评估中根据分析的内容和侧重方面不同，主要应用盈亏平衡分析、敏感性分析、概率分析和决策树分析四种方法。

第二节　盈亏平衡分析

一、盈亏平衡分析的基本概念

盈亏平衡分析就是分析研究投资项目成本与收益之间平衡关系的方法。又称之为保本点分析、收支平衡分析、损益临界分析等。盈亏平衡分析是通过寻找项目的盈亏平衡点来确定项目承担风险的能力。

所谓盈亏平衡点是指某一参数值（在坐标图中为一点），经常选用的项目参数有正常生产年份的产量（销售量）、生产能力利用率、销售收入、销售价格、销售税金、可变成本、固定成本等。它表明项目参数达到这一点时，可使项目不营利也不亏损，恰好处于收支平衡状态，因而也叫盈亏保本点。不同参数表示的盈亏平衡点具有不同的经济含义，盈亏平衡点越低，企业经营越安全，经受不确定性因素恶劣冲击的能力越强。

盈亏平衡分析可根据变量间的关系分为线性与非线性盈亏平衡分析。

二、线性盈亏平衡分析

若项目的总销售收入和总成本均是产量的线性函数，那么所进行的平衡点分析称为线性盈亏平衡分析。为了进行线性盈亏平衡分析，必须进行如下假设：

（1）生产成本与生产量或销售量呈线性关系；

（2）生产量等于销售量；

（3）固定成本总是保持不变；

（4）变动成本与产量的变化呈正比例关系；

（5）在项目计算期内各种产品的销售单价都保持不变；

（6）销售收入与产品销售量或销售单价呈线性关系；

（7）各种数据取正常生产年份的数据。

线性盈亏平衡分析分为数学求解法和图解法两种。

（一）数学求解法

数学求解法是将盈亏各因素之间的关系用数学模型表示，然后据此模型确定盈亏平衡点的一种分析方法。

在数学求解法分析中假设：

S 为年销售收入；

C 为年总成本；

P 为产品单价；

F 为年总固定成本；

Q 为年产量；

V 为单位产品变动成本；

T 为单位产品销售税金；

R 为生产能力利用率；

BEP 表示盈亏平衡点。

（1）以实际产量表示的盈亏平衡点：

因：$S = P \times Q$

$C = F + V \times Q$

则以实际产量表示的盈亏平衡点公式为：

$$BEP_Q = F \div (P - V)$$

上式的实际经济意义是：

当年生产量为年总固定成本除以产品销售单价与单位产品变动成本之差时，项目的收入与支出相等，整个项目不盈不亏，即表明项目不发生亏损时所必须达到的最低限度的产品产销量。因此，盈亏平衡点是一个临界状态，临界点越低，说明项目的风险越小。

（2）以生产能力利用率表示的盈亏平衡点：

$$BEP_R = BEP_Q \div Q \times 100\%$$
$$= F \div (P - V) \div Q \times 100\%$$

式中　BEP_R——生产能力利用率。

上式的实际经济意义是：

计算结果表示项目不发生亏损（或获得营利）所必须达到的最低限度的生产能力。BEP_R 较小就意味着该项目可以经受较大的风险；BEP_R 大，则说明实际生产能力距设计生产能力十分接近才能保本，它不允许生产能力有些微的下降，说明项目经受风险的能力较弱。

（3）以年销售收入表示的盈亏平衡点：

$$BEP_S = P \times BEP_Q$$
$$= P \times F \div (P - V)$$

式中　BEP_S——保本点销售收入。

上式的实际经济意义是：

计算结果表示项目不发生亏损（或获得营利）所必须达到的最低限度的销售收入。BEP_S 值越小，愈能经受较大的风险；反之，BEP_S 值愈大，说明拟建项目抗风险能力越低。

（4）以销售单价表示的盈亏平衡点：

因为：$P \times Q = V \times Q + F$

所以：$P = V + F \div Q$

则以销售单价表示的盈亏平衡点公式为：

$$BEP_P = V + F \div Q$$

上式的实际意义是：

项目不发生亏损（或获得营利）所必须达到的最低限度的销售单价。即当销售单价与产品单位成本相同时盈亏平衡，较小的产品单位成本可以使产品单价经受较大的波动。

在项目评估的实际工作中，若考虑销售税金的因素，则销售税金可视为变动成本，这时各种盈亏平衡点的公式变化为：

$$BEP_Q = F \div (P - T - V)$$

$$BEP_R = F \div \left[(P - T - V) \times Q \right] \times 100\%$$

$$BEP_S = P \times F \div (P - T - V)$$

$$BEP_P = F \div Q + V + T$$

（二）图解法

把盈亏各因素之间的关系用直角坐标图来反映的方法叫盈亏图解法，简称图解法。这种坐标图称为盈亏平衡图。盈亏平衡图由纵坐标、横坐标和几条直线或曲线组成。纵坐标代表销售收入或生产成本，横坐标代表产销量。直线或曲线代表生产成本、销售收入等。

设：S 为销售收入

　　C 为生产总成本

则：$S = P \times Q$

　　$C = F + V \times Q$

将 C 和 S 分别描绘在直角坐标图上，因各为一次方程，其表现为两条直线，二者的交点即为盈亏平衡点，如图 12 – 1 所示。

盈亏平衡点将 S 线和 C 线所夹的范围分为盈与亏两个区。B 点的右面，销售收入高于总成本，形成营利区；B 点的左面，销售收入低于总成本，形成亏损区。当项目产量为 Q 时 $S = C$，收入与支出相等，项目不盈不亏。

从图 12 – 1 中可看出，盈亏平衡点的值越低，项目亏损区就越小，营利区

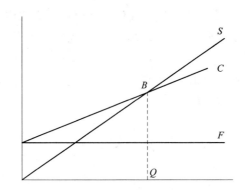

图 12 - 1 线性盈亏平衡图

注: F 为不随产量变化的固定成本线; S 为销售收入线;
C 为总成本线; S 线和 C 线的交点 B 为盈亏平衡点。

就越大, 所以项目盈亏平衡分析以获得较低的盈亏平衡点评价准则。盈亏平衡点低具有以下经济意义:

(1) 盈亏平衡点低, 说明项目承受风险的能力较强。

(2) 盈亏平衡点低, 说明项目生命力强, 市场竞争能力也强。

(3) 盈亏平衡点低, 说明项目生产成本低, 有较好的经济效益, 有较强的还款能力。

盈亏平衡点高具有的经济意义正好与上述内容相反。

三、盈亏平衡分析在项目评估中的作用

我国现行评估办法要求对项目财务效益分析的结论进行盈亏平衡分析, 以确定项目在不确定性因素影响下的实际财务效益水平。从项目评估的实际经验来看, 盈亏平衡分析至少有以下作用。

(1) 找出影响盈亏平衡点的敏感因素。借助盈亏平衡分析, 根据项目主要经济因素间的因果联系, 找出影响拟建项目最敏感的因素, 以便防范和降低风险。

(2) 确定最佳的生产规模 (设计规模)。确定项目的生产规模, 一个可以接受的基本条件就是营利。借助盈亏平衡分析, 找出项目的盈亏区间, 一个拟建项目的生产规模至少应处于项目盈亏平衡分析确定的营利区间, 而营利最大点处往往就是项目的最佳生产规模。

(3) 选出最优技术设计方案。借助盈亏平衡分析, 可以用来评价技术方案的经济性, 确定几个方案的财务效益的优劣顺序, 从而筛选出最优方案。

虽然盈亏平衡分析仅仅是讨论价格、产量、可变成本、固定成本等不确定

性因素的变化对项目盈亏产生的影响，但并不能从盈亏平衡中判断项目本身营利能力的大小。加上盈亏平衡分析是静态分析，没有考虑货币的时间价值，不确定性因素的变化幅度也是人为确定的，因此具有一定的局限性。

第三节 敏感性分析

一、敏感性分析的概念

（一）敏感度

敏感度是指拟建项目方案中一个或几个不确定性因素的预测值发生变化而引起原方案经济效益指标发生变化的幅度。敏感度也可表示为经济效益指标达到临界点时允许某个因素变化的最大幅度，即极限变化。指标的临界点是指国家规定的指标参数值，如财务内部收益率等于财务基准收益率或经济内部收益率等于社会折现率。

（二）敏感性因素

若某一不确定性因素数值变化幅度较大，并不影响原方案的经济效益，则该方案对此不确定性因素的变化不敏感，称为不敏感性因素。在项目寿命期内，会有许多确定因素对项目的经济效益产生影响。一般将引起经济效益指标敏感反应的不确定性因素称为敏感性因素。

（三）敏感性分析

敏感性分析是通过分析项目诸多不确定因素的变化对经济效益指标的影响，并预测其敏感程度，从中找出敏感度较强因素的方法。敏感性分析是项目评估中解决不确定性问题的一个系统分析方法。在对项目进行经济和财务分析的基础上进一步进行敏感性分析，可在拟建项目的寿命期内确定敏感性因素及其敏感度，并与指标建立一一对应的定量关系。对各种因素敏感性进行综合评估分析，会使项目的决策更加切合实际。

项目的敏感性分析按其分析时不确定性因素变化的数目分为单因素敏感性分析和多因素敏感性分析。单因素敏感性分析是假定影响项目的多种因素中，只有一个因素发生变化，而其他因素相对不变的情况下进行的分析。多因素敏感性分析是考虑多个不确定性因素同时变化对经济效益的影响。在项目评估工作中，应根据项目的具体情况作单因素和多因素的敏感性分析。

二、敏感性分析方法步骤

敏感性分析一般在财务、经济效益和盈亏平衡分析的基础上进行，如对项目的盈亏平衡点、净现值、内部收益率等进行敏感性分析。敏感性分析是一种动态分析，主要采用现值法。其具体步骤如下。

（一）确定具体经济效益指标为敏感性分析对象

在项目评估实际工作中，会遇到各种各样的工程项目，我们并不需要把全部经济效益指标统统作为敏感性分析对象进行分析，往往只是针对不同项目的特点，挑选某些最能反映该项目效益敏感度的指标作为分析的对象。一般来说应选择项目的净现值、内部收益率、贷款偿还期等指标作为分析敏感性因素作用的对象。

（二）选取不确定性因素为敏感性变量

通常影响项目经济效益的不确定性因素很多，但敏感性因素却是有限的，一般可分为以下几种因素：

（1）价格因素：产品价格、主要材料或动力价格。

（2）工期因素：建设工期、项目寿命期、达到设计生产能力时期。

（3）成本因素：固定成本、可变成本、固定资产投资。

（4）产量因素：产品产量（生产负荷）。

对于上述诸因素，在实际的敏感性分析中不必要也不可能作为敏感性变量对其逐一进行分析，一般只是选择在项目成本、效益构成中占比重较大的或者较多发生变动的一个或几个不确定性因素作为敏感性变量。分析时可针对不同类型项目的特点进行有选择性寻找，以缩小范围。

（三）确定敏感性变量的变化范围

对于所选取的敏感性变量的变化，一般来说是有一定范围的，并非无边际的变化。这可根据调查收集来的资料进行分析判断。如产品价格，在一定时期内往往是在一定范围内变化，这可通过市场调查或者初步预测便可获得。假定某产品的价格几年来是围绕社会平均水平而发生幅度为 ±10% 的变化，这样可以将价格的变化范围确定为 ±15%。敏感性变量的变化范围通常用三个值来表示。其最佳和最可能的估计值作为此范围的重点，最高和最低估计值为范围的两个端点。

（四）确定敏感度，对其比较分析找出敏感性因素

寻找敏感性因素的方法有两种，一是列表比较，二是作图分析。

1. 列表法

先只变动某个敏感性变量而令其他变量不变，并使其在确定的范围内变化或按一定比例变化来计算方案或研究指标的敏感度，如有必要可同时变动多个变量。最后将结果列成敏感性分析表，比较敏感度。敏感度最大者所对应的敏感性变量为最敏感性因素，敏感度一般者对应的敏感性变量为较敏感性因素，

敏感度最小者对应的敏感性变量为最不敏感性因素。

2. 图解法

主要特点是用函数图形表示敏感分析对象随敏感性变量变化的规律。在敏感性分析图中若能确定评价指标的临界点，则可判明允许某变量变化的最大幅度即极限变化。如果发生这种极限变化的可能性很大，表示项目承担的风险很大，变量变化幅度超过此极限即认为项目不可行。这个极限对于决策十分重要，如表 12 – 1 所示。

表 12 – 1　某项目简化的现金流量表

年份	产品销售收入	建设投资	经营成本	净现金流量	净现金流量现值
1		2 000	—	– 2 000	– 1 786
2		4 000	—	– 4 000	– 3 189
3	4 500	—	2 300	2 200	1 566
4	4 500	—	2 300	2 200	1 398
5	5 000	—	2 700	2 300	1 305
6	5 000	—	2 700	2 300	1 165
7	5 000	—	2 700	2 300	1 040
8	5 000	—	2 700	2 300	929
9	5 000	—	2 700	2 300	829
10	5 000	—	2 700	2 300	741
11	5 000	—	2 700	2 300	661
12	5 000	—	2 700	2 300	590

分别取建设投资、销售收入与经营成本为不确定性因素，计算变动 10% 时对应的财务效益指标如表 12 – 2 所示，它所对应的敏感性分析图如图 12 – 2 和 12 – 3 所示。

表 12 – 2　变动 10% 时对应的财务效益指标表

不确定性因素	变化率	财务内部收益率	财务净现值
基本方案	0	16.84%	1 143
建设投资	+ 10%	14.55%	645
	– 10%	19.52%	1 640

续表

不确定性因素	变化率	财务内部收益率	财务净现值
销售收入	+10%	25.05%	3 328
	-10%	7.06%	-1 042
经营成本	+10%	10.03%	-430
	-10%	22.86%	2 716

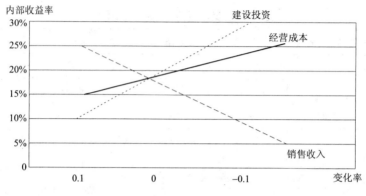

图 12 - 2　敏感性分析图

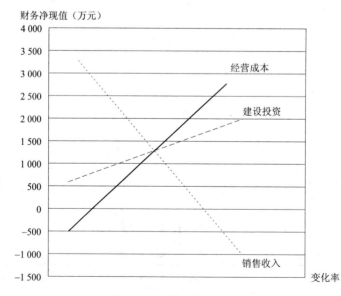

图 12 - 3　敏感性分析图

由敏感性分析图可知，销售收入对财务效益指标的影响最大，在销售收入减少 5% 时，财务净现值就达到了临界值。在项目评估过程中要重点分析销售收入可能减少的原因并检测它的变化。❶

第四节　概 率 分 析

一、概率分析的定义和基本理论

项目评估最主要的任务之一就是为决策提供可靠的依据。因而需要对一些不确定性因素进行研究分析，从而减少决策盲目性。敏感性分析只是就各种不确定性因素对项目评估指标的影响程度作出判断，仅提供了可能的变动范围，并指出了在评估和决策过程中对某些因素需要引起特别注意。这些只是一种定性结论，只能告诉我们某个因素造成项目风险大小，不能给出这个因素出现的可能性有多大，以及给项目造成的风险大到什么程度等定量的结论。

为克服敏感性分析存在的弊端，解决项目评估中某些未知问题，可根据项目特点和实际需要，评估时应再进行概率分析。概率分析是使用概率来研究预测不确定性因素对项目经济效益指标影响的一种定量分析法。

（一）概率的定义

1. 随机现象

大量自然和社会现象中，有些现象的发生纯属偶然的，全然没有什么规律性。这种无法事先预言结果的偶然现象称之为随机现象。

在项目评估中，对于拟建项目来说，面临的市场需求量是大还是小；未来的生产条件是可靠还是不可靠；未来的市场是疲软还是繁荣或平稳等必然影响到项目效益，甚至关系到项目投资决策是成功还是失败，这些都是事先无法确切知道的，均为随机现象。

2. 随机事件

随机现象的每一种结果就称为一个随机事件，又叫偶然事件。

3. 概率

对于一个随机事件，它出现的可能性的大小，就称为随机事件的概率，亦称为机率、或然率。以字母 P 表示，其数值可以用百分比、也可以用小数表示。一般是根据某个特定事件出现的次数与各种可能的结果总数的比值来确定。

---

❶ 张宇. 项目评估实务 [M]. 北京：中国金融出版社，2004：188 – 196.

在项目评估中，通常把以客观统计数据为基础的概率称为客观概率；以人为预测和估计为基础的概率称为主观概率。

概率通常用下式计算：

$$P(A) = \frac{K}{N}$$

式中　A——随机事件；

　　　$P(A)$——随机事件 A 的概率；

　　　N——各种可能结果的总数（试验的总次数）；

　　　K——N 个结果中，随机事件 A 发生的次数。

根据定义知概率具有以下性质：

（1）$0 \leqslant P(A) \leqslant 1$；

（2）$P = 1$ 时为必然事件；

（3）$P = O$ 时为不可能事件；

（4）$\sum\limits_{i=1}^{n} P(A) = 1$。

（二）随机变量与概率分布

1. 随机变量

在一定范围内随机地取值的变量称为随机变量。一般用 X 表示，它是一个随着偶然因素而改变的量。如在评估中用以表示项目效益好坏的经济指标为随机变量。随机变量按照其取值范围不同，可以分为离散型随机变量和连续型随机变量两种。

（1）离散型随机变量。变量可能取的值是一些正整数。这些数在数轴上是一个个孤立的点。如拟建项目建设期、生产期。

（2）连续型随机变量。在数轴上一个连续的区间，变量可以取得某一区间内的任何数值。如拟建项目的净现值。

2. 概率分布

随机变量的各种可能结果所对应的概率的分布情况称为概率分布。在项目评估中，一个拟建项目常有许多变量，每个变量有许多可能的值，而每个可能值的可能性概率各自不同。若其概率可求出，将其与可能值相对应列成表即得概率分布表。

3. 累计概率分布

累计概率是某一随机变量的相应概率的累计值。

（三）随机变量的数字特征

1. 数学期望

如果随机变量 X 的概率分布如表 12 - 3 所示：

表 12 – 3　随机变量 X 的概率分布表

随机变量	X_1	X_2	X_3	⋯	X_n
概率	P_1	P_2	P_3	⋯	P_n

则数学期望值为：

$$E(X) = X_1P_1 + X_2P_2 + X_3P_3 + \cdots + X_nP_n = \sum_{i=1}^{n} X_iP_i$$

期望值的数学意义：是利用随机变量各种结果的概率作为加权因子而求得的加权平均值。这个数值标志着随机变量变动的"中心"。是随机变量的最大可能取值。

期望值的经济意义：表示在多次重复的情况下评估一项决策长期的平均效果。从长远的观点看，这种平均效果就是在充分考虑客观情况发生变化的基础上所能达到的值，因此它能够定量地反映项目的不确定性和风险程度。

2. 标准偏差

为了表现随机变量的分布特征，单凭一个随机变量的数学期望值是不够的，为了显示随机变量可能值在数学期望值周围的离散和集中程度，需要引进随机变量的另一重要特征—标准偏差。

设随机变量 X 的值为 X_i，其期望值 $E(X)$，则 $X_i - E(X)$ 叫做离差。

$\sqrt{\sum_{i=1}^{n} [X_i - E(X)]^2 P_i}$ 叫做标准偏差，用符号 δ 来表示。

标准偏差的经济意义：在评估中对项目进行方案比较时，仅仅计算期望值是不够的。因有的方案期望值大，但稳定性差，若出现最坏可能，则导致亏损。较好地选择方案不仅要有较满意的期望值，还要有较高的稳定性，即较低的标准偏差。标准偏差较高，方案的风险性就大。

（四）项目评估中的概率分析

概率分析是运用概率原理研究和计算各种影响经济效益指标的不确定性因素变化范围，以及此范围内出现的概率、期望值及标准偏差的大小，进而分析不确定性因素对项目主要技术经济指标影响程度的一种方法。

项目评估中的概率分析并不是要取得某个经济效益指标完全准确的概率分布，而是通过项目的不确定性因素发生的概率来确定项目评估指标的特征值（如期望值、标准差）以及指标的实际值发生在某一区间的概率，目的是使决策者对项目的风险性有最佳判断。

二、概率分析的基本步骤与应用

（一）基本步骤

（1）在诸多不确定性因素中，分析判断选出最不确定的因素，作为随机变量，而其他不确定因素设为已知量。

（2）估算出所选随机变量的各种结果，并将其一一列出，且分别计算出各种可能结果出现的概率。概率的计算一般需借助于过去的统计资料所得到的客观概率，亦可根据评估人员的经验得到的主观概率。

（3）根据以上资料，计算效益期望值 $E(X)$。

（4）计算标准偏差 δ

（5）综合期望值和标准偏差，确定项目相应的效益水平，及获得此效益水平的可能性。

一般：$E(X) \pm 1\delta$ 的可能性为68%

$E(X) \pm 2\delta$ 的可能性为95%

$E(X) \pm 3\delta$ 的可能性为98%

（二）概率分析的应用

通过概率分析可计算出拟建项目各方案经济效益的概率分布特征值，决策者可根据这些特征值进行方案比较和优选，其标准是：经济效益期望值最大，标准偏差最小的方案为最优。在实际工作中可能出现以下几种情况：

（1）备选方案的经济效益的期望值相等或接近，但标准偏差不等，在这种情况下，应选择标准偏差最小的方案为最优方案。

（2）备选方案的经济效益的偏差相等，但期望值不等，在这种情况下，应选期望值最大的方案为最优方案。

（3）备选方案的经济效益的期望值、标准偏差均不相等，有的方案期望值大，但标准偏差也大，有的方案则与此相反。在这种情况下，方案的优选同决策者对风险的态度有关。如果风险偏好大的决策者，就可能选择期望值大，标准偏差也大的方案，反之，则取较小的方案。

本章小结

本章讲解了不确定性因素的主要来源和对投资项目作不确定性分析的意义。特别阐释了三种主要的不确定性分析的方法。对于现行盈亏平衡分析列举了公式法的分析方法，本章举例说明了敏感性分析的应用。

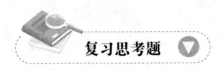

复习思考题 ▼

1. 项目不确定性因素的来源是什么？

2. 对项目进行不确定性分析的作用是什么？

3. 通常选取哪些不确定性因素作为敏感性因素？

4. 敏感性分析的具体步骤是什么？

5. 什么是概率分析？

6. 标准偏差的经济意义是什么？

7. 某项目预计投产后年固定费用为 210 万元，可变费用为 200 元/件，产品价格为 300 元/件，税金为 30 元/件，若该项目设计能力为 4 万件，试计算其设计能力利用率。

8. 假设某生产项目设计年产量为 4 万吨，每吨售价为 5 500 元，该项目投产后总固定成本为 6 500 万元，单位产品可变费用为 1 500 元。试用实际生产量、销售收入和生产能力利用率、保本价格计算盈亏平衡点。

第十三章　项目综合评估

内容提要

对于投资项目除从技术经济的各方面进行专项评估以外，还要在项目专项评估基础上进行项目综合评估。本章主要阐述项目综合评估的概念、意义和内容，以及项目综合评估的主要方法。这些方法主要是对比分析法、专家评分法、多目标决策法和层次分析法。并且概要的讲解了项目综合评估的程序及项目综合评估报告的编写方法。

学习目标

通过本章的学习，应掌握项目综合评估的概念、内容和步骤；熟练掌握项目综合评估报告的编写；灵活应用项目综合评估的方法。

学习提示

项目综合评估是项目决策的前提条件，因为正确的项目决策必须源于科学的项目综合评估，因而项目综合评估在项目评估管理中具有重要的作用。

第一节　项目综合评估概述

一、项目综合评估的概念和意义

项目综合评估就是在各分项评估的基础上，通过对建设项目的投资结构、技术、经济等因素进行综合分析，作出综合性结论，以作为项目决策者进行决策的依据。

从某种意义上讲，综合评估就是对拟建项目各门独立的分项评估结论进行研究、审查、权衡、归纳而得出一个完整的、可供决策者参考的定论。这是一项细致的，逻辑性很强的综合性工作。

项目评估的目的就是鉴别项目的优劣，决定项目的取舍，最终为投资审批决策提供科学的依据。项目的评估过程就是建设项目的论证过程，通过对建设项目的建设和生产、技术和经济等方面进行微观和宏观的分析，采用静态和动态的分析方法，得出定性和定量的分项结论。但定量分项结论只是从不同的角度观察分析得出来的，因此带有一定局限性和片面性。各分项评估之间的结论不尽相同，甚至可能截然相反。在同一分项评估的内部各指标之间，也可能出现不一致。若把这些分散孤立，甚至可能互相矛盾的结论直接提供给决策者，就会使其无所适从、难以抉择。因此，必须将各分项评估的结果进行审查分析，根据同等的目标和已有的准则进行判断，权衡利弊，归纳排队；陈述清楚各项目的优与劣、主与次；对研究未来的因素加以说明，对不合理的问题提出建设性意见，最后得出一个简明扼要、比较准确可靠的客观结论，供决策者抉择。

二、项目综合评估的内容

项目评估过程是对项目建设的必要性和可行性的再审查、再研究，特别是在项目实现社会经济发展目标方面比可行性研究报告进行了更深入的研究。在综合评估时，应针对可行性研究报告客观且公正地阐明评估的见解，并提出建设性意见和建议。

（一）项目建设是否必要，规模是否适当

项目建设必要与否是立项与否的前提条件。判断项目是否必要，应着重从以下几个方面进行分析论证：

（1）从项目产品的市场前景看，项目的产品是否短缺；是否属于升级换代品种，其质量、成本与价格等方面在国内外市场有无比较优势，其生命力与

竞争力如何。

（2）从经济发展远景看，项目建设是否符合国家产业政策，适应国家经济发展规划要求；是否有利于调整经济结构，发挥区域经济特色与优势；是否符合银行的贷放方针和优先贷放的投资方向。

（3）从社会效益看，项目建设是否有利于企业的技术革新和提高国民经济的技术装备水平；是否有利于生产力的合理布局；是否有利于改善社会劳动力就业状况和投资环境。

（4）从国家安全和社会稳定看，项目建设是否有利于生产力的纵深配置，巩固国防；是否有利于老、少、边、穷地区的繁荣发展和增强民族团结等。

如果符合上述要求，项目建设就是必要的。同时看，项目的建设规模必须符合规模经济的要求。

（二）项目的建设与生产条件是否具备

具备必要的建设条件和生产条件是项目顺利建成并在投产后正常发挥其功能的基本保证。

对一般生产项目建设条件的评估，主要是分析厂址选择与生产布局的合理性；地质状况是否清楚，是否适合建设施工的要求；施工力量、施工技术与施工物资的供应有无保证；设备可否落实配套；实施工程设计方案和建设规模是否切实可行；"三废"治理方案是否符合要求并获得有关部门批准认可。

评估项目的生产条件，根据各行业的生产特点，分析的内容与重点各有不同。比如一般加工项目的建设，要着重分析项目建成投产后所需原材料、燃料、动力、供水、供热和交通运输条件的落实情况，产品方案和资源利用方案是否合理。矿山资源开发项目则首先要分析资源储量是否清楚，其品位是否有开发价值，其工程、水文地质状况如何。

（三）项目的工艺、技术、设备是否先进、适用、经济合理，相关配套项目是否有同步建设方案

先进、适用且经济合理的工艺技术是项目能否取得预期成效的关键。综合评估时应着重分析项目采用的工艺、技术、设备是否符合国家的产业政策与技术发展政策，是否有利于资源的综合利用，是否有利于提高劳动生产率、改进产品质量、降低能耗与生产成本；采用的新工艺、新技术与新设备是否经过工艺试验和技术鉴定，是否安全可靠；引进技术与设备是否必要，是否经过比选择和符合国情；国内配套设施、操作水平能否与之相适应。

随着生产社会化、专业化的发展，企业间的分工协作关系日渐复杂。一个生产项目建成投产后要正常发挥作用，将依存于相关协作项目同步配套的建设

与发展。因此，综合评估阶段，必须考察关系重大的配套项目是否已有相应的安排，能否同步建成。

（四）项目是否具有较好的财务效益和国民经济效益

获取尽可能高的财务效益与国民经济效益是投资的目的。项目建设是否必要，是否具有较好的生产建设条件，是否具有先进、适用、经济的工艺技术，也都将集中的反映到项目的效益上来。综合评估是要着重检查项目投资和经营财务基础数据的测算是否准确，评估指标是否完备；通过财务收益净现值、财务内部收益率、投资回收期、贷款偿还期等指标分析企业的营利水平和偿还本币与外币贷款的能力；通过经济净现值、经济内部收益率等指标分析国家的有限资源是否得到合理配置和充分有效的利用，项目的费用是否低于社会平均水平，项目对社会经济发展可作出多大的贡献。

（五）筹资方案是否合理，资金来源有无保证，贷款有无偿还能力

在现代经济生活中，资金的投入是投资发挥其对经济的启动功能和持续推动功能的集中体现。缺少资金，项目的建设将无法实施，更谈不上顺利投产、实现投资效益了。在综合评估时，一方面必须认真分析投资估算是否落实，不仅项目所需的固定资产投资不能留缺口，项目投产所必不可少的流动资金也必须充足；另一方面，还应考察项目投资来源的合理性与可靠性。其中需向银行借款的部分，应已取得银行的意向认可，同时，还应审查各类资金在投资中的比重，分析项目偿还贷款的能力及其偿债期限。

（六）项目的投资风险性大小

由于影响项目投资成本与效益的技术经济因素具有不确定性，对于企业未来技术力量、业务素质和管理人员的经营能力等因素，不可能先作出绝对准确的预测；至于影响项目成败的客观环境与条件的变化，更非项目业主所能主宰。所有这些情况的变化都可能使项目由原来的可行变成不可行，从而使项目出现风险。于是，许多项目的评估都少不了要做不确定性分析，以判断项目风险的大小。因此，项目风险分析是项目综合评估的必要组成部分。

（七）关于方案选择与项目决策的意见

项目评估的使命就是要为项目决策提供依据。因此，项目综合评估必须明确提出项目应否批准与应否贷款的意见。在可行性研究中往往对项目的地址、工艺、规模、筹资、工期等方面研讨过多种方案，方案间对比各有利弊，综合评估时，应将这些方案认真、细致、切实地进行分析比较，从中选定最优方案。

（八）影响项目预期目标方面存在的问题及改进建议

经过综合分析判断，对不足取的项目要提出否定意见，对可行的项目则将予以肯定。但项目可行不等于毫无问题。总的来说，问题不外是两个方面：一方面是项目本身规划、选址、规模、设备选型、设计和建设方案之类的问题；另一方面是现行政策和规定中存在的问题，如物资供应、价格、财税、信贷、收益分配、投资和企业技术装备等方面。有不利于项目取得应有效益的政策与规定，经过具体的调查研究，应当实事求是地向有关部门提出建议，加以改进。

第二节　项目综合评估的方法

一、对比分析法

综合评估阶段的对比分析主要有两个方面：一是同可行性研究报告的结论进行对比分析；由于项目评估与可行性研究两者的主体及其立足点不同，彼此结论可能出现差异，当出现这种情况时，应尽力避免和克服主观片面的偏差。二是各分项评估结论之间的对比分析：考察各分项评估的深度，注意纠正各个分项评估中某些结论的偏差，同时还要通过对比，考察项目的必要性同可行性有无矛盾，项目的技术分析与财务分析、动态分析与静态分析、微观效益分析与宏观效益分析差异如何，进而作出必要的分析论证，补充、修正原分析评估结论中不正确、不完善和彼此不协调的地方。

二、专家评分法

综合评估阶段的专家评分法是借用专家的经验和判断，先由专家打分，然后综合专家打分结果给出评估结果的方法。这种方法的具体做法可以使用数学方法作出描述：设某具体项目有 M 个项目综合评估对象（项目或项目备选方案）和有 N 个综合评估指标，这些评估指标的规定指标值可用评语（如优秀、良好、中等、及格、不及格）或重要度排序的办法表述（如极其重要、很重要、重要、一般、不重要），则这种方法的数学公式可具体表述为：假如第 i 项目综合评估对象在第 j 指标得到的评估指标值为 S_{ij}，则项目综合评估的结果为：

$$S_i = \sum_{j=1}^{n} S_{ij} \tag{1}$$

或：
$$S_i = \prod_{j=1}^{n}(S_{ij}) \qquad (2)$$

式中 $i = 1, 2, \cdots, M$，表示项目综合评估对象个数；

$j = 1, 2, \cdots, N$，表示项目综合评估中具体评估指标的个数。

式（1）给出的是一种将专家打分的结果按照"连加"进行综合的项目综合定性评估结果的计算方法，这种方法一般用在没有"一票否决权"指标的项目综合评估的情况。式（2）给出的是一种"连乘式"的项目综合评估结果计算方法，这种方法一般用在具有"一票否决权"指标的项目综合评估的情况。

三、多目标决策法

综合评估阶段的多目标决策方法是当项目综合论证与评估具有多个目标和属性时，人们需要使用多目标的定量决策方法。一般来说，处理这种项目的多目标决策问题需要进行必要的简化，常用的简化方法是删除不重要的项目评估目标。多目标决策方法通常包括加权和方法、加权平方和方法、乘除法和目标规划法等。常用的加权和方法是项目综合评估的主要定量方法，其一般数学形式如下：

$$S_i = \sum_{j=1}^{N} S_{ij}W_j; i = 1,2,\cdots,M; j = 1,2,\cdots,N$$

式中 S_i——第 i 项目方案的综合评估值；

S_{ij}——第 i 项目方案的第 j 指标得分情况；

W_j——第 i 项目方案的第 j 标准（指标）的权重。

使用上式求出每个项目方案的综合评估结果以后，然后比较各个项目方案的 S_i，人们就可以得到项目综合论证与评估的定量分析结果了。其中，有关每个指标的权重 W_j 可以根据项目决策者确定的方法产生，既可以使用德尔菲法由专家确定，也可以使用决策者主观决定的方法去确定，或者使用比较矩阵法等去确定。

四、层次分析法

综合评估阶段的层次分析法是一种常用的定性和定量指标综合技术方法，这是美国著名教授萨蒂（Saaty）研究提出的一种评估技术方法。它采用构造比较判断矩阵和两两比较的方法去评估事务（包括项目方案、项目准则和项目指标）的重要度和优劣，利用求解最大特征根的特征向量去确定评估指标权重，并使用"和积法"给出各评估对象的综合评估结果。用层次分析法进行项目综合评估的基本过程和方法如下。

（1）建立项目综合评估指标体系的层次结构。人们首先需要根据项目综合评估的目标、准则和指标系统之间的相互关系，构造一个由上到下的层次性的框架结构。在这种层次框架结构中，最上层为项目综合评估的目标层，中间为项目综合评估的准则层，再下一层是项目综合评估的指标层。

（2）建立两两比较判断矩阵。这需要根据项目决策者或评估专家组的主观判断，针对层次结构中每个下层元素对上层元素的重要度，通过对有逻辑关系的下属元素进行一对一的比较，从而构成的两两比较矩阵。萨蒂教授根据人的心理和思维规律，提出使用 1~9 重要性标度（级别）来表示这种比较判断结果的方法。其中，1 表示两个要素同等重要，3 表示两个要素的前者比后者略微重要，5 表示两个要素的前者比后者相当重要，7 表示两个要素的前者比后者明显重要，9 表示两个要素的前者比后者绝对重要。同时，人们也可以使用 2，4，6，8 表示两个要素比较的重要度中间值。反过来，1/3 表示两个要素的后者比前者略微重要，而 1/5，1/7，1/9 则可依此类推了。层次分析法中的两两比较矩阵的图示可见表 13－1。

表 13－1　典型的层次分析法评估指标的两两比较矩阵表

准则	指标 1	指标 2	指标 3	指标 4	指标 5
指标 1	1	3	5	7	9
指标 2	1/3	1	3	5	7
指标 3	1/5	3/5	1	3	5
指标 4	1/7	3/7	5/7	1	3
指标 5	1/9	3/9	5/9	7/9	1

这种层次分析法中的比较矩阵表也可以使用数学公式的方法给出，下式给出的就是上述比较矩阵表的数学表述。

$$A = \begin{pmatrix} a_{11} & a_{12} & \cdots & a_{1n} \\ a_{21} & a_{22} & \cdots & a_{2n} \\ \cdots & \cdots & \cdots & \cdots \\ a_{n1} & a_{n2} & \cdots & a_{nn} \end{pmatrix} = \begin{pmatrix} \dfrac{w_1}{w_1} & \dfrac{w_1}{w_2} & \cdots & \dfrac{w_1}{w_n} \\ \dfrac{w_2}{w_1} & \dfrac{w_2}{w_2} & \cdots & \dfrac{w_2}{w_n} \\ \cdots & \cdots & \cdots & \cdots \\ \dfrac{w_n}{w_1} & \dfrac{w_n}{w_2} & \cdots & \dfrac{w_n}{w_n} \end{pmatrix}$$

其中，如果对 a_{ij}（i，$j = 1$，2，$\cdots$，N）的比较判断具有一致性，则会有：

$$a_{ij} = \frac{1}{a_{ji}} \text{和} \; a_{ij} = a_{ik} \times a_{kj}$$

式中，在 $i = j$ 时，$a_{ij} = 1$。

（3）求解各个比较判断矩阵。这需要通过求解下式，得到判断矩阵的最大特征根的相应特征向量，然后使用该特征向量的分量作为相应的指标的权重或相应项目备选方案的得分值。求解特征向量得到特征值的计算方法有许多种。在项目综合论证与评估中，人们需要求解每个比较矩阵并得到每个比较矩阵所描述的评估指标权重值或项目备选方案的得分值，以便最终只用这些评估指标的指标权重和项目备选方案得分值去求得整个项目的综合评估结果。

$$AW = \lambda_{max} W$$

式中，A 是给出的比较判断矩阵，λ_{max} 是 A 的最大特征值向量（即各因素相对重要性的权重向量）。

（4）用"和积法"得到项目综合评估的结果。最终人们需要使用层次分析法中的"和积法"综合计算得到项目综合评估的最终结果。这种方法的基本做法是首先将项目各个备选方案具体指标的得分值与该指标的权重相乘，进一步按照层次分析结构向上层作"和积法"，然后逐层求和而得到被评估的项目备选方案加权得分值（这就是所谓的"和积法"内容之一），最终得到对于各个项目备选方案的综合评估结果。❶

第三节 项目综合评估的程序

一、项目综合评估的步骤

项目评估工作涉及面广，包括一系列的调查研究与分析论证活动，内容涵盖市场预测、厂址选择、工艺技术、建设方案、财务效益与社会经济效益等许多方面。进行项目综合评估的一般步骤是：

（1）整理基础资料。项目综合评估是在各分项评估的基础上进行的，在综合评估阶段需要使用各分项评估的内容和结论，评估人员应对其进行检查和整理，得到书面材料，并经评估小组人员的集体讨论形成用于编写综合评估报告的基础资料。

❶ 戚安邦. 项目论证与评估［M］. 北京：机械工业出版社，2009：293 - 299.

（2）确定分项内容。项目分项内容的确定要做到规范性和灵活性的统一。一方面，要根据国家有关部门评估办法中规定的标准进行分类；另一方面，还应考虑项目的自身特点，适当增加分项内容。

（3）进行分项论证。在基础资料整理和分项内容确定的基础上，项目评估人员需要对各分项评估结论进行综合分析论证，从而判断项目的可行性。综合分析论证过程包括分析对比和归纳判断两个阶段：① 分析对比。分析对比包括两个方面：一是与可行性研究报告进行对比分析，力求发现和纠正错误；二是对各分项评估结论进行对比分析，力求发现和纠正结论偏差。② 归纳判断。归纳判断是在对比分析的基础上进行的。评估人员需要将各分项评估的结论归纳为几类，以便判断项目各分项内容的可行性；对于有多个方案的项目，这样做也有利于进行方案的比选。

（4）提出结论与建议。在对各分项评估结论进行综合分析论证的基础上，评估人员需要提出对项目的总体结论和建议。若各分项评估的结论一致，则各分项评估结论即为综合评估结论；若各分项评估的结论不一致，则应对各分项内容进行综合分析，提出结论性意见。评估人员还应根据项目各分项存在的问题，提出供投资者与有关部门参考的建设性建议。

（5）撰写评估报告。编写评估报告是项目综合评估的最后一项工作，也是其最终结果，因此评估报告应系统反映各分项评估的结果，并得出综合性评价结论，明确提出决策建议。❶

二、项目综合评估报告的编写

（一）项目综合评估报告的编写要求

（1）结论要科学可靠。真实性是项目评估的精髓，项目评估是一项十分严肃的工作，小则关系到投资者的切身利益，大则关系到地区和全国的经济发展。评估应坚持科学、公正、实事求是的原则，在此基础上进行综合评估，提出科学的结论。

（2）建议要切实可行。在综合评估中，项目评估人员还应根据项目的具体情况，提出切实可行的建议，以确保项目的顺利实施和按期投入运行。

（3）对关键内容要作重点分析。通过综合评估可以发现，某些关键性内容对于项目的正常实施与投产运营具有十分关键的作用。对于这类内容，项目评估人员要予以特别的注意，在综合评估中要对此作重点分析，并分析其变化

---

❶ 路君平，陈雨露，汪昌云. 项目评估与管理［M］. 北京：中国人民大学出版社，2009：377 – 378.

对项目的影响程度，以便引起投资者与有关部门的重视。

（4）语言要简明精练。综合评估具有总结的性质，没有必要面面俱到，而应当简明扼要，语言要精练，重点要突出，结论要明确。评估报告在叙述情况时，必须条理清楚，使决策者一目了然，切忌材料、数据杂乱。反映事实要客观、公正，分析问题要深入透彻，应附有必要的计算表。结论须有依据，态度要明确，不可含糊其辞，表述应准确、简练、通畅。

从总体来讲，项目综合评估应当能够使用定量分析方法，需要收集和测算大量的数据，并计算有关技术经济指标。为了表述准确科学，需要用数据和指标说明问题。对于难以量化的内容，用文字加以说明。

总而言之，报告应简明、清晰、逻辑性强、结论鲜明、态度明朗，不能模棱两可、含混不清。

（二）评估报告的一般格式

虽然建设项目的类型多样，建设项目性质、规模和行业不同，造成评估报告的内容和重点也各有侧重、不尽相同，但一般都包括下列内容：

报告的封面应写上"×××项目评估报告"字样，写明评估单位全称及报告完成时间，在第 1 页、第 2 页上分别说明"评估小组人员名单及分工"和"评估报告目录"。

1. 正文

评估报告正文之前要有一个提要，简要说明评估报告的要点，包括企业和项目概况、项目建设必要性、主要建设内容、生产规模、总投资和贷款额、财务效益、经济效益、项目建议书的批复时间和文号等，一般为 300～500 字。正文内容，一般按以下顺序编写：

（1）企业概况：主要包括企业基本情况，如历史、机构、领导人员及技术人员情况，经营管理情况，近三年来生产情况和财务情况，企业中长期规划和拟建项目的关系等。

（2）项目概况：项目提出的背景，项目的基本内容，主要产品和建设性质、项目目的、投资必要性。

（3）市场调查和预测：国内外市场需求、供应预测，国内现有生产能力的估计、生产规模和竞争能力的分析，企业实现预期市场份额的策略，项目建设规模是否经济、合理等。

（4）生产建设条件：分析项目所需资源、原材料、公用设施、建设场地和交通运输条件是否具备，项目所选择的组织结构和管理制度是否与项目相适应，能否保障项目的高效运行。

（5）技术和工艺设计：对拟建项目的工艺方案、设备选型、技术基础参数、项目布置和土建工程等进行技术分析论证，以判断项目在技术、工艺上的可行性。

（6）环境保护：项目对环境造成的近期和远期影响，以及对拟采取的防治措施进行确认，选择技术上可行、经济和布局合理的方案，环境影响评估报告书是否齐全，环境保护措施与治理方案是否一致，"三废"治理和防治噪音干扰是否符合保护生态环境的要求。

（7）企业财务效益评估：计算投资利润率、资本金利润率和贷款清偿期等指标以及财务净现值和财务内部收益率等指标。

（8）国民经济评估：计算利税率、经济净现值和经济内部收益率等指标。设计产品出口的项目，应进行外汇效果分析，计算经济外汇净现值、经济换汇成本和经济节汇成本。

（9）不确定性分析：采用盈亏平衡分析、敏感性分析和概率分析等方法对价格等敏感因素进行风险分析，并提出预警和防范对策。

（10）综合评估：综述项目建设的必要性、技术适用性和先进性、经济合理性和风险性，以及相关项目是否同步建设，投资来源的可靠性等。

（11）建议：提出是否同意批准项目和贷款的结论性意见，并指出项目决策和实施中应注意和解决的问题。

2. 主要参考资料及文件

项目建议书或可行性研究报告批复文件；部门或省、市自治区政府上报的项目可行性研究报告的请示；法人资信证明；借款人借款申请书；有关落实资金的证明文件，各投资方出资承诺函、资金需求及来源平衡表，担保文件；交通管线工程、输变电线工程等项目，应附地理位置图；对环境有较大影响的项目，应附环保评估报告批复文件。

3. 附件

（1）附表：包括投资计划与来源表、销售收入与税金预测表、贷款还本付息表等数据估算及财务现金流量表、经济现金流量表、敏感性分析表等财务、经济效益分析表。

（2）附图：包括工厂平面布置图、项目实施进度计划等。❶

本章小结 ▼

项目综合评估是对投资项目各个分项的评估结果加以汇总，从总体上判断

---

❶ 沈悦. 投资项目评估［M］. 北京：对外经济贸易大学出版社，2010：264 – 265.

项目建设的必要性、技术的先进性、财务和经济的可行性，提出客观、科学和公正的结论性意见和建议，为项目投资决策提供可行的依据。

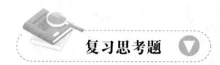

复习思考题

1. 什么是项目综合评估？
2. 为什么要开展项目综合评估？
3. 项目综合评估的意义有哪些？
4. 简述项目综合评估的内容。
5. 项目综合评估的步骤是什么？
6. 评估报告撰写的要求有哪些？
7. 评估报告的一般格式是什么？
8. 项目综合评估进行分项论证时包括哪两个阶段？
9. 简述项目综合评估的方法。
10. 试述层次分析法。
11. 评估报告的正文包括哪些内容？
12. 试述专家评分法。
13. 试述多目标决策法。
14. 试述对比分析法。
15. 判断项目是否必要，应着重从哪几个方面进行分析论证？

第十四章　项目后评估

内容提要

为了总结经验教训，以改进决策和管理服务，同时进行项目的回顾总结和前景预测。项目已经完成并运行一段时间后，需进行项目后评估，即对项目的目的、执行过程、效益、作用和影响进行系统的、客观的分析和总结的一种技术经济活动。通过项目后评估，可以对项目的可行性研究进行追踪评价，进一步确认项目实现预期目标的可能性。

学习目标

通过本章的学习，应掌握项目后评估的概念、内容，能准确区分项目后评估与前评估；熟练掌握项目后评估的程序；了解项目后评估的方法。

学习提示

项目后评估是整个项目评估中的一个重要组成部分，学习本章内容要求明确投资项目后评估的概念，掌握项目后评估的主要内容和计算后评估的主要技术经济指标。

第一节 项目后评估概述

一、项目后评估概念

投资项目后评估又称事后评估。它是指在投资项目建成投产并运行一段时间（一般为 2 年或达到设计生产能力年份）后，对项目立项、准备、决策、实施直到投产运营全过程的投资活动进行总结评价，对投资项目取得的经济效益、社会效益和环境效益进行综合评估，从而作为判别项目投资目标实现程度的一种方法。投资项目的后评估是对项目决策前的评价报告及其设计文件中规定的技术经济指标进行再评价，并通过对整个投资项目建设过程各阶段工作的回顾，对项目投资全过程的实际情况（施工、建设、投产经营等）与预计情况进行比较研究，衡量和分析实际情况与预测情况发生偏离的程度，说明项目成功或失败的原因，全面总结投资项目管理的经验教训。再将总结的经验教训反馈到将来的项目中去，作为其参考和借鉴，为改善项目管理工作和制定合理科学的投资计划及各项规定提供重要的信息依据和改进措施，以达到提高项目投资决策水平、管理水平和提高投资效益的目的。所以，投资项目后评估不仅是投资项目程序中的一个重要工作阶段，而且还是项目投资管理工作中不可缺少的组成部分和重要环节。

二、项目后评估的特点

（一）现实性

投资项目后评估是对投资项目投产后一段时间所发生情况的一种总结评估。它分析研究的是项目的实际情况，所依据的数据资料是现实发生的真实数据，总结的是现实存在的经验教训，提出的是实际可行的对策措施。项目后评估的现实性决定了其评估结论的客观可靠性。而项目前评估分析研究的是项目的预测情况，所用的数据都是预测数据。

（二）全面性

项目后评估需要对投资过程和经营过程进行全面分析，从经济效益、社会效益和环境影响等方面进行评估。投资项目后评估的内容具有全面性，即不仅要分析项目投资的过程，而且要分析其生产经营过程；不仅要分析项目投资的经济效益，而且还要分析其社会效益、环境效益等。另外，它还要分析项目经营管理水平和项目发展的潜力。

（三）反馈性

项目后评估的最终目标是将评估结果反馈到决策部门，作为新项目立项和评估的基础以及调整投资规划和政策的依据。因此，项目后评估结论的扩散和反馈机制、手段和方法成为项目后评估成败的关键因素之一。国外一些国家建立了相应的项目管理信息系统，并通过它来传递和反馈项目周期各个阶段的信息，同时它也系统地为项目后评估提供资料和向决策机构提供项目后评估的反馈信息。

（四）探索性

项目后评估通过分析企业现状、发现问题，探索未来的发展趋势，即对项目后评估以后计算期内剩余年份的经济效益重新进行测算与评估。

（五）合作性

项目后评估工作涉及面广、人员多、难度较大，因此需要各方面组织机构和有关人员通力合作、齐心协力才能做好。

三、项目后评估与前评估的差别

项目后评估和项目前评估既有共同点，也有区别；它们既相对不同，又有密切联系。项目后评估和项目前评估的评估原则、程序和方法上没有太大差别，它们都是采用定量和定性相结合的评估方法。两者的不同点主要体现在以下几个方面。

（一）评估主体不同

投资项目的前评估是由投资主体（投资者）、贷款决策结构、项目审批部门等组织实施的，而投资项目后评估则是以投资运行的监督管理机构、单设的后评估机构或决策的上一级机构为主，组织主管部门会同计划、财政、审计、银行、设计、质量等有关部门进行。这样一方面可以保证投资项目后评估的全面性，另一方面也可以确保后评估工作的公正性和客观性。

（二）评估的侧重点不同

投资项目的前评估主要是以定量指标为主侧重于项目的经济效益分析与评估，其作用是直接作为项目投资决策的依据；而后评估则要结合行政和法律、经济和社会、建设和生产、决策和实施等各方面的内容进行综合评价。它是以现有事实为依据，以提高经济效益为目的，对项目实施结果进行鉴定，并间接作用于未来项目的投资决策，为其提供反馈信息。

（三）评估的内容不同

投资项目的前评估主要通过项目建设的必要性、可行性、合理性及技术方案和生产建设条件等评估，对未来的经济效益和社会效益进行科学预测；而后评估除了对上述内容进行再评估外，还要对项目决策的准确程度和实施效率进行评估，对项目的实际运行状况进行深入细致的分析。

（四）评估的依据不同

投资项目的前评估主要依据历史资料和经验性资料，以及国家和有关部门颁发的政策、规定、方法、参数等文件为依据，主要评估数据为预测数据；而项目后评估则主要依据建成投产后项目实施的现实资料，并把历史资料与现实资料进行对比分析，其准确程度较高，说服力较强。

（五）评估的阶段不同

投资项目的前评估是在项目决策前的前期工作阶段进行，是项目前期工作的重要内容之一，是为项目投资决策提供依据的评价；而后评估则是在项目建成投产后一段时间里，对项目全过程（包括项目的投资实施期和生产期）的总体情况进行的评价。

总之，投资项目的后评估不是对项目前评估的简单重复，而是依据国家政策和规定，对投资项目的决策水平、管理水平和实施结果进行的严格检验和评价。它是在与前评估比较分析的基础上，总结经验教训，发现存在的问题并提出对策措施，促使项目更快更好地发挥效益和健康地发展。

四、项目后评估的作用

从上述的投资项目后评估的定义、特点及与前评估的差别中可以看出，投资项目的后评估对于提高项目决策的科学化水平、改进项目管理水平、监督项目的正常生产经营、降低投资项目的风险和提高投资效率等方面发挥着非常重要的作用。具体地说，投资项目后评估的作用主要体现在以下几个方面。

（一）总结投资建设项目管理的经验教训，提高项目管理水平

投资项目管理是一项十分复杂的综合性工作。它涉及主管部门、贷款银行、物资供应部门、勘察设计部门、施工单位、项目和有关地方行政管理部门等单位。项目能否顺利完成并取得预期的投资经济效果，不仅取决于项目自身因素，而且还取决于这些部门能否相互协调、密切合作、保质保量地完成各项任务。投资项目后评估通过对已建成项目的分析研究和论证，较全面地总结项目管理各个环节的经验教训，指导未来项目的管理活动。不仅如此，通过投资项目后评估，针对项目实际效果所反映出来的项目建设全过程（从项目立项、准备、决策、设计实施和投产经营）各阶段存在的问题提出切实可行的、相应的改进措施和建议，可以促使项目更好的发挥应有的经济效益。同时，对一

些因决策失误，或投产后经营管理不善，或环境变化造成生产、技术或经济状况处于困境的项目，也可通过后评估为其找出生存和发展的途径。

（二）提高项目决策的科学化水平，对项目决策有示范和参考作用，有利于降低项目的投资风险程度

投资项目的前评估是项目投资决策的依据，但前评估中的预测和结论是否准确，需要通过项目的后评估来检验。因此，通过建立和完善项目的后评估制度和科学的方法体系，一方面可使决策者和执行者预先知道自己的行为和后果要受到事后的审查和评估，从而增强他们的责任感；另一方面，可通过项目后评估的反馈信息，及时纠正项目决策中存在的问题，从而提高未来投资项目决策的准确程度和科学化水平，并对类型相似的投资项目决策起到参考和示范作用。

（三）对项目建设具有监督与检查作用，促使项目运营状态的正常化

项目后评估是在运营阶段进行的，因而可以分析和研究项目投产初期和达产时期的实际情况，比较实际情况与预测状况的偏离程度，探索产生偏差的原因，提出切实可行的措施，提高项目的经济效益和社会效益。建设项目竣工投产后，通过项目后评估，针对项目实际效果所反映出来的从项目的设计、决策、实施到生产经营各个阶段存在的问题，提出相应的改进措施和建议，使项目尽快实现预期目标，更好的发挥效益。对于决策失误或者环境改变致使生产、技术或者经济等方面处于严重困境的项目，通过后评估可以为其找到生存和发展的途径，并为主管部门重新制定或优选方案提供决策的依据。

（四）为国家制定产业政策和技术经济参数提供重要依据，对国家建设项目的投资管理工作起着强化和完善作用

通过投资项目的后评估，能够发现宏观投资管理中存在的某些问题，从而使国家可以及时地修正某些不适合经济发展的技术经济政策，修订某些已经过时的指标参数。同时，国家还可以根据项目后评估所反馈的信息，合理确定投资规模和投资方向，协调各产业、各部门之间及其内部的各种比例关系。此外，国家还可以充分利用法律的、经济的和行政的手段，建立必要的法规、制度和机构，促进投资管理的良性循环。

（五）为贷款银行部门及时调整贷款政策提供依据

通过开展项目后评估，及时发现项目建设资金使用过程中存在的问题，分析研究贷款项目成功或者失败的原因，从而为贷款银行调整信贷政策提供依据，并确保贷款的按期收回。

第二节 项目后评估程序和方法

一、项目后评估的一般程序

(一) 项目后评估计划的制定

项目后评估计划一般由项目投资者或决策者来制定。国家投资项目的后评估计划的主要对象包括政府全额投资或参与投资的项目，重点是主权外债项目、政策性银行贷款项目、使用政府预算内资金及其他资金项目、中央企业固定资产投资项目等。对于项目管理部门来说，项目后评估计划的制定应越早越好，最好是在项目准备和前评估阶段就确定下来，以便项目管理者和执行者在项目实施过程中就注意收集资料。从项目后评估的作用出发，每个项目都应重视和准备后评估工作。因此，以法律或其他法规的形式，把项目后评估作为建设、运营过程中很重要的一项工作确定下来就显得格外重要。与银行等金融组织的后评估注重项目营利能力和偿还能力不同的是，国家投资项目的后评估更注重投资的整体效果、作用和影响，如对行业发展和五年计划的效果、作用和影响等。所以，国家投资项目的后评估应从更长远的角度和更高层次上来考虑，合理安排项目的后评估，使之与长远目标结合起来。不少国家和国际组织就采用了"打捆"的方式，把一个行业或一个地区的几个相关项目一起列入计划，同时进行后评估，以便在更高层次上总结带有方向性的经验教训。一般国外和国际组织都采用年度计划和2~3年滚动计划结合的方式来安排项目后评估计划，我国国家重点项目一般是以年度计划为主，按行业选择有代表性的项目进行后评估。项目后评估计划内容包括项目的选定、后评估人员的配备、组织机构、时间进度、内容、范围、评估方法、预算安排等。

(二) 项目后评估项目的选定

在我国，投资渠道和资金来源凡是属于国家公共投资和利用国际金融组织贷款的项目都应进行项目后评估，而且每个项目都必须编制完工报告，包括竣工报告、自我总结评估报告。项目主管部门在对项目自评报告评估的基础上，可以选择具备特殊性、可能性和典型性的项目进行重点评估。

（1）特殊性。即所选项目要具有一定的特性，如某一行业的第一个项目、大型或特大型的项目、重大技术改造或技术创新项目、特别成功或特别不成功的项目、特别复杂的项目、公众特别关心的项目等。

（2）可能性。即所选项目在人员组成、经费来源和时间安排上均有保障，具备进行后评估的条件，可以顺利开展后评估。

（3）典型性。即所选项目在同一类项目中具有一定的代表性，如需要专门了解项目影响程度的项目，或建设性质发生变化的项目，或合同中止和建设延期的项目，或能为经济和社会发展提供信息的项目，或能说明投资现状和未来投资方向的项目等。

项目主管部门选择具体评估项目时，一般应考虑以下条件：

（1）项目投资额巨大、建设工期长、建设条件较复杂，或跨地区、跨行业。

（2）项目采用新技术、新工艺、新设备，对提升企业核心竞争力有较大影响。

（3）项目在建设实施中，产品市场、原料供应、融资条件及建设内容等发生重大变化。

（4）项目组织管理体系复杂（包括境外投资项目）。

（5）项目对企业、行业、部门和地区发展有重大影响。

（6）项目引发的环境、社会影响较大。

（三）项目后评估范围的确定

由于项目后评估的范围很广，一般后评估的任务限定在一定的内容范围内，因此项目后评估的范围和深度应根据需要有所侧重和选择。通常是在委托合同中确定评估任务的目的、内容、深度、时间和费用等，特别是那些在本次任务中必须完成的特定要求，需要交代得十分明确具体。受托者应根据自身的条件来确定是否能按期完成合同。国际上，后评估合同一般有以下内容：

（1）项目后评估的目的和范围，包括对合同执行者明确的调查范围。

（2）提出评估过程中所采用的方法。

（3）提出所评项目的主要对比指标。

（4）确定完成评估的经费和进度。

（四）项目评估咨询专家的选择

项目后评估通常分自我评估阶段和独立评估阶段。在独立评估阶段，需要委托一个独立的评估咨询机构或由银行内部相对独立的后评估专门机构来实施，由此机构任命后评估负责人，该负责人聘请和组织项目评估专家组去实施后评估。该负责人不应是参与过此项目前期评估和项目实施的人。评估专家可以是评估咨询机构内部的人员，它们较熟悉评估方法和程序，费用较低；也可以是熟悉评估项目专业的行家，它们客观公正，同时弥补了评估机构内部的人手不足。项目后评估应避免出现"自己评估自己",凡是承担项目可行性研究报告编制、评估、设计、监理、项目管理、工程建设等业务的机构不宜从事该项目的后评估工作。

（五）项目后评估的执行

项目后评估的执行包括以下几方面工作：

（1）资料信息的收集。包括项目资料（如项目自我评估、完工、竣工验收、决算审计、概算调整、开工、初步设计、评估和可行性研究等报告及批复文件等）、项目所在地区的资料（如国家和地区的统计资料、物价信息等）、评估方法的有关规定和准则（如联合国开发署、亚洲开发银行、国家发展和改革委员会、国家开发银行等机构已颁布的手册和规范等）。

（2）后评估现场调查。现场调查可了解项目的基本情况，其目标实现程度，产生的直接影响和间接影响等。现场调查应事先做好充分准备，明确调查任务，制定调查提纲。

（3）分析和结论。在收集资料和现场调查后进行全面认真的分析，就可得出一些结论性答案，如项目成功度、投入产出比、成败原因、经验教训、项目可持续性等。

（六）项目后评估报告

项目后评估报告是评估结果的汇总，应真实反映情况，客观分析问题，认真总结经验。项目后评估报告应包括摘要、项目概况、评估内容、主要变化和问题、原因分析、经验教训、结论和建议、评估方法说明等。这些内容既可以形成一份报告，又可以单独成文上报。报告的发现和结论要与问题和分析相对应，经验教训和建议要把评估的结果与将来规划和政策的修改制定联系起来。项目后评估报告要有相对固定的内容格式，便于分解，便于计算机录入。

（七）后评估的反馈

反馈机制是后评估体系中的一个决定性环节。它是一个表达和扩散评估成果信息的动态过程，同时，该机制还应保证这些成果在新建或已有项目以及其他开发活动中得到采纳和应用。

反馈过程有两个要素：一是评估信息的报告和扩散，其中包含了评估者的工作责任。项目后评估的成果和问题应该反馈到决策、规划、立项管理、评估、监督和项目实施等机构和部门。二是应用项目后评估成果及经验教训，以改进和调整政策的分析和制定，这是反馈最主要的管理功能。在反馈程序里，必须在评估者及其评估成果应用者之间建立明确的机制，以保持紧密的联系。

二、项目后评估的方法

项目后评估方法的基本原理是比较法（也可称为对比法），就是将项目投产后的实际情况、实际效果等与决策时期的目标相比较，从中找出差距、分析原因、提出改进措施和建议，进而总结经验教训。项目后评估的分析方法一般有如下四种。

（一）效益评估法

效益评估法又称指标计算法，是通过计算反映项目准备、决策、实施和运营各阶段实际效益的指标，以此来衡量和分析项目投产后实际所取得的效益。效益评估法是把项目实际产生的效益或效果，与项目实际发生的费用或投入加以比较，进行营利能力分析。在项目后评估阶段，效益指标（包括财务效益、经济效益和社会效益）的计算完全是以统计的实际值为依据来进行统计分析，并相应地使用前评估中曾使用过的相同的经济评估参数来进行效益计算，以便做到有可比性和计算口径一致的情况下判断项目的决策是否正确。

（二）影响评估法

影响评估法又称指标对比法，是通过对项目完成后产生的客观影响与立项时预期的目标进行对照，即将项目后评估指标与决策时的预测指标进行对比，以衡量项目实际效果同预测效果或其他同类项目效果之间的偏差，从差异中发现项目中存在的问题，从而判断项目决策的正确性。

（三）过程评估法

过程评估法是把项目从立项决策、设计、采购直到建设实施各程序环节的实际进程与事先制定好的计划、目标相比较。通过全过程的分析评估，找出主观愿望与客观实际之间的差异，从而发现导致项目成败的主要环节和原因，提出有关的建议措施，使以后同类项目的实施计划和目标制定得更切合实际和更可行。过程评估一般有工作量大、涉及面广的特点。

过程评估按投资项目建设程序可划分为四个阶段：（1）前期工作中的决策过程评估；（2）设计和施工准备过程评估；（3）建设实施到竣工验收阶段的评估；（4）投产、交付使用后生产经营和效益的评估。

（四）系统评估法

系统评估法是指在后评估工作中将上述三种评估方法有机地结合起来，进行系统的分析和评估的一种方法。在上述三种方法中，效益评估法是从成本—效益的角度来判断决策目标是否正确；影响评估法则是评估项目产生的各种影响因素，其中最大的影响因素便是项目效益；过程评估法是从项目建设过程来分析造成项目的产出和投入与预期目标产生差异的原因，是效益评估和影响评估的基础。另外，项目的效益又与设计、施工质量、工程进度、投资估算等密切相关，因此，需要将三种评估方法结合起来，以便得出最佳的评估结论。

总之，项目后评估的各种方法之间存在着密切的联系，只有全面理解和综合应用，才能符合项目后评估的客观、公正和科学的要求。❶

第三节 项目后评估内容

一、项目后评估基本内容

（一）目标评估

目标评估的目的是评定项目立项时原定目的和目标的实现程度，是项目后评估所需完成的主要任务之一。项目目标后评估要对照原定目标主要指标，检查项目实际完成指标的情况和变化，分析实际指标发生改变的原因，以判断目标的实现程度。描述项目目标的指标应当在项目立项时就已经确定，指标一般应可量化。大型项目通常还包括宏观目标，即对地区、行业或国家经济社会发展的影响和作用。项目目标后评估的另一项任务是要对项目原定决策目标的正确性、合理性和实践性进行分析评估。有些项目原定的目标不明确，不符合实际情况，或者遇到政策变化和市场变化，对项目实施过程中可能会发生的重大变化（如政策性变化或市场变化等）进行重新分析和评估。

（二）过程评估

过程评估是根据项目的结果和作用从项目的实施过程中分析产生这些后果的原因。过程评估一般应对照项目立项时所确定的目标与任务，分析和评估项目执行过程中的实际情况，从中找出产生变化的原因，总结经验教训。其主要内容包括前期工作评估、建设实施评估、生产运行评估和管理水平评估。

（1）前期工作评估。是指对立项条件、勘察设计、准备工作和决策程序等的评估。主要是评价立项条件和决策依据是否正确，决策程序是否符合规定，勘测工作对设计与施工的满足程度，设计方案的优化情况，技术上的先进性和可行性，经济上合理性等。

（2）建设实施评估。是指对设备采购、工程建设、竣工验收和生产准备等各项工作的评估。包括对施工准备、招标投标、工程建设、竣工验收和生产

❶ 简德三. 投资项目评估［M］. 2 版. 上海：上海财经大学出版社，2009：315－316.

准备工程质量、工程造价、工程监理以及各种合同执行情况以及生产运行准备情况等的评估。

（3）生产运行评估。是指对项目从正式投产到后评估期间项目的运行情况进行评估。包括对项目设计能力和实际能力的验证，对工程技术经济指标的分析，对项目的生产管理、生产条件和经营效益的分析等。主要对生产和销售情况，原材料、燃料供应情况，资源综合利用情况，生产能力的利用情况等进行评估。

（4）管理水平评估。是指对项目实施全过程中各阶段管理者的工作水平作出评估。主要分析和评估他们是否能有效地管理项目的各项工作；是否与政策机构和其他组织建立了必要的联系；人才和资源是否使用得当；是否有较强的责任感等。从中总结出项目管理经验教训，并对如何提高管理水平提出改进措施和建议。通过过程评估，还要查明项目成败的原因。

（三）可持续性评估

当前，国内外的许多投资者越来越重视投资项目的可持续性，即项目的可持续性和可重复性。因此，可持续性分析就成了项目后评估的一个重要内容。项目的可持续性是指项目完成之后，项目的既定目标是否还可以持续、项目是否可以顺利地持续实施、接受投资的项目业主是否愿意并可以依靠自己的能力持续实现既定的目标。总之，项目的可持续性评估就是要从政府政策、管理组织和参与、财务、技术、社会文化、环境和生态，以及外部因素等各个方面来评估分析项目在物质、经济和社会等方面的持续性，并指出保持项目持续性的条件和要求。主要是对项目是否能持续发挥投资效益、企业的发展潜力和进行内部改造的前景进行分析评估，作出判断，并提出项目持续发挥效益须具备的内部、外部条件和需要采取的措施。

（四）影响评估

影响评估是指在项目的完全发展阶段（如项目投产5~8年后）分析项目对其周边地区在技术、经济、社会和文化环境方面所产生的影响和作用。项目的影响评估应站在国家的宏观立场上，重点分析项目对整个社会发展的影响。影响评估的内容包括经济、技术、环境和社会四个方面。

（1）项目经济影响评估。主要分析和评估项目对所在地区、行业部门和国家的宏观经济状况，对国民经济结构的影响，对提高宏观经济效益以及对国民经济长远发展的影响，并对项目所用国内资源的价值进行测算，为宏观上判断项目资源利用的合理程度提供依据。同时，分析项目对地区、行业部门和国家的经济发展所产生的重要作用和长远影响。

（2）项目科学技术进步影响评估。主要分析项目对国家、部门和地方的技术进步的推动作用，以及项目所选技术本身的先进性和适用性。分析评估项目采用的工艺技术或引进的技术类装备的先进性及其与国内外同类技术装备进行对比，并对本部门、本地区技术进步的作用和取得的潜在效益进行分析评估。

（3）项目环境影响评估。主要是指对照前评估时批准的"环境影响评价报告"重新审查项目对环境产生的实际影响，审查项目环境管理的决策、规定、规范和参数的可靠性和实际效果。环境影响评估主要包括项目的污染源控制、区域的环境质量、自然资源的利用、区域的生态平衡和环境管理能力等五个方面的内容。

（4）项目社会影响评估。主要是从社会发展的角度来分析项目对社会发展目标所做的贡献和产生的影响，包括有形的和无形的影响。评估的内容主要有项目对社会文化、教育、卫生的影响；对社会就业、扶贫、公平分配的影响；对社区生产与生活、社区与群众的参与、社区组织机构与经济发展的影响；对居民生活条件和生活质量的影响；对妇女、民族团结、风俗习惯和宗教信仰的影响。社会影响评估采取定量分析与定性分析相结合的方法，以定性分析为主。在评估分析的基础上，最后对项目的社会影响作出综合评价。对有些项目的影响可能要在较长时间内才能显现出来，对此则可以在较晚一些时候单独进行影响评估。

投资项目经过上述四个方面内容的后评估后，应结合分析项目的成功度和存在的主要问题，针对项目的具体情况，要突出重点进行深入剖析，全面总结经验教训，以便为未来同类新建项目的决策和建议提供有益借鉴。

对于性质不同的投资项目，根据各部门、机构、单位进行项目后评估的不同目的，对具体项目进行后评估时的内容也可以各有侧重。例如，基础设施项目、农林水利项目、社会事业项目和人力资源开发项目等，由于项目本身基本上没有直接产出，财务效益低又难以计算，但是它们具有广泛的国民经济宏观效益和长远的经济社会影响。因此，对于这类项目的后评估内容应侧重于宏观的国民经济效益、地区部门经济效益以及潜在的经济效益和社会影响等方面。

二、项目后评估主要经济指标

（一）建设项目财务效益的后评估

建设项目财务效益的后评估是根据国家现行的财税制度和国家主管部门认可的评估方法，重新分析预测建成项目的费用和效益，考虑项目的实际获利能力、偿还能力及外汇效果等财务状况。财务效益后评估的主要指标有：财务内部收益率、财务净现值、投资利润率、资本金净利润率、投资回收期、贷款偿还期、财务外汇净现值、财务换汇成本、财务节汇成本。

(二) 建设项目国民经济效益后评估

建设项目国民经济后评估是指按照资源优化配置的原则，从国家的整体角度出发来考察项目的效益和费用。采用影子价格、影子汇率、影子工资率、土地影子费用和社会折现率等国家经济参数，扣除国内经济内部的转移支付和物价上涨因素，评估项目的国民经济净效益（净贡献），并与同行业基准收益率或社会折现率相比较。主要指标有：经济内部收益率、经济净现值、投资净增值率、经济外汇净现值等。

(三) 建设项目社会效益后评估

项目建成后的社会效益后评估应着重分析项目给地区、部门经济发展以及提高人民物质文化生活等方面带来的效果。在分析时应结合项目的性质和地区、部门的特点，既进行定性分析，也进行定量分析。其主要指标有：就业效果、收入分配效果、积累效果和环境效果等。

三、项目前、后评估指标的对比分析

(一) 对比指标的设置

投资项目后评估要评估投资效益，必须借助于各种指标。各种指标的设置，一般应遵循如下要求：

（1）评估指标应具有全面性。也就是说，既要有反映投资经济效益的指标，也要有反映投资社会效益和环境效益的指标。同时，在反映投资经济效益指标中，既要有反映投资财务效益的指标，也要有反映国民经济效益的指标。

（2）评估指标应是阶段性评估指标与全过程性评估指标相结合。也就是说，既要有反映投资项目建设阶段的投资经济效益指标，也要有反映投资项目投资活动全过程的投资经济效益指标。

（3）评估指标中应既有反映实际效益与预期效益偏离的绝对值指标（如成本减低额、投资节约额或效益指标的增减额等），也要有反映两者之间变化程度的相对值指标。

(二) 对比指标的分析

项目后评估与前评估效益指标的对比指标主要有项目建设工期、单位生产能力投资、达到设计生产能力年限、投资回收期、净现值、内部收益率等。

（1）实际建设工期。实际建设工期是指投资项目从开工之日起到竣工验收交付使用或投入生产所实际经历的时间，它是反映项目实际建设速度的指标，其相对变化指标为：

实际建设工期变化率 =（实际建设工期 – 设计建设工期）/设计建设工期 ×100%

如果该指标大于零，则表明实际建设工期大于设计建设工期；反之，就小于设计建设工期。

建设工期发生变化（缩短或延长），可能会由此带来经济效益的提前（推迟）实现，进而影响项目的静态分析和动态分析指标。

（2）实际单位生产能力投资。实际单位生产能力投资反映竣工项目实际投资效果的一个综合指标。它是项目实际投资额与竣工项目实际形成的生产能力的比值。比值越小，表明投资效果越好；反之，投资效果就越差。其表达式为：

$$实际单位生产能力投资 = \frac{竣工验收项目实际投资总额}{竣工验收项目实际形成的生产能力}$$

其变化率指标为：

$$\frac{实际单位生产能力}{投资变化率} = \frac{实际单位生产能力投资 – 设计单位生产能力投资}{设计单位生产能力投资} \times 100\%$$

若实际单位生产能力投资变化率大于零，表明实际单位生产能力投资大于设计单位生产能力投资；若小于零，则表明小于设计单位生产能力投资。

（3）实际达产年限。实际达产年限是指从投产之日起到实际产量达到设计生产能力为止所需经历的时间。它是衡量和考核投产项目实际投资效益的一项指标。这是因为，一般生产性投资项目建成投产后，不仅要求其迅速形成新的生产能力，而且还要求其生产能力尽快达到设计生产能力。只有这样，项目才能发挥出较好的投资经济效益。

但是，如果在项目后评估时点，该项目仍未达到设计生产能力，则应分步计算：首先，计算项目投产后各年实际达到的生产能力水平；其次，计算项目投产后生产能力的年均增长率；再次，根据测定的生产能力年均增长率，计算投产项目可以达到设计生产能力的年限。其计算公式为：

设计生产能力 = 第一年实际生产能力$([1 + (年均生产能力增长率)^{n-1}])$
式中，n 为实际达产年限。

实际达产年限变化率指标的计算公式为：

实际达产年限变化率 =（实际达产年限 – 设计达产年限）/设计达产年限 ×100%

实际达产年限变化率是反映实际达产年限与设计规定的达产年限偏离程度的一个指标。如果该变化率大于零，表明实际达产年限大于设计达产年限；反之，则表明小于设计达产年限。项目实际达产年限大于（或小于）设计达产年限，会对项目的经济效益指标产生影响。

(4) 实际投资回收期。实际投资回收期是项目实际产生的年度净收益或根据实际情况重新预测的项目年度净收益来抵偿实际投资总额所需要的时间。它有动态投资回收期和静态投资回收期之分。实际静态投资回收期是以各年项目的实际净收益来回收实际投资总额所需的时间。

$$\sum_{t=1}^{P_n} (RCI - RCO)_t = 0$$

式中　P_n——项目的静态投资回收期；

　　　　RCI——实际现金流入量；

　　　　RCO——实际现金流出量。

实际动态投资回收期是以项目各年净收益现值来回收实际投资总额所需要的时间。其计算公式为：

$$\sum_{t=1}^{n} (RCI - RCO)_t (1 + i_R)^{-t} = 0$$

式中，i_R 为实际折现率。

实际投资回收期指标变化率的计算公式为：

实际投资回收期变化率 =（实际投资回收期 – 预测投资回收期）/预测投资回收期 ×100%

上述指标是衡量实际投资回收期与预测投资回收期，或与部门（行业）基准投资回收期偏离程度的指标。其变化率越小越好。

(5) 净现值和内部收益率。净现值和内部收益率是考虑资金时间价值的两个反映项目投资全过程的投资经济效益指标。其计算公式与前评估时所采用的计算公式一样，只是所采用的净现金流量、折现率、计算期等有所不同。项目后评估时所采用的净现金流量是评估时点前的实际净现金流量及重新计算的净现金流量（在评估时点之后）；而折现率、计算期则是经重新测定后确定的。净现值和内部收益率指标变化率的计算公式分别为：

净现值变化率 =（实际净现值 – 预测净现值）/预测净现值 ×100%

内部收益率变化率 =（实际内部收益率 – 预测内部收益率）/预测内部收益率 ×100%

如果上述两个变化率均大于零，表明项目的实际净现值、实际内部收益率都大于预测值；反之，就小于预测值。

同样也可以测算实际投资利润率及有关经济效益指标的变化率。

（三）指标对比方法

(1) 实际指标与可行性研究（或项目前评估）中所预测的方案指标进行

对比。

（2）实际指标与主管部门确定的行业标准进行对比。

（3）实际指标与国内外同类项目所能达到的最佳指标进行对比。

对比时可采用绝对数、相对数或增减情况等形式进行。

当然，在进行指标对比时应充分考虑指标之间的可比性及前后指标计算方法、口径、范围的一致性；且实际指标的计算可以根据具体情况，剔除各种意外和不可抗拒等非项目因素对项目的影响。

（四）指标对比结果的评估

对指标对比的结果，一般须采用合目的性准则与合规范性准则相结合的方法进行分析评估。

（1）合目的性评估。合目的性评估是指计算实际指标达到或超过可行性研究所定方案指标的百分比，以考察项目预期目标的实现程度。可行性研究所确定的方案指标是合目的性评估的基准。

（2）合规范性评估。合规范性评估是指判别项目实际经济效益的优劣程度。其基准是部门或行业规定的基准投资收益率和基准投资回收期等定额指标。

本章小结

项目后评估主要是在项目建设期结束之后并且运行一段时间后，对项目进行自我分析、自我总结，判断项目的实施过程以及决策正确与否的工作。项目后评估对于总结经验，修正错误，为今后项目的可行性研究和评估工作提出改进意见有重要的作用。本章详细论述了项目后评估的意义、内容和评估方法，并提出了主要评估指标。

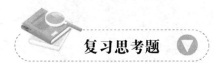

复习思考题

1. 项目后评估的含义是什么？

2. 项目后评估的特点有哪些？

3. 简述项目后评估的作用是什么？

4. 项目后评估和项目前评估的主要区别是什么？

5. 投资项目后评估是以怎样的程序进行的?
6. 投资项目后评估有哪些评估方法?
7. 简述项目后评估的主要内容是什么?
8. 投资项目后评估的主要经济效益指标有哪些?
9. 投资项目后评估是怎样与项目前评估的评估指标进行对比和计算的?
10. 项目后评估的项目如何选定?

第十五章 不同行业的项目评估

内容提要

不同行业的项目在国民经济中有着不同的作用，不同行业的项目论证与评估在概念、特点和内容等方面有所不同。特别是同一行业不同种类的项目因项目的相关利益主体、客体的利益和作用的不同，项目论证与评估更是有很大不同。本章主要讨论工业、农业、房地产开发、商业、贷款项目和技改、科研项目等项目论证与评估的特点、程序和主要内容。

学习目标

本章主要为读者扩展项目评估的知识而编写。要求了解各主要行业项目评估的内容和特点。可以结合实际学习项目评估理论与方法的具体应用。

学习提示

学习本章内容要注意对不同行业项目进行评估时，把握其共性和个性特点。从项目内容和评估要求等方面进行分析。如有可能最好结合自己从事的工作，举出一两个案例来学习。

第一节　工业项目评估

一、工业和工业项目的特点

工业和工业生产是从自然界取得物质资源和使用各种原材料进行制造的物质生产部门，工业生产主要包括对天然生长植物的采伐、金属非金属矿物的采掘、工业和农业原材料的加工以及劳动工具的制造等生产部门。工业投资项目主要是指国民经济中各工业部门的投资项目，这类项目的评估有其独特的特点。

（一）工业投资项目受社会经济规律的较强制约

工业作为物质生产部门，其劳动对象一般都是没有生命的自然物质资源、原料和材料等。这就决定了工业和工业投资项目受自然条件的影响较小，工业品的种类、规格、性能及其各种理化指标易于整齐划一，因而工业生产过程顺次的各个阶段有可能同时进行和常年进行，人们可以根据需要和可能而将生产过程适当的分解，甚至可以异地和异时组织生产。工业投资项目同样较少受自然条件的约束，其立项或生产应主要考虑社会需要和经济规律的制约。传统的工业经济是一种典型的资源经济，所以工业投资项目实为依靠大量消耗能源和资源来生产更多产品的项目，其本质上是一种资源对产品的置换项目。

（二）工业投资项目有规模经济性、比例性、连续性和节奏性的要求

工业生产是机器化大生产，其生产效率高，投入产出过程具有高度的规模经济性、比例性、连续性和节奏性。现代工业广泛运用机器和机器体系进行生产，其生产效率日趋提高，相对于其他部门而言，工业品生产的投入产出具有经济规模和系数比较要求。正因为机器和机器体系的广泛应用，其生产过程多为流水作业，使其表现出明显的节奏性和连续性，就很自然地要求生产线和机器设备之间，人机、班组和车间或分厂之间，有严格的比例关系和规定，同时其有关的产、供、销以及储存和运输等项必须互相衔接、紧密结合。所以工业投资项目一定要能够体现这种高度的比例性、连续性和节奏性的要求，因此工业投资项目的系统性和集成性要求就非常高。

（三）工业投资项目对科学技术和科技进步的依赖性强

工业生产和工业投资项目的社会化程度高，既表现在专业分工越来越细，也表现在协作关系越来越复杂，以及与国民经济其他部门的联系日趋紧密。现

代工业形成了不同的专业化生产部门，并在各工业部门内部进一步发展了产品专业化、零部件专业化和工艺专业化，这种广泛而精细的专业分工，必然使协作关系复杂化，使协作的地域范围日益扩大，不仅体现在本地区还有跨地区甚至跨国界的国际协作关系上。毫无疑问，工业部门同国民经济其他部门也是相互影响和制约的，所以工业投资项目和工业生产必须考虑这些依赖关系。完全脱离这种客观依赖关系是不可能建成一个好工业投资项目的。

二、工业项目评估的原则和程序

（一）工业投资项目评估的原则

（1）及时性原则。对于工业投资项目的评估应该在项目建议书阶段就开始，并在此阶段及时提出项目初步可行性研究的结果。然后，人们应进一步收集数据并在项目可行性研究阶段及时开展项目的前评估并给出项目前评估报告。另外，在项目实施阶段和运行阶段，人们还应该及时地开展相应的项目跟踪评估和项目后评估。

（2）全局性原则。由于工业投资项目受国民经济的制约性和对于其他国民经济部门的依赖性等都比较强，所以进行工业投资项目评估时必须从国家全局利益出发，树立国民经济评估的观念，考虑社会平均利润率和投入产出比等指标，客观、公正、科学地进行评估。工业投资项目评估人员要为项目对国民经济的贡献给出具体评估意见。

（3）综合性原则。由于工业投资项目一定要能够体现高度的比例性、连续性和节奏性等方面的要求，所以每个工业投资项目的评估都必须作周密的调查研究，要综合分析项目的市场需求和产供销的平衡情况，要综合分析项目技术的先进性和适用性以及项目财务经济的合理性，还要综合分析工业投资项目的社会影响与自然环境影响等各个方面。

（二）工业投资项目评估的基本程序

（1）确定项目评估的内容。工业投资项目评估包括前评估、跟踪评估和后评估，项目专项和综合评估等，任何工业投资项目的这些评估都要先确定评估内容。

（2）组织项目评估小组。工业投资项目的评估小组可以是组织内的专业人员，也可以是专业的项目评估咨询机构，工业投资项目评估需要由专业评估人员完成。

（3）制定评估工作计划。工业项目评估一定要根据评估的性质和内容制定相应的评估计划和安排，包括有关评估的时间、资金和方案等方面的安排。

（4）调查研究和收集数据。组织评估人员进行调查、收集有关文件和资料及有关的技术经济基础参数，并请项目主管单位提供必要的情况和数据。

（5）开展评估分析并给出报告。按照工业投资项目评估的内容和要求，进行项目的经济技术评估和综合评估，并根据评估结果编写出项目评估报告。

（6）项目评估报告审查。将评估人员完成的工业投资项目评估报告交由专业或主管部门进行评审，并提出项目评估结果的评审意见。

（7）项目评估报告的批准。经过审查后的项目评估报告应报送组织的主管部门做最终的审批，项目决策者依据项目评估报告作出项目决策。

三、工业项目评估的重点内容

（一）工业投资项目建设必要性的评估

这方面的内容包括：工业投资项目是否符合国家的产业政策、行业规划、地区规划；工业投资项目市场调查和预测中有关项目产品市场供需情况及产品竞争能力的评估；工业投资项目在国民经济和社会发展中的作用评估；拟建工业投资项目的规模经济性分析与评估等。

（二）工业投资项目建设与配套条件的评估

这方面的内容主要有：项目所需资源供应情况，项目工程地质情况，项目原材料、燃料、动力等供应情况，项目资金贷款情况，项目地址选择情况，项目环境保护方案，项目相关配套项目同步建设情况和方案等。

（三）工业投资项目的技术可行性评估

包括工业投资项目采用的工艺技术、技术设备和工程技术在既定的经济条件下是否先进、适用和可行；是否符合国家的技术发展政策；项目所采用的新技术、新方法、新设备是否安全可靠；项目产品方案和资源利用是否合理；项目技术的综合评价是否科学等。

（四）工业投资项目财务效益可行性评估

这是从企业角度出发对于项目的经济效益进行评价，是对工业投资项目财务评价的分析。这方面的具体评估指标包括项目的静态投资利润率、贷款偿还期、投资回收期、预期收益率和项目的动态净现值和内部收益率等。

（五）工业投资项目的国民经济可行性评估

由于工业投资项目的特点，对于工业投资项目的评估既要考虑项目的财务效益，更要考虑项目的国家与社会效益。在很多情况下，即使是那些项目财务评估可行的项目，如果在国民经济评估中不可行，也应该予以否决。

（六）工业投资项目的社会与环境影响评估

工业投资项目一般还必须开展社会影响评估和环境影响评估，以便人们能够清楚地认识项目对于自然环境和社会环境所造成的正面和负面影响以及这些影响的大小。如果项目具有负面的社会和自然环境影响，人们还需要开展相应保护措施的评估工作。

（七）工业投资项目可行性的综合评估

工业投资项目的决策和实施不但要依据上述项目可行性的各个专项评估，还要依据对于整个项目可行性的综合评估。一个工业投资项目可行性的综合评估是有关上述几方面的专项评估结果的综合与集成，而不仅仅是上述专项评估的简单加总。❶

第二节　农业项目评估

一、农业和农业项目的特点

传统的农业生产依赖于动植物的自然生长和再生产并由农民对其加以控制和促进，所以传统农业的根本特点表现为生产是自然再生产和经济再生产相互交织的过程。因此农业投资项目和农业生产不仅受社会经济规律的制约，而且还受自然条件和规律的显著影响。所以农业投资项目与国民经济其他部门的项目相比，具有以下几个方面的特点。

（一）农业投资项目对土地有特殊的依赖性

由于农业投资项目必然会使用土地，所以土地的诸多特性会直接影响农业投资项目。由于土地具有自然特性和社会经济特性，其自然特性是指土地的不可位移性、非再生性和生产力持续性，而其社会经济特性是指土地用途、经济地理位置、所有性质等。例如，土地既可以视同为固定资产，但又不具备严格意义上固定资产的有形和无形磨损性。在农业投资项目评估时需要慎重考虑和认真对待这些特性，因为农业投资项目的首要因素就是土地。

（二）农业投资项目的综合性强且涉及面比较广

农业投资项目因农业生产的周期比较长和收益相对比较固定，所以农业投资项目的投资期都比较长，而且其投资效益往往较工业投资项目为低。同时，农业投资项目的内容可以包括种植和养殖业、农产品加工以及农业资源的利用

---

❶　戚安邦.项目论证与评估［M］. 2 版.北京：机械工业出版社，2009：337 – 341.

保护和有关的产业服务等，所以其涉及面比较广而且综合性较强。所以农业投资项目的财务效益、国民经济效益和环境与生态效益都必须加以考虑，这是它与工业投资项目不同之处。

（三）农业投资项目的风险性高且不易评估

农业投资项目和农业生产都会受气候阴晴旱涝、天灾人祸和病虫害等影响，这些影响不但难以准确预测，而且难以完全控制，所以农业投资项目的潜在风险比较大。另外，农业投资项目多半具有难度高、工程量大、费时费力等特性。这些特性和不利因素集合起来对农业投资项目的影响就极为复杂，所以有时有些农业投资项目很难评估，且无法准确地进行项目评估的。

（四）农业投资项目的地域性强的特性

不同农业投资项目所处地区的土地资源、水资源、生物资源、气候条件、劳动力状况、社会历史、文化、风俗习惯、经济条件等都有着较大差异，而农业投资项目运行与这些因素是紧密相关的，所以一个农业投资项目在此区域可行，而在彼区域就未必可行。即农业投资项目带有较强的区域特征，所以它的评估就需要考虑地域性特点。

（五）农业投资项目具有多重目标的特性

多数农业投资项目具有多重目标，即农业投资项目的目标是多方面的。例如，某江河流域的综合开发项目，一方面可能是为了获取更多的农产品，另一方面则可能是为了保护整个流域的生态环境和防止水土流失等。农业投资项目目标的多重性也决定了项目效果评估工作的多样化，需要在项目评价中全面考察和评价项目多重效益。

二、农业项目评估的主要内容

（一）农业投资项目的财务效益评估

农业投资项目与工业投资项目都有成本效益评估，它们之间的差别是农业项目对于土地成本的计算和土地资产的回收与工业投资项目的成本估算有所不同。同时，农业投资项目的效益估算和评估也不同于工业投资项目的效益评估，它不能只考虑农业产品销售所获得的生命周期，尤其是项目的运营期要远远比工业投资项目长，所以在使用净现值等动态评估指标时必须作相应处理。

（二）农业投资项目的国民经济评估

农业投资项目也要做国民经济评估，这也是农业投资项目决策的主要依据之一。有很多国家和地区在农业投资项目方面的评估是按照国民经济效益作为根本依据的，甚至就算一个农业投资项目的财务效益指标不好，但是只要它具有很好的国民经济效益，国家和地区政府甚至有义务通过补贴或转移支付等方式使得该项目的财务效益指标变好。所以农业投资项目评估十分重视项目的国民经济评估。

（三）农业投资项目的运行条件评估

农业投资项目的评估必须充分考虑项目所在地的运行条件，因为农业投资项目更多依赖于项目所在地的自然条件，包括气候、水资源、土壤与肥料等。这一点完全与工业投资项目的评估不同，因为工业投资项目的运行条件多数是人为条件。因此，在农业投资项目评估中，必须充分考虑项目所在地是否具有与项目所需运行条件一致的自然条件，一定要通过评估对此给出肯定和正面答案，否则无法作出农业投资项目的最终决策。

（四）农业投资项目的环境影响评估

农业投资项目对于环境影响是直接的，这包括对自然环境、社会环境和生态环境的影响。其中农业投资项目对于自然环境的影响最为严重，有些农业投资项目甚至可能改变整个自然和生态环境。例如，一些为农业服务的水利、土壤改良项目就直接改变了当地的自然环境和生态环境，同时通过移民和改建等也改变了当地的社会环境。对于这类项目必须进行严格的项目自然环境影响评估，而且这种评估实行"一票否决权"。

（五）农业投资项目的社会影响评估

农业投资项目评估中最为独特的是这种项目的社会影响评估，因为农业投资项目的产品直接关系到国计民生，所以它的社会影响评估是十分独特的。中国古话中讲"民以食为天"，农业投资项目是生产"食"的，所以这种项目事关"天"字的大局，必须认真评估这方面的影响。这包括一个农业投资项目对于社会各方面的发展影响，对于社会公平与和谐的影响等方面评估，甚至要评估项目对于社会稳定的影响。

（六）农业投资项目的风险评估

农业投资项目受自然环境与条件的影响十分巨大，而农业投资项目面临的自然环境与条件不同于工业投资项目的人为环境与条件，它具有很大的不确定性，所以对农业投资项目必须进行严格的项目风险评估。这种评估应该以各种各样的地理、气候等资料为依据，通过统计分析确定各种风险大小和影响范围，以充分认识项目的风险性和不确定性。

（七）农业投资项目的综合评估

农业投资项目的决策和实施同样不但要依据上述项目各个专业评估的结果，而且还有依据对于整个项目可行性的综合评估。一个农业投资项目的综合评估结果也不仅是有关上述几方面专项评估结果的简单总和，而是对于上述专项评估的综合与集成。在这方面农业投资项目的综合评估与工业投资项目的综合评估是一致的。

三、农业项目评估中应当注意的问题

（一）珍惜土地资源和提高土地生产率

在农业投资项目的评估中要充分考虑珍惜国家的土地资源，通过农业投资项目开发去不断提高国家土地生产率。土地的稀缺性决定了这种资源的宝贵性，特别是由于我国土地资源十分有限，所以通过农业投资项目去提高农业劳动生产率就成了这类项目评估的一项重要内容。对于大量挤占耕地的农业投资项目原则上需要开展严格的评估，认真把好涉及土地使用的农业投资项目评估和审批关。

（二）在农业项目论证与评估中要承认差别

不同地区、地域或地块是有差别的（即所谓的地差），农业投资项目是与这种差别相关联的，这些差别在农业投资项目的经济效益上体现为所谓的"级差地租"。对于不同地区的农业投资项目评估，要承认这种差异的存在，这一点和工业投资项目的统一标准具有明显的不同。在农业投资项目评估中的成本分析也要考虑异地项目之间所具有的差别，甚至在很多时候应该补贴和支持在落后地区进行农业项目的投资。

（三）要充分估计传统习惯对农业投资项目的影响

农业投资项目与农业产品和人们的消费习惯、饮食结构和偏好等有密切联系，农业投资项目的生产及其效果受社会文化和耕作习惯的影响，不同地域、历史、文化以及宗教信仰、少数民族的特殊习惯和要求等都会影响农业投资项目的效益，所以在农业投资项目评估中应特别注意这些方面的评估。农业投资项目还受人们耕作习惯的影响，所以在农业投资项目的评估中人们必须注意和考虑这些问题对于项目的影响。

（四）要充分评估农业投资项目的风险

通常，在对农业投资项目进行评估时容易忽视农业投资项目的特殊性以及由此带来的项目风险性。由于影响农业投资项目产品生产的诸多因素都不是人为的因素，特别是像气候变化和自然灾害等影响因素都具有很强的偶然性和随机性，因此在对农业投资项目进行评估时一定要注意对项目不确定性因素的分析，一定要按照规定科学认真做好这类项目的风险分析，尤其还要充分考虑和评估农业投资项目对当地环境的副作用及不良影响。

（五）要考虑支持落后地区农业的发展

在农业投资项目的评估中要从战略高度考虑如何支持落后地区农业发展的问题，特别是国家对农业投资项目的区域性补贴和优惠政策。任何国家和地区的农业区域经济发展都是有梯度的，农业投资项目的土地也有级差地租分别，所以充分考虑农业投资项目的分布是十分重要的。通过合理布局人们可以逐步改变落后地区和偏僻地区的经济和社会的发展，从而实现全局战略发展，这也是农业投资项目评估中必须注意的问题。

总之，对农业投资项目的评估要注意自然规律和经济规律的双重制约，只有从自然再生产和经济再生产这两个方面对农业投资项目加以评估和审查，才能得到比较可靠的评估结论。农业投资项目的地区性、季节性和风险性等特点以及投资大、回收期长和风险高等情况，都要求人们在农业投资项目评估中采用独特的评估内容和方法。❶

第三节　房地产开发项目的评估

一、房地产开发项目的特点

房地产开发是现代市场发展中的经济活动，它直接从事土地与建筑产品的生产和经营，直接进行包括住宅、厂房、库房以及商业、办公、旅游、餐饮、娱乐等社会生产和社会服务所需房屋的建设，以及土地的开发，为社会生产生活提供物质基础保证。作为房地产企业开发经营的对象，房地产开发项目的一般特点概括如下。

（一）地理位置的固定性

土地及地上建筑物具有不可变动的地理位置，在选择房地产开发项目时必须考虑到地区差异，考虑到就地开发土地，就地建房，就地经营销售，就地使用获利的可能性及投资收益。

（二）建设投资大

房地产业属资金密集性产业，开发一个项目往往需要投入大量资金，对开发商的资金实力有很高的要求。

（三）开发周期长

土地及建筑物作为项目开发的内容，一般体量较大，工程建设进度有其客

---

❶ 戚安邦. 项目论证与评估［M］. 2 版. 北京：机械工业出版社，2009：342 - 344.

观规律性，有相应的时间要求。另外，项目开工建设前的有关手续繁杂，也影响着项目开发周期。完成一个开发项目一般需要 1 ~ 3 年，甚至更长的时间。

(四) 受国家法规政策严格约束和调控

房地产开发作为特殊的经济活动，涉及社会生产生活方方面面的综合开发活动和过程，事关国民经济（如土地资源配置、城市发展规划等）和国计民生，必须也只能通过国家和地方政府进行宏观调控和政策引导才能真正走上健康发展道路。从项目立项开始，房地产项目的各开发环节都有直接约束和控制。如项目开发必须符合国家产业政策，服从城市统一规划，遵守城市建设法规，房地产售价受国家有关法规政策调控等。

(五) 建设环节多

这与项目开发受法规政策严格约束的特点直接相关。从我国现行管理体制来看，参与房地产开发项目管理的部门很多。一个房地产项目的全部开发过程涉及计划、土地、规划、建设、消防、交通、教育、人防、环保、市政、城管、园林、卫生、技监、质监、安监、房管等众多部门，项目建设环节多，而且多数环节不可或缺。

(六) 多源资金筹措

由于房地产开发项目投资大，开发周期长，项目资金来源不可能完全依靠开发商自有资金来运作，大量建设资金需要通过各种渠道筹措，其中又往往以银行债务资金为主。

(七) 资金周转慢

从房地产项目前期工作开始，到项目建成竣工可以交付使用，这一期间有大量的资金投入，只有等到所建商品房开始预售、预租才能实现资金回收，而且出售、出租本身也往往需要较长的时间。房地产项目的投资回收时间较长，资金周转慢。

(八) 项目投资即为项目成本费用

房地产开发项目投资与一般工业建设项目投资有一个显著的区别，即一般工业项目是先投资，再生产产品，而房地产项目投资的过程本身就是房地产商品的生产过程。因此，房地产开发项目总投资即为房地产开发产品的总成本费用之和（自营自用情况暂不考虑）。房地产项目总投资包括开发建设投资与经营资金两大部分，在项目财务评价时与项目的总成本费用存在一定的对应关系。

(九) 人员要求高

一个房地产开发项目的开发和建设，往往需要大量的投资环境及市场调研、精心的规划设计、高标准的工程施工、专业化的营销策划、细致的全程服务，对从业人员的综合素质与专业素质要求很高。

（十）风险较大

由于房地产项目具有以上特点，也就相应决定了其投资风险较大。如由于开发周期长，很容易受到国家政策、宏观政治经济形势、市场需求变化及竞争对手等方面的影响；在项目建设期间，随着时间的推移，建筑材料价格、劳动力价格等有可能发生变动，从而影响项目的投资额；当公共利益需要时，可能遇到强制性征收、停止使用或限期拆除情况等。

（十一）开发项目的差异性

房地产开发项目可以分为很多种，由于项目用途、内容、规模、要求不同，以及建筑物本身的造型、装修、结构、设施配套等不同，各开发项目存在很大的差异性。即使是同一类项目，由于项目所在的区位、环境等条件不同也会产生相当的差异性。这种差异性直接影响项目投资水平及投资效益。

（十二）项目决策的多专业协同

正因为房地产开发项目具有上述特点，其投资决策尤为重要。在这里将项目决策的多专业协同也作为一个特点纳入进来。一个房地产项目投资决策的完成需要多种专业人才的协同作战，实际上也是多方面专业人才的集体智慧的结晶。如需要市场研究人员调查项目投资环境及市场状况；需要营销人员确定市场需求偏好和营销方案；需要规划设计人员提供产品建议；需要工程技术人员提出工程实施的技术可行性和进度预测；需要造价人员估算投资；需要财务分析人员提供融资的可行性和项目的营利性预测；需要物业管理人员前期介入；还需要能与上述专业人员进行沟通协调并能整合他们思想的综合人才等。

二、房地产开发项目评估的主要内容

房地产项目评估的基本内容主要包括借款企业财务及资信评价、项目评价、项目投资估算与资金筹措评价、项目市场与销售前景分析、项目财务指标测算与偿债能力分析、贷款担保评价，银行效益与风险分析等。房地产开发项目评估的重点和难点主要有以下几个方面。

（一）项目资本金内涵

项目资本金是项目融资的基本保障，房地产开发贷款项目资本金的比例原则上要求不低于35%（部分银行规定商业用房项目资本金比例不低于40%）。项目资本金属于非负债性质的资金，严格界定的项目资本金不应突破企业所有者权益。对新设的房地产公司而言，其实收资本即项目资本金；对仍用原公司开发项目的房地产公司而言，其只能为所有者权益中可以使用到该项目的现金部分。

新设房地产公司，其注册资本通常不高，一般为 800～2000 万元，而目前规模稍大的房地产项目总投资均在亿元以上，显然对项目资本金不得低于总投资 35% 的要求难以达到，在实际操作中，新设房地产公司多是接受股东的资金进行开发，往往仅以取得土地使用权的费用计算投入项目的资金，即可基本达到和超过总投资 35% 的比例。

项目公司和股东互为独立法人，其资金往来应为负债性质，但对于民营房地产企业具有特殊性，母公司和项目公司的董事长常为同一人（或股东基本相同），资金也为其统筹操纵，在此意义上，股东投资款可理解为项目资本金。在项目评估中，可以用项目实际投入资金为依据，对子公司、母公司的股东实质上为一体的，将股东投入资金视同为项目资本金，而将关联性不强的两个公司之间的往来资金认定为负债性质。

对存量房地产公司项目资本金的界定，首先要把握其在建的所有项目，并按照项目总投资和已投入资金测算出其他项目所占用的自有资金；其次，要遵循长期负债与长期资产匹配的财务原理，剔除固定资产和长期投资等长期资金的占用，并按照谨慎性原则对应收账款中账龄较长、收回希望渺茫的非有效资产予以剔除，但与此同时，对于开发商其他项目待销售房屋的预期利润、且可用本项目开发的资金部分，亦可视情况将之认定为项目资本金。存量房地产公司可用于贷款项目的资本金最高不超过下面公式的测算：

项目资本金 = 所有者权益 - 其他项目资本金占用 - 长
期资金占用 + 可用于本项目的预期利润

（二）项目建设分期

由于央行要求在项目四证齐全、项目资本金到位后才能发放开发贷款，而地块越大，项目总投资越多，对项目资本金要求也越高，为规避此规定，在项目评估中常存在将项目人为分期的不良现象。房地产项目多为滚动开发，其常用项目前期开发楼宇的销售回笼款投入到后期楼宇的建设中，使资金链得以衔接，故人为分期既不合理，也易导致信贷资金监管困难。

因此项目评估中应当注意以下几点：一是根据项目开发计划和进度，考察项目是否为分期开发，分期的依据可参考工程规划许可证和施工许可证上所批建房屋的情况，在同一或相邻时间内所批建的房屋不能认为是分期开发；二是在项目总投资、房屋开发面积等方面加以规定，必须达到合理的下限指标，对中小型项目禁止分期；三是对办理同一土地使用权证书地块上的开发项目审慎分期，坚决杜绝人为分期。

（三）项目贷款周期

根据现行规定，房地产项目贷款在四证齐全后才能发放，由于项目贷款内部运作周期较长，贷款发放时项目常已取得预售许可证，如果现金回流即要求开发商还贷，那么贷款期间仅为取得四证日期到预售销许可证颁发之后的较短时间，银行出于自身效益的考虑，通常不太愿意收回贷款，而根据金融监管规定，房地产开发贷款在偿清前，不允许将本项目销售回笼款项挪作它用，使银行和企业均面临两难选择。

如果房地产市场需求较旺，项目所开发房屋销售收入在预销售以后的短期内就可能集中实现。若房地产市场委靡不振，则回笼现金会遭遇困难。商业银行首先要提高运作效率，评估可先行介入，力争在项目四证取得时贷款即可发放。其次，分类指导，根据不同项目特点制定差异化贷款期限策略。再次，对于项目销售款项在贷款偿还前使用，可根据实际情况灵活把握，在贷款偿还确有保障前提下，允许其适度运用。

（四）项目财务指标评价体系

房地产项目财务评价极为重要，要通过对项目开发经营成本、租售收入、投资期限、租售期限等因素综合测算，得到项目总投资利润率、自有资金利润率、财务内部收益率、财务净现值、项目投资回收期等静态和动态经济指标，并对项目还款能力进行分析，测算贷款偿还期，同时要对项目进行盈亏平衡分析，并根据对项目动态经济指标影响程度，确定租售收入、租售成本、开发周期等敏感性因素进行敏感性分析。对于开发周期较长的大型项目，按照上述财务指标体系进行全面评价，可直接采用利润总额、投资利润率等静态指标进行分析。

（五）贷款抵押担保方式

首先确立合理抵押值。以竞拍方式取得、且在一定取得期限以内的土地使用权抵押的，按土地实际取得成本作为抵押值；以取得时间较长、土地价值上涨幅度较大土地使用权抵押的，按土地使用权评估值作为抵押值；以在建工程抵押，扣除施工单位垫资、预售房款等相关费用后，确定抵押物价值。其次采取适当抵押比率，开发周期较长、项目销售前景不定性较大的土地使用权，在抵押率上严格控制。再次做好抵押担保的衔接，确保抵押足值有效。

第四节　商业项目的评估

一、商业项目评估的特点

商业投资项目与工业投资项目和农业投资项目都不同，其中最大不同在于商业投资项目并不是通过生产产品去创造价值，而是通过提供某些商业服务区创造价值，所以对于这种项目评估是不同的，因为它具有自己鲜明的独特性。

（一）选址是商业投资项目成败的重要因素

商业投资项目选址得当与否直接关系到商业投资项目的成败，所以对于商业投资项目的评估首先必须进行客观、细致、准确的项目选址评估。项目选址评估就是通过对商业投资项目所覆盖区域进行调研，以了解该区域商圈的经济情况、需求状况、人口情况、商业环境、竞争状况、交通环境和客流量等现状和未来发展情况，分析项目选址的可行性。

（二）商业投资项目的评估更注重市场预测

商业投资项目的市场预测是以市场调查所得的信息资料为基础，通过整理、归纳和分析等方法，预测判断未来一定时期内项目可能的市场总量、市场占有率和销售额与利润的变化情况和发展趋势，作为商业投资项目评估以此为根本依据的重要内容之一。所以商业投资项目要预测项目开业后经营情况，包括测算市场总量、市场占有率、销售额、租金等。

（三）商业投资项目评估的关键是竞争评估

商业投资项目评估中最为关键的是竞争评估，包括对竞争对手实力和策略分析，项目的竞争分析，项目的核心竞争力分析等。商业投资项目最主要的是利用项目本身的核心竞争力去取得竞争优势，从而使项目获得所需的经济与社会效益。商业投资项目评估中必须有项目竞争的专项评估，而且应该占整个评估的很大比例。

（四）商业投资项目评估要注重风险性评估

商业投资项目的投资大、市场竞争激烈、经营不确定性高，这些决定了商业投资项目评估必须针对项目的性质、特点、规模、投资方式、竞争环境等不确定性影响因素作出分析和评价，并提出相关的应对措施。另外，宏观、中观和微观环境也会直接给商业投资项目带来风险，所以这类项目评估中还需要评估宏观、中观和微观环境给项目带来的风险。

二、商业项目评估的主要内容

（一）商业投资项目的选址分析与评估

这包括对于商业投资项目拟建地点的选择标准确定和各种备选方案的评估等内容。这一评估的核心内容包括：商业投资项目的产生背景、商业投资项目的主要经营内容和经营方式、项目的主要技术经济指标、项目所处城市的整体环境分析、项目所处城市的经济发展水平分析、项目所处城市的居民购买力分析、城市发展规划与投资环境分析等。

（二）商业投资项目所处商圈的分析与评估

这是商业投资项目评估中最为重要的内容，这一评估的核心内容包括：项目所处商圈的市场容量分析、项目所处商圈的居民消费倾向分析、项目的潜在消费人群消费总量分析、结构和消费水平分析、项目所处商圈的交通环境和物流服务分析、项目所处商圈的周边商业环境分析、项目所处商圈的竞争对手分析和项目所处商圈的市场竞争环境分析等。

（三）商业投资项目竞争和经营分析与评估

这方面评估内容包括：整个项目的总体经营发展规划、项目经营定位的分析与评估、整个项目的竞争态势和竞争策略的分析与评估、项目目标顾客的分析与评估、商业投资项目的经营规模与未来营业收入的预测分析与评估、项目的主要经济指标、项目的经营组织机构和人力资源配置、项目的其他经营环境分析与评估等。

（四）商业投资项目的服务环境与条件评估

任何商业投资项目都需要使用多种不同的服务，取得这些服务的环境条件也是商业投资项目评估的独特内容，这方面的评估内容包括：项目所需水、电、热、制冷等服务情况评估，项目所需金融服务方面条件与情况评估、项目所处地区交通便利程度分析与评估、项目所处地区交通设施及停车场的设置情况和项目所处地区物流服务情况的评估等。

（五）商业投资项目的财务和国民经济评估

商业投资项目的财务评估也是从企业角度对项目的财务成本和收益的评估，而商业投资项目的国民经济评估也是按照影子价格等方法所作的国民经济的成本效益评估。这方面的评估与其他项目的评估方法和内容基本上是一致的，唯一不同的地方是工业投资项目所使用的国家财税法规与商业投资项目使用的国家财税法规有所不同。❶

第五节　贷款项目的评估

一、贷款项目的综述

银行贷款项目的评估是指在申请贷款正式批复之前银行对于贷款项目的必

---

❶　戚安邦．项目论证与评估［M］．2版．北京：机械工业出版社，2009：347－348．

要性和可行性所进行的评估工作。银行贷款项目的评估包括在项目生命周期中各阶段所进行的分析评价，即包括项目前评估、跟踪评估和后评估。

（一） 银行贷款对社会经济全面影响的特点

银行贷款项目的首要特点是它所具有的金融业特点，其中最为重要的是金融业是受国家和政府管制最为紧密的行业，因为国家的宏观金融政策直接关乎国计民生。同时，银行贷款项目不同于工农业投资项目，它是一种"钱生钱"项目。这种项目有自己的周期，利润受国家限制，具有较大风险。通常，除了流动资金贷款项目外，多数银行贷款项目是长期性的，有些甚至长达 10 年、20 年或 30 年。同时，银行贷款项目的收益直接受国家金融政策的影响，所以银行贷款项目一方面有贷款者还贷的风险（如 2008 年美国的次贷危机），另一方面受各种各样金融风险和政策风险的影响，甚至会受到国际金融风险方面的影响。这是银行贷款项目最重要的特点，因此这种项目有自己独特的评估方法和内容。

（二） 双重项目评估的特点

银行贷款项目的另一个特点是这种评估中包括两个项目的评估，其一是从银行的角度对于银行贷款项目本身的评估，其二是银行作为贷款者必须对被贷款项目进行全面评估。任何银行贷款项目都有自己的被贷款项目，在银行贷款项目的评估中必须同时对这两个项目进行评估工作。这包括从银行角度去评估贷款项目本身的情况，以及从这一贷款的安全性出发去评估被贷款项目的可行性及其成本收益情况。因为实际上每个银行贷款项目的贷款回收都需要相应的被贷款项目现金流，只有被贷款项目现金流能够按期产生归还贷款的资金，银行贷款项目才是可行的。

（三） 项目全生命周期中多次评估的特点

银行贷款项目评估的另一个特性是要在整个贷款项目的全过程中开展多次评估，这包括项目贷款发放前的贷款项目前评估和被贷款项目前评估，被贷款项目实施过程中的跟踪评估和被贷款项目实施完成并投入运行后的还款情况跟踪评估，一直到贷款项目的贷款全部收回以后的银行贷款项目后评估。这些评估各有不同的目的和作用，项目的前评估用于银行贷款项目的决策，项目期中评估用于贷款项目的支付控制和偿还控制，项目后评估用于修订银行未来的贷款政策和方法。

二、贷款项目的管理程序

（一） 被贷款项目鉴定阶段的评估

被贷款项目鉴定阶段是银行贷款项目评估的首要阶段，也是银行贷款项目工作的关键阶段。这一阶段工作做得如何，直接影响后面几个阶段，甚至直接关乎银行贷款项目的成败，因此银行贷款部门必须十分重视这个阶段的评估工作。这一阶段的具体评估工作包括：被贷款项目的理由、目标、必要性、优先程度和依据的评估，被贷款项目的各方面可行性的评估（包括资源、建设条件、地理位置、协作关系等方面的可行性），被贷款项目建设方案、规模和设计情况的评估，被贷款项目投资估算和筹资方案的评估（这对银行贷款项目的决策作用很大），被贷款项目的现金流量分析和评价，被贷款项目的经济效益和社会效益评估等。这一阶段的评估工作首先由被贷款者自行作出项目的可行性研究报告，然后由银行贷款部门的人员对这种被贷款项目的可行性分析报告进行必要的审查和鉴定，并最终从贷款银行角度给出被贷款项目的可行性鉴定报告。

（二）银行贷款项目准备阶段的评估

此阶段的评估工作主要针对贷款项目的安全性、营利性和成长性等进行必要评估。此时，人们必须对被贷款项目的市场需求、技术设计、财务计划、经济效益、组织管理和社会影响等方面进行详细的、全面的规划和研究。这个阶段的评估工作主要是由银行有关部门的雇员自行完成的，这个阶段评估的核心工作是对被贷款项目进行独立的项目详细可行性研究，即对于被贷款项目的投资成本和投资收益作出分析。这种银行贷款项目准备阶段的评估工作可能会不断反复而持续很长时间，像世界银行和亚洲开发银行等组织的这种评估大约要持续 1～2 年时间，世界银行和亚洲开发银行的专家们会多次在被贷款项目所在地进行考察和研究。但是一旦银行完成了这一阶段的项目评估，即可进入下一步银行贷款项目的评估阶段。

（三）银行贷款项目自身的评估阶段

当被贷款项目评估完成并作出正式的项目可行性报告之后，根据被贷款项目的可行性报告就可以进入银行贷款项目自身评估的阶段。这是为银行贷款项目决策提供决策支持信息的阶段，是对于银行贷款项目自身不同项目方案的必要性、可行性、安全性、营利性和成长性等进行全面评估的阶段。这些不同项目方案的评估阶段，是银行贷款项目生命周期中的定义与决策阶段，这一阶段的银行贷款项目评估必须由银行贷款评估人员从银行角度出发，全面分析银行贷款项目自身的必要性和可行性。在这一阶段项目评估中人们要依据对于被贷款项目可行性的评估结果，从银行自身利益出发评估整个银行贷款项目的可行性。这一阶段的评估，要对项目规模、内容、费用、预算、贷款执行的安排、资金监管、资金支付和审计等一系列问题进行全面评估，以确保银行贷款项目自身的可行性。

（四）银行贷款项目谈判阶段评估

该阶段实际上也有项目评估工作，这是银行贷款项目评估的一个重要特性。银行贷款人员通过与借款人的谈判而最终形成银行贷款项目的文件，在这种谈判之前和之中都需要开展银行贷款项目谈判阶段的项目评估，并根据这种银行贷款项目谈判阶段的评估做好谈判，为银行在贷款项目中捍卫自己的利益和争取到更多的利益。在银行贷款人员同贷款项目的借款人谈判的过程中，不但最终要签署银行贷款项目的协议、而且要作出银行贷款项目的谈判纪要。然后，银行贷款人员最终要将银行贷款项目协议和银行贷款项目谈判纪要会同银行贷款项目谈判阶段的评估报告，一同报送银行董事会或主管机构进行项目的审查和批准。银行贷款项目谈判阶段项目评估工作完成，标志着银行贷款项目正式进入项目执行与监督阶段，此时银行贷款项目的前评估工作就已经全面完成，后续就是银行贷款项目跟踪评估阶段了。

（五）银行贷款项目实施阶段评估

银行贷款项目实施阶段需要持续较长时间，银行在这一阶段中必须监督和控制被贷款项目的实施情况。虽然被贷款项目的实施是由借款人及项目承担单位负责的，但是银行是被贷款项目的主要相关利益主体，所以必须监督和控制被贷款项目发生的各种问题和出现的各种变更。因此在被贷款项目的实施阶段中银行要不断地对被贷款项目实施情况进行跟踪评估，以确保银行的利益不受影响和侵犯。这个阶段的被贷款项目跟踪评估的具体工作内容包括：对被贷款项目实施情况的监督与评估，对贷款使用情况的监督与评估，对贷款项目和被贷款项目未来的发展预测和评估。银行通过对被贷款项目实施的评估去发现银行贷款项目的问题和偏差，寻找产生问题和偏差的原因并帮助贷款人解决问题。进而通过双方的努力使被贷款项目能够顺利完成，并最终实现预定银行贷款项目目标。

（六）银行贷款项目后评估

在被贷款项目完工并投入运营以后，特别是银行贷款项目的还本付息完成且贷款账户关闭以后，银行应该对银行贷款项目进行独立的项目后评估，以确定银行贷款项目的成败程度和银行贷款项目的政策、体制和管理中的问题。

三、贷款项目评估的重点内容

（一）银行贷款项目前评估和跟踪评估阶段的评估内容

（1）借款人的评估。包括借款人经济实力评价、借款人资产负债分析、借款人信仰状况评价、借款人发展前景评价、借款人主要经营者素质评价、借款人管理能力评价、借款人信用评价等。

（2）被贷款项目的条件评估。包括被贷款项目必要性评价、项目实施方案评价、项目技术和生产条件评价、项目环境保护评价、市场环境和竞争前景评估等。

（3）被贷款项目筹资方案评估。包括被贷款项目投资估算评估、筹资方案评估、项目运营成本和收益评估、被贷款项目的自有资金和借款资金现金流量分析等。

（4）银行贷款项目的贷款回收评估。包括对于贷款人的偿债能力评估、项目现金流量评估、借款人其他偿债能力评估等，其主要作用是确保银行本息能及时收回。

（5）银行贷款项目风险与效益评估。包括被贷款项目的风险识别、度量与应对分析、贷款项目的担保评价与分析、贷款项目资金回收的不确定性和效益分析等。

（6）被贷款项目的实施绩效评估。包括被贷款项目时间、成本、质量、范围、收益、现金流量情况、项目变更情况等方面的论证与评估。

（二）银行贷款项目后评估阶段的评估内容

（1）被贷款项目实际必要性的后评估。主要包括对项目建成投产后的产品对企业或组织以及对于国民经济和整个社会经济发展所起的作用及其实际必要性所进行的评估。

（2）被贷款项目实际运行条件的后评估。包括对于项目供水、供电、煤炭、燃料等动力资源情况、原材料来源和价格情况、协作配套情况等方面的项目后评估。

（3）被贷款项目的技术后评估。包括对于项目投产所生产的产品质量的评估，项目所采用的技术的实际情况评估，实际各项技术经济指标与原设计能力的差距评估等。

（4）被贷款项目的经济效益后评估。包括项目投资财务情况，主要是项目的财务成本和效益等方面的后评估和项目不确定性与风险预测分析等方面的后评估。

（5）被贷款项目国民经济效益后评估。包括有关项目的国民经济成本和效益方面的后评估，这是对于项目实际给国民经济带来的效益和社会效益所做的后评估。

（6）银行贷款项目的全面后评估。包括对于整个贷款项目实际后果与预计后果的全面对照评估，以及对于银行贷款项目所涉及的各种经济与财务效果的后评估等内容。

（7）银行贷款政策的全面评估。包括对银行贷款项目成败的分析和对银行贷款政策、方针与程序的后评估等，其主要作用是为修改银行贷款政策和管理办法提供信息。

第六节　技术改造项目的评估

一、技术改造项目综述

（一）技术改造项目的概念

技术改造项目是指现有企业在技术进步和市场需求扩大的作用下，通过新技术、新工艺、新设备对原有的设施进行改建和扩建，提高产品质量和数量，满足市场需求，促进产品更新换代，节约能源，降低成本，扩大生产规模，以全面提高企业经济效益和社会效益为目的的投资活动。

从目标来看，技术改造项目是为了提高产品质量，降低原材料消耗，节约能源，提高技术装备水平，改善劳动条件，进行环境保护等。从手段来看，技术改造项目主要是通过更新改造旧设备，选用新型设备或对原设备进行改造，使之达到新的技术水平。从效益来看，技术改造项目表现为产品质量提高、产品结构合理、能源消耗降低等特点。

（二）技术改造项目的特点

（1）以现有企业为基础。技术改造项目是在现有企业基础上，主要依靠企业自身力量进行的，因此它在不同程度上利用了现有企业的资产和资源，再追加适当投入，实现增量与存量的有机结合，以增量调动存量，即调动原有生产要素的潜能和效率，以较小新增投入取得较大新增效益，不断实现以内涵为主的扩大再生产。这一特殊性，决定其在经济评估时，必须采用差额增量分析比较法和有无项目对比分析比较法。

（2）目标多样性。技术改造项目在技术、工艺、设备等方面千差万别，致使它的内容和目标具有多样性特征。如有的是为了实现产品更新换代；有的是为了提高产品质量；有的是为了节约能源；有的是为了改善劳动条件，减轻劳动强度；有的是为了环境保护等。在实践中，技术改造项目的目标并不都是单一的，往往是多样的，而且现有企业生产经营状况也会发生变化，这样就决定了它的经济评估、效益和费用的识别与计算，要比新建项目复杂得多。

（3）技术改造是一个连续的动态过程。生产发展的过程是新的科学技术成果在生产中不断应用的过程，是新技术不断取代旧技术的过程，这就必然决定着技术改造在不同的历史时期具有不同的内容要求。任何一个企业要想求生存和不断发展，就必须随着科技的不断进步和生产力的不断发展，不断进行技术改造，方能使企业具有旺盛生命力。

（4）项目与环境的相关性。技术改造项目的对象是现有企业，它与现有企业之间存在着既有相对独立又有相对依存的特定关系。技术改造是企业实现技术进步和提高经济效益的必然举措，而现有企业都担负着繁重的生产任务。因此，在项目实施期间，实施建设与现有企业的生产活动是同步进行的，会产生一些矛盾，有时会造成停产或减产。所以，在其经济评估中，应将这些损失考虑进去。❶

（三）技术改造项目经济评估的特点

（1）效益与费用的范围广泛。技术改造项目效益表现在增加产量、扩大品种、提高质量、降低能耗、合理利用资源、改善劳动条件、提高技术装备水平、保护环境和综合利用等一个或几个方面。其费用不仅包括新增经营投资、新增经营费用，还包括技术改造可能带来的减产或停产损失以及原有固定资产拆除费用等。所有的效益和费用都应反映在项目的经济评估中。对于难以定量计算的效益和费用应作定性描述。

（2）经济评估应采用"有无对比法"。技改项目评估原则上应采用"有无对比法"计算相对应的增量效益和增量指标作为判断项目的可行性和经济合理性。必要时，也可计算其总量效益指标。

（3）增量指标计算的差异性。如果技术改造项目的效益和费用可以与原来企业分开计算，可视为新建设项目，直接采用增量效益和费用计算增量指标；如果技术改造项目难以与原有企业分开计算，应先计算技术改造项目前后两种情况下的效益和费用，然后再通过两套数据的差额增量，计算增量指标。

（4）合理计算项目投资。计算技术改造项目的效益，其项目投资应包括新增投资和企业原有固定资产价值。原有固定资产价值一般取账户折余值计算；涉及产权转移时，采用重估值计算。

---

❶ 苏益. 投资项目评估［M］. 2版. 北京：清华大学出版社，2011：265 – 266.

二、技术改造项目评估的主要内容

（一）原有企业概况及技术改造必要性评估

了解原有企业的基本情况，尤其是产品状况、经营状况、营利水平、还贷能力和信誉等情况等。针对原有企业的特点提出技术改造项目的基本情况，如投资、收益、风险情况，并对原有企业的发展有何影响等。

对上述情况进行初步分析，并得出是否有必要进行项目技术改造。

（二）市场调查与预测

充分的市场调查，是预测项目未来发展的基础，必须进行详细的市场调查，以预测项目产品的市场需求情况。

（三）基本建设条件评估

主要针对技术改造项目所涉及的原材料、资源、能源、基础设施等基本建设条件进行评估。

（四）技术评估

分析评估技术改造项目的技术是否先进、工艺流程是否合理可行，所选设备是否先进和经济等。

（五）经济评估

主要进行基础经济数据的预测与分析，并计算基本经济评估指标，不确定性分析，并得出最后综合性的经济评估结论。

第七节　科学研究项目的评估

一、科学研究项目的概念

科学研究项目是一种高度复杂、具有很高不确定性和较大风险性的项目。由于是探索新知识和新技术，所以这类项目最大特征是首创性，正是这种首创性使得这种项目的评估内容和方法与一般实业性项目完全不同。科学研究项目是一种人类获取对于客观世界和人类社会认识新知的过程，所以一般认为只有具有首创性的基础科学研究和应用科学研究项目才可以被称为科学研究项目。其中，基础科学研究项目是人们为认识自然和社会的全新知识而开展的科学研究工作，它不以任何专门或特定的应用推广或以营利为目的。应用科学研究项目是指人们运用所获得的新知识去改造自然和社会，从而为人类创造更多财富和福利所开展的首创性研究，它具有应用特定知识去实现营利或发展目的的特征。对科学研究项目进行评估的目的是为这类项目的管理提供科学、客观、真实、公正的信息。

二、科学研究项目评估的内容

科学研究项目是一种复杂而又具有很高的不确定性的项目。由于科学研究的目的是探求新知识、新技术，所以这类项目最大的特征就是其独创性，而且，大部分都是采用科研课题的形式来立项。因此，科学研究项目评估与其他项目评估有很大的不同。其基本内容有以下几方面。

（一）立项的科学性

首先要看申请者立项的科学依据，对国内、外情况分析及掌握国内、外动态是否十分清楚，以及该项课题研究目的及其科学意义是否十分明确。科研课题的提出如缺乏科学性或者立题依据不充分，就失去了研究的意义，也就没有可行性了。

（二）研究水平的估计

科研项目申请者对国内、外研究水平应有明确的分析与了解。结合自己所提出的课题，可以看出是否达到国际水平或处于国内领先水平；有无创新之处，与国内其他单位研究的重复性是否过多。如果一个课题有创新特点又处于国内领先水平，就可增加在申请科研基金中的竞争性。要是一个课题与他人重复较多，没有新的见解，处于低水平重复的状态，在评审中就完全失去了竞争性。

（三）技术路线可行性分析

在科研项目计划书中的实施方案必须要明确、具体，并且在方案实施中的技术路线也要清楚，这样就可以评估技术路线或研究方法的先进性与可行性。有些科研项目申请书的实施方案，只提了一些实验技术的名称，而在其后面缺乏具体内容，这样会使评审者认为申请人不了解或不完全了解实验的具体方法和步骤，就这会降低项目可行性的评估。

（四）经费预算

科研项目的经费预算要实事求是，不宜过低，也不宜过高。过低会影响科研项目的实施，或者降低预期目标。过高则在竞争中往往被审查人认为所报不实，或者成本过高而遭淘汰。

（五）已有研究基础与实验条件

科研项目申请者已有的研究基础和良好的实验设备条件是完成科研的保证。选择科学手段证实假说，再配合较高的学术水平和技术水平，就会出色地完成这项研究。如果没有研究工作的积累，实验条件不完善，专业技术水平一般，研究梯队不健全，这样的情况要想完成高质量的课题，就会有很大的困难，可行性也很低。

在 2002 年颁布的《国家科研计划课题评估评审暂行办法》中规定：课题的确立和课题预算必须进行评估或评审。国家科研计划的管理办法中必须明确规定课题立项和课题预算评估或评审的具体方式和内容。课题立项评估或评审的主要内容包括：课题立项的必要性、研究目标及技术路线的可行性、科技成果的应用或产业化前景、课题实施的人员、设备及组织管理等条件。课题预算评估或评审的主要内容包括：与课题研究目标的相关性、与国家政策的相符性和经济合理性。这一文件中所列的科研课题评估内容可以作为各种科学研究项目评估的依据。

三、科学研究项目评估的方法

（一）同行评议法

对于科学研究项目来说，同行评议是最常用的立项评估方法，也是使用频率最高的评估方法。同行评议实际上就是由从事该领域或接近该研究领域的专家来评定一项科学研究项目的必要性或重要性的方法。这种方法由某领域的专家们采用同一种评估标准，对提出的科学研究项目进行评估，其评估结果可用于对项目立项决策提供支持。

同行评议法中的两个关键因素是评估标准的确定和同行专家的选择。科学研究项目的评估标准涉及项目的创新性、科学性、价值性和对可持续发展的影响性等，同时也要评估科学研究项目申请者的学科能力和学术水平等。美国科学基金委员会评估其基金项目主要有两个标准：科学研究项目的科学价值和质量，开展该项目所能产生哪些广泛的科学与社会影响。他们选择的评议专家是在研究前沿保持活跃的研究学术活动和在本领域有较高的研究能力和水平的学者。同时，这类项目评估专家的个人品质和学风等也是一个重要的考虑因素。根据经验，一般科学研究项目的立项评估专家小组往往需要 3 ~ 10 名同行专家。然后，科学研究项目的评议机构要综合立项评估专家们所给出的评估意见，对科学项目作进一步总体分析和评估。这种综合评估既可以是定性评估，也可以是定量评估。这种同行评议法的科学项目立项评估方法操作简单、容易、成本低，同时由于有多位专家把关，一般会避免出现原则性或根本性的错误。但是也存在没有人真正能够预测科学研究项目的产出结果，同时也难以杜绝庸俗的关系圈和人情评审等问题。

（二） 多指标多决策的模型评估方法（MCDM）

这种方法是针对在科学项目立项评估中所需的多个决策者和多个评估标准的项目选择问题而提出的。传统的单目标优化的方法用于科学研究项目的评估是片面地建立在一种理想和假设条件上的，而这种方法则允许更多的群体决策，多准则的满意化的科学项目评估。这种方法的显著特点是：多目标、多属性、准则间可以存在冲突、准则间没有统一度量标准，而是在多个选择方案中寻找最满意的方案。

（三） 同行评议与 MCDM 的综合集成评估方法

本方法首先要用同行评议对项目进行评估，即给多位专家发评估标准，要大家根据标准给每一个项目打分并咨询相关专家对指标权重进行处理；第二步进行 MCDM 定量处理，相对于每一个指标，按照权重，得出专家给出的分值，最后求得项目方案的评价总分。

这一综合集成的方法将同行评议结果定量化处理，它能够向科学研究项目的决策者提供更为准确、具体的信息支持。但总体而言，由于科学研究项目的开创性，所以这种项目的评估方法有效性是十分有限的。❶

本章小结

通过本章学习，对不同行业进行项目评估，如工业、农业、房地产开发、商业、贷款、技改和科研项目等，因其概念、特点和内容等有所区别，在评估过程中采用适当的理论、方法和技术，各有侧重。为从事不同行业的项目管理和决策的管理人员在进行项目评估时提供一定借鉴和参考。

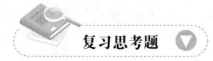

复习思考题

1. 工业项目评估的内容是什么？
2. 工业项目评估的原则和程序是什么？
3. 农业项目评估的内容是什么？
4. 农业项目评估中应注意的问题有哪些？

---

❶ 戚安邦. 项目评估学 ［M］. 天津：南开大学出版社，2006：304 – 341.

5. 工业项目与农业项目的特点有何区别？

6. 房地产开发项目的特点是什么？

7. 房地产开发项目评估的内容有哪些？

8. 商业项目评估有哪些特点？

9. 商业项目评估的主要内容是什么？

10. 试述银行贷款项目的特点和管理程序。

11. 银行贷款项目评估的主要内容是什么？

12. 技术改造项目的特点及其评估的特殊性是什么？

13. 技术改造项目评估的内容、方法及其意义是什么？

14. 科学研究项目的评估内容是什么？

15. 科学研究项目的评估有哪些评估方法？

参 考 文 献

[1] 张宇. 项目评估实务 ［M］. 北京：中国金融出版社，2011.

[2] 李源生. 投资项目评估基础 ［M］. 北京：清华大学出版社，2002.

[3] 戚安邦. 项目评估学 ［M］. 天津：南开大学出版社，2006.

[4] 简德三. 投资项目评估 ［M］. 上海：上海财经大学出版社，2009.

[5] 苏益. 投资项目评估 ［M］. 北京：清华大学出版社，2011.

[6] 路君平. 项目评估与管理 ［M］. 北京：中国人民大学出版社，2009.

[7] 刘荔娟. 现代项目管理 ［M］. 上海：上海财经大学出版社，2008.